Gegenwartsästhetik

Moritz Baßler / Heinz Drügh

GEGENWARTSÄSTHETIK

Konstanz University Press

Bibliografische Information der Deutschen Nationalbibliothek

Die Deutsche Nationalbibliothek verzeichnet diese Publikation in der Deutschen Nationalbibliografie; detaillierte bibliografische Daten sind im Internet über http://dnb.d-nb.de abrufbar.

www.k-up.de | www.wallstein-verlag.de
Konstanz University Press ist ein Imprint der Wallstein Verlag GmbH

Vom Verlag gesetzt aus der Chaparral Pro
Umschlaggestaltung: Eddy Decembrino
Druck und Verarbeitung: bookSolutions Vertriebs GmbH, Göttingen
ISBN 978-3-8353-9138-3

Inhalt

»als, als … äh, als Ästhet«
(Christian Kracht: *Eurotrash*)

Einleitung

Schön wär's ja, wenn die idealistische Ästhetik recht hätte damit, dass »unter allen Zuständen des Menschen gerade das Spiel und *nur* das Spiel es ist, was ihn vollständig macht«. Schiller spricht hier nicht über Gaming, sondern über ein lockeres Verhalten, das weder von ethisch-moralischen Zwängen noch von natürlich-körperlichen Notwendigkeiten fremdgesteuert wird. Wenn wir uns in dieser Weise frei fühlen, so meint er wohl, ist unser Verhältnis zur Welt ein ästhetisches. »Denn, um es endlich auf einmal herauszusagen, der Mensch spielt nur, wo er in der vollen Bedeutung des Worts Mensch ist, und *er ist nur da ganz Mensch, wo er spielt.*«[1] Man bringe jedoch gegenwärtig das Gespräch auf einen ästhetischen Gegenstand, und es wird schnell und unweigerlich auf ethische Fragen und Urteile hinauslaufen, und keineswegs nur auf Twitter. Geht es uns denn so schlecht, stehen wir so unter Zwang?

Tatsächlich haben Menschen ihre direkte Lebenswelt wohl nie zuvor stärker nach ästhetischen Kriterien wahrgenommen, strukturiert und gestaltet, als wir das heute tun – und das, obwohl uns die Gegenwart in vieler Hinsicht als krisenhaft erscheint. Das geht weit über die traditionellen Gebiete der Ästhetik, Kunst und Natur, hinaus. Vom Körpergeruch zur Wohnungseinrichtung, vom Fortbewegungsmittel zur Selbstdarstellung auf Instagram, vom Essen bis

1 Friedrich Schiller: Über die ästhetische Erziehung des Menschen in einer Reihe von Briefen. In: F. S.: *Sämtliche Werke in 5 Bänden*. Hg. von Peter-André Alt u. a. Band V: Erzählungen. Theoretische Schriften. München 2004, S. 570–669; S. 616 ff.

zum Garten, es gibt praktisch keine Lebensbereiche mehr, über deren Gestalt nicht ästhetische Urteile zumindest mitentscheiden. Selbst elementarste Konsumgüter wie Wasser oder basales Zeug wie Schuhe wählen wir ganz selbstverständlich nach ästhetischen Kategorien aus, in denen sie uns von der Verkaufsseite ebenso selbstverständlich präsentiert werden. Und in all diesen Urteilen, diesen Entscheidungen sind wir freier als je zuvor.

Wenn nun ästhetische Objekte, also etwa Kunstwerke, Romane oder Pop-Auftritte, dennoch wesentlich unter ethischen Aspekten interessant gefunden und beurteilt werden – ob sie etwa zur Aufklärung beitragen oder nicht, ob sie jemanden verletzen könnten oder ob sich die an ihrer Produktion Beteiligten anständig verhalten haben –, dann ist das ein Indiz dafür, dass das ästhetische Spiel nicht mehr selbstverständlich als Erfüllung der menschlichen Bestimmung gilt, sondern vielfach als Anlass für Wichtigeres verhandelt wird. Für sich genommen, steht es im Verdacht, sich als frivole Betätigung Privilegierter oder von der Kulturindustrie Verführter von den relevanten Bezügen der Gegenwart zu isolieren. Wir sind auch deutlich skeptischer geworden gegenüber den Autonomieansprüchen von Kunst, etwa den genieästhetisch begründeten Freiräumen ihrer Akteurinnen und Akteure. Das kann man nun aus autonomieästhetischer Sicht als fehlgeleitete Einstellung beklagen. »Die Sublimierungsleistung der Kunst«, so etwa Wolfgang Riedel, werde dabei »nicht gesehen, nicht akzeptiert und nicht vollzogen. Denn sie wird nicht geglaubt und nicht gewollt.«[2] (Anlass ist hier der Protest gegen das *Avenidas*-Gedicht von Eugen Gomringer an der Fassade der Alice-Salomon-Hochschule in Berlin). Man kann es auch, wie zum Beispiel Wolfgang Ullrich, begrüßen, dass Kunst hier tiefer gehängt wird und ihren Ausnahmestatus gegen-

2 Wolfgang Riedel: *Ästhetische Distanz. Auch über Sublimierungsverluste in den Literaturwissenschaften.* Abschiedsvorlesung. Würzburg 2019, S. 38.

über anderen Dingen verliert: »Nachdem man bei vielen Konsumprodukten und erst recht bei der Beurteilung ihrer Qualität bereits ganz selbstverständlich soziale oder ökologische Kriterien einbezieht, sollte endlich – spät genug – auch bei Kunst so verfahren werden.«[3] Oder man beruft sich im Gegenteil in der Tradition von Heidegger und/oder Adorno auf das Exzeptionelle großer Kunst mit Bezug zum Absoluten, vor dessen Erscheinen sich ohnehin jede kleinlich-diskursive Verputzelung verbiete – und schließt damit den Großteil aller ästhetischen Erlebnisse, insbesondere die kulturindustriell vermittelten, von vornherein als minderwertig aus.

Angesichts dieser doch sehr unterschiedlichen Positionen, von denen keine so leicht von der Hand zu weisen ist, mag sich eine Investition in ästhetische Theorie lohnen. Das hieße in einem ersten Schritt, sich – mit dem gegenwärtigen Problemhorizont und Gegenstandsbereich vor Augen – noch einmal systematisch darauf zu besinnen, was die klassische Ästhetik als ihren spezifischen Gegenstand bestimmt hatte, und zwar im ausdrücklichen Gegensatz zu den Gegenständen von Erkenntnis und Ethik. Es stellt sich dann schnell heraus, dass die sogenannte idealistische Ästhetik so idealistisch gar nicht ist. Schiller zum Beispiel behauptet ja nirgends, das humane Spiel sei ein Ist-Zustand, sondern er ruft es auf als regulative Idee eines dynamischen Erziehungsprojektes in auch für ihn schon allgegenwärtigen Entfremdungszusammenhängen. Dabei geht es ihm unter anderem um Dinge wie Freizeitaktivitäten und das Aufrechterhalten von Intensität. Immanuel Kants Ästhetik eilt der Ruf eines klinisch reinen, »interesselosen« Ausnahmezustands voraus – sieht man aber genauer hin, dann sind ästhetische Urteile bei Kant praktisch immer gemischte Ur-

3 Wolfgang Ullrich: Streitort Museum. Unbedingte Freiheit der Kunst? Oder moralische Integrität? So einfach ist es nicht. In: *Neues Deutschland*, 31.10.2020, https://www.neues-deutschland.de/artikel/1143794.freiheit-der-kunst-streitort-museum.html (30.3.2021).

teile, bei denen auch Fragen der Erkenntnis und Ethik sowie Affekte eine große Rolle spielen. Reine Schönheit bliebe auf ornamentalen Zierrat beschränkt – alles, was ihn am Ästhetischen interessiert, ist jedoch erheblich komplexer. Dabei geht es unter anderem um Urteilsformen, die Sinneseindrücke, Begriffe und Gefühle zugleich umfassen, es geht um die Bildung von Stilgemeinschaften, und entgegen dem Klischee besteht bei alledem durchaus ein erhebliches Interesse an der Existenz und Wirkung des Schönen.

Mit einer ästhetischen Theorie auf der Eigenständigkeit eines ästhetischen Gegenstandsbereichs, einer ästhetischen Wahrnehmung und eines ästhetischen Urteils zu beharren, heißt also keineswegs automatisch, Bezüge zu anderen Bereichen (etwa dem Ethisch-Moralischen oder auch dem rein sinnlichen Genuss) auszuschließen oder gar zu leugnen. Es heißt nur, bewusster und genauer zu bestimmen, wie die jeweiligen Anteile, Bezüge und Schnittstellen unter den medialen, ökonomischen und gesellschaftlichen Bedingungen der Gegenwart zu denken sind. Dabei bleibt der Ausgangsimpuls von Kants *Kritik der Urteilskraft*, der theoretischen und der praktischen Vernunft mit dem Ästhetischen ein drittes Prinzip zur Seite zu stellen, ebenso anschlussfähig wie die Ausgangsbeobachtung von Adornos *Ästhetischer Theorie*: »Zur Selbstverständlichkeit wurde, daß nichts, was die Kunst betrifft, mehr selbstverständlich ist, weder in ihr noch in ihrem Verhältnis zum Ganzen«.[4]

Ästhetisches versteht sich nicht von selbst. Auch wenn ästhetische Urteile sich oft quasi automatisch und vordiskursiv einzustellen scheinen, haben sie begriffliche Anteile, an denen sich arbeiten lässt. Stets aber ist ihr Ausgangspunkt die Aisthesis, ein Ereignis der sinnlichen Wahrnehmung, ein optischer, akustischer, olfaktorischer oder auch gemischter Eindruck im Hier und Jetzt. Analog dazu wäre

4 Theodor W. Adorno: *Ästhetische Theorie*. Hg. von Gretel Adorno und Rolf Tiedemann. Frankfurt a. M. 1973, S. 9.

auch einer ästhetischen Theorie anzuraten, von dem auszugehen, was tatsächlich gegenwärtig an ästhetischen Objekten und ästhetischem Urteilsverhalten vorhanden ist. Bereits John L. Austin, der als Sprechakttheoretiker wusste, dass »alle begrifflichen Unterscheidungen, die die Menschen für bemerkenswert hielten, und alle Verknüpfungen, die sie lohnenswert fanden«, in unserer Alltagssprache verkörpert sind, fordert in Bezug auf die Ästhetik, eingefahrene Wege zu verlassen und sich um kleinere, kontaminiertere Konzepte zu kümmern, statt dauernd ästhetische Maximalansprüche zu stellen: »Könnten wir doch für eine Weile das Schöne« – und es wäre wohl in seinem Sinn zu ergänzen: das Erhabene – »vergessen und uns stattdessen mal um das Niedliche und Plumpe kümmern!«[5]

Down to the dainty and the dumpy – hier wird nicht, wie man vielleicht meinen könnte, einem wurstigen Downgrading der ästhetischen Ambition das Wort geredet. Es geht vielmehr um Differenzierungen und Kategorien, die sich den alltäglichen »ästhetischen Gegebenheiten in unserem Leben« verdanken und die in gewisser Hinsicht von der ästhetischen Theorie des 20. Jahrhunderts »unterdrückt« worden sind:[6] Sie fordern daher die herkömmliche akademische Systematik ebenso heraus wie die zähen Reste intellektueller Lehnstuhl-Bequemlichkeit und bürgerlicher Kunstreligion. Dabei muss es darum gehen, das Ästhetische in seinen konkreten Formen differenzierter und reflektierter wahrzunehmen und seine diskursive Prozessierung nicht abzuschneiden, sondern zu befördern. Kleine ästhetische Kategorien und Wertungen wie patschig und niedlich oder die notorischen »witty, sexy, gimmicky, glamourous«,

5 »If only we could forget for a while about the beautiful and get down instead to the dainty and the dumpy«. John L. Austin: A Plea for Excuses: The Presidential Address. In: *Proceedings of the Aristotelian Society*, New Series, Vol. 57 (1956–1957), S. 1–30; S. 8 f.

6 Daniel Harris: *Cute, Quaint, Hungry and Romantic: The Aesthetics of Consumerism*. Boston 2000, S. xi.

wie sie Richard Hamilton für die Pop Art markiert, Cuteness, Quaintness, Coolness, The Romantic, Zaniness, The Futuristic, Deliciousness, The Natural, Glamorousness und Cleanness, wie sie Daniel Harris als »Aesthetics of Consumerism« auflistet, »zany«, »cute« und »interesting«, wie sie Sianne Ngai als ästhetische Komplementärkategorien zu den ökonomischen Bereichen der Produktion, des Konsums und der Distribution begreift, das Drastische à la Dietmar Dath, Weirdness, Realness, Awkwardness, das Krasse, Fette oder auch das Supergeile – alle diese diversen Formen »leidenschaftlicher Äußerungen« (*passionate utterances*) sprechen laut Stanley Cavell eine »Einladung zur Improvisation in den Verwirrungen der Gefühle«[7] aus. Sie zeigen an, wie wir im 21. Jahrhundert tatsächlich ästhetisch spielen und urteilen.[8] Eine Gegenwartsästhetik steht vor der Aufgabe, Spezifik und Einheit des Ästhetischen theoretisch und analytisch zu fassen, ohne dabei die Diversität seiner Phänomene und ihre Einbettung in nicht-ästhetische Zusammenhänge zu vernachlässigen oder gar zu leugnen.

7 Stanley Cavell: Something out of the Ordinary. In: S. C.: *Philosophy the Day After Tomorrow*. Cambridge Mass. 2005, S. 7–27; S. 19 (»invitation to improvisation in the disorders of desire«).

8 Dieses Buch entstand im Kontext des Projekts »Gegenwartsästhetik«. Zu den ›kleinen‹ ästhetischen Kategorien vgl. die Parallelstudie von Hannah Zipfel.

Geschmack: Waschbär. Von der Gegenwärtigkeit ästhetischer Analyse

Das Ästhetische ist ebenso ein Intensitäts- wie ein Distanzmodus. Es besteht in der erstaunlichen Technik, die Erfahrung, ganz und gar ›da‹ zu sein in seinen Wahrnehmungen und Gefühlen, mit einem Abstandnehmen in Gestalt begrifflicher Prozessierung zu verbinden. Ins Spiel versetzt werden dabei die verschiedenen subjektiven Vermögen: Sinnlichkeit, das genaue Hinhören und -sehen; Gefühl, das, was wir dabei empfinden; Intellekt, das, was wir dabei denken. Und das alles auch noch dergestalt, dass dabei das Bedürfnis entsteht, sich mit anderen darüber auszutauschen, also seine höchst privaten Erlebnisse in einer Gemeinschaft zu kommunizieren, sie anderen anzusinnen oder zuzumuten, wie Kant das nennt. Das Modell des Ästhetischen böte, so gesehen, geradezu eine Antwort auf die Frage, wie man überhaupt halbwegs seriös wissenschaftlich vom Gegenwärtigen handeln kann; impliziert Wissenschaftlichkeit in den Humanities doch immer eine gewisse historisch relativierende und einordnende Abstandnahme vom Gegenstand. Die historisierende Herangehensweise ist dabei, wie der amerikanische Literaturwissenschaftler Theodore Martin schreibt, nicht irgendein möglicher wissenschaftlicher Zugriff, sie ist vielmehr unser Element, das Wasser, in dem wir alle schwimmen. »Man käme wohl ganz schön in Verlegenheit, wenn man überhaupt nur irgendjemanden aus dem Bereich der wissenschaftlichen Beschäftigung mit Künsten, auch gegenwärtigen, nennen sollte, der den Analysefokus neben der jeweiligen Form nicht stets auch auf den historischen und kulturellen Kontext richten würde«.[1]

1 Theodore Martin: *Contemporary Drift: Genre, Historicism, and the*

Wer von *Gegenwarts*ästhetik spricht, versieht das Ästhetische also nicht bloß mit einem temporalen Marker – im Sinne einer Ästhetik, die es nun einmal gerade gibt –, sondern wertet. Im Ästhetischen geht es, wenn seine Gegenwart oder Gegenwärtigkeit ins Spiel kommt, im Grunde darum, in einer nicht-trivialen, ambitionierten Mixtur aus sinnlich-emotionaler Intensität und gedanklichem Abstandnehmen einen privilegierten Zugang zum Gerade-eben-Jetzt zu bekommen. In der philosophischen Tradition spielt hier die Trennung zwischen ästhetischer Erfahrung und Kunsterfahrung eine besondere Rolle. Kann ästhetische Erfahrung grundsätzlich alles sein, was intensiviert erlebt wird, sei es Natur, sei es Artefakt – sagen wir mal, das Meer bei Sonnenaufgang oder eine Ampel im Regen –, wird Kunsterfahrung von vornherein als *»spezifische Erfahrung von Sinn«* konzipiert.[2] Und diese spezifische, vielleicht besser: emphatische Erfahrung von Sinn kann, wenn man die angelsächsische Begrifflichkeit mit ihrer Unterscheidung von *present* und *contemporary* zu Rate zieht, als Mischform aus einer kontemplativ, kunstreligiösen Haltung (*present*) und – wohl auf dieser Basis – der Prätention eines privilegierten Zugangs zum Zeitgenössischen (*contemporary*) bestimmt werden. »Alle bedeutende Kunst, alle Kunst im emphatischen Sinne, ist zeitgenössisch. Sie hat Bedeutung für die Gegenwart«, schreibt Juliane Rebentisch in ihren *Theorien der Gegenwartskunst*[3] und reklamiert damit, durchaus mit eigener Emphase, für die Kunst eine besondere Fähigkeit, ihre Zeit in Gedanken zu fassen. Offen bleibt dabei allerdings zunächst, was das sein soll, »Kunst im emphati-

Problem of the Present. New York 2017, S. 4 (»Indeed, you would be hard-pressed to find a literary critic today who doesn't in some way believe that writing about literary texts means writing about their historical context«).

2 Daniel M. Feige: *Computerspiele. Eine Ästhetik*. Berlin 2015, S. 16.

3 Juliane Rebentisch: *Theorien der Gegenwartskunst zur Einführung*. Hamburg 2013, S. 17.

schen Sinne« bzw. »bedeutende Kunst«, und was hier womöglich nonchalant ausgeschlossen wird. Daran hängt aber zentral die Frage, wie das funktioniert: Bedeutung für die Gegenwart haben.

Welches Bedeutungsspektrum auch im Deutschen mitschwingt, wenn etwas als ›gegenwärtig‹ bezeichnet wird, lässt sich durch einen Blick auf Diskurse erfassen, in denen der Begriff geläufig ist. In der Theologie ist die Bedeutsamkeit der Rede von einer ›Gegenwärtigkeit Gottes‹ nicht weiter erklärungsbedürftig. Im Strafrecht kommt die Bestimmung der ›Gegenwärtigkeit‹ zur Sprache, wenn es um die Frage der Notwehr geht. Als ›gegenwärtig‹ gilt eine unmittelbar bevorstehende Gefahr, deren Bedrohung auch für andere nachvollziehbar ist und somit harschere Abwehrmaßnahmen als gerechtfertigt erscheinen lässt. Nicht selten begegnet die Rede von emphatischer ›Gegenwärtigkeit‹ auch im Feuilleton, wenn es darum geht, eine als flüchtig empfundene Zeitgenossenschaft dennoch zu würdigen. Dies geschieht besonders in den Bereichen Mode und Pop. Eine »eskapistische, aber zutiefst gegenwärtige Pop-Folklore« nennt etwa der Musikkritiker Andreas Borcholte in seiner Rückschau auf das Jahr 2020 das neueste Album der Sängerin Taylor Swift. Was daran ›gegenwärtig‹ ist, wird nicht weiter erklärt; es dennoch irgendwie zu begreifen (›*You get it?*‹), gehört zum Sprachspiel des Pop seit jeher dazu. In Bezug auf Taylor Swifts *Folklore* dürfte gemeint sein, dass es künstlerisch durch die Einschränkungen der Corona-Pandemie geprägt und deshalb umso besser gelungen ist. ›Gegenwärtigkeit‹ meint dann so etwas wie ›Signifikanz‹. Etwas Ähnliches begegnet auch auf dem Gebiet der Sprachverwendung, etwa bei den diversen Un- oder Jugendwörtern des Jahres oder auf der amerikanischen Website *Urban Dictionary*, die bei der Entschlüsselung von jugendlichen Idiomen und Slang (etwa im Rap) stets gute Dienste leistet. Regelmäßig kürt das *Urban Dictionary* ein »Word of the Day«. Wirft man einen Blick auf ausgewählte Lemmata um den Jahreswechsel 2020/21, dann finden sich hier besonders von der Corona-Pandemie sowie der Spätzeit der Präsidentschaft Donald Trumps inspirierte Wörter; etwa »microcough« für ein Husten hinter der Maske, das man so weit wie möglich unterdrückt oder herunterspielt, um nicht für einen Virenspreader gehalten zu werden. Oder am 6. Januar 2021 einfach nur eine Zahl: »11.780« – das ist jene Anzahl Wählerstimmen, die Trump in seinem von der *Washington Post* veröffentlichten Telefonat mit dem Wahlleiter des Bundesstaats Georgia als gefälligst noch zu seinen Gunsten aufzufinden erklärte. Auch identitätspolitische Diskurs-Sensibilitäten artikulieren sich im *Urban Dictionary*, so am 27. Dezember 2020 in Gestalt der Wendung »Schroedingers's Douchebag« als gegenwärtiger Version von Schrödingers Katze: Wie diese es vermag, bei der Übersetzung quantenphysikalischer Befunde in die makroskopische Welt zugleich tot und lebendig zu sein, so äußert der entsprechende Mistkerl Beleidigendes und erklärt dann erst abhängig von der Reaktion seiner Zuhörerschaft, ob er das ernst gemeint habe oder nicht.

Gegenwärtigkeit impliziert also eine Art Intensität, erlebt als Signifikanz für eine als aktuell bedeutsam, nicht selten sogar als bedrängend oder bedrohlich empfundene gesellschaftliche oder politische Lage. Im Sprachspiel des Kunstdiskurses wird Signifikanz dabei oft noch zur ›Relevanz‹ gesteigert. Der Kunst wird mit diesem Label nicht nur ein besonderes Erkenntnis- oder Zuspitzungspotenzial für Problemlagen zugeschrieben, sondern auch die Fähigkeit, Einfluss auf diese zu nehmen oder sogar den gesellschaftlichen Wandel zu befördern. Das impliziert freilich, so gern es im Kunstkontext auch gehört wird, eine ziemlich starke Erwartungshaltung, die zu einer Überlastung des Ästhetischen führen kann. Mitunter werden dadurch eine Sorte von Kunst und ein ästhetischer Diskurs befördert, deren hervorstechendstes Merkmal in der Proklamierung dieser Relevanz selbst besteht. ›Biennalenkunst‹ sagen manche abschätzig dazu und meinen damit eine Prätention von

Bedeutsamkeit, die für die Atmungsaktivität des Ästhetischen als Eigenwert wenig produktiv ist. Zu fragen wäre ohnehin, ob in puncto Relevanz nicht ein Auftritt wie der von Beyoncé in der Pause des Superbowl 2013 schlicht höher zu gewichten ist als jede Kunstinstallation.[4] Ultrapopulär, an Milliarden adressiert und durch und durch marktförmig – das sind nun allerdings alles Charakteristika, mit denen sich Ästhetik nicht nur schwertut, sondern die ihr häufig genug geradezu als Ausschlusskriterien gelten. Kommodifizierung, die Verwandlung von Objekten (und Menschen) in Waren, basiere auf dem Prinzip der Vereinheitlichung und des Vergleichbarmachens qua Wertzuschreibung, so der Anthropologe Igor Kopytoff. Und da das Wesen der Kultur auf Unterscheidung und Differenzierung beruhe, sei exzessive Kommodifizierung (wie beim Superbowl) geradezu »anti cultural«.[5]

Zu den gängigen Verfahren ästhetischer Relevanzmarkierung und Selbstnobilitierung gehört es daher, mit ihren zentralen Epitheta ›schön‹ und ›erhaben‹ exakt hiergegen anzutreten. »Das Schöne ist dasjenige, das zugleich der begrifflichen Bestimmung wie der Verlockung der konsumierten Güter widersteht«,[6] schreibt etwa Jacques Rancière, was sich kaum von Byung-Chul Hans Auffassung unterscheidet, dass in einer Gesellschaft, in der alles »genieß- und konsumierbar«, glatt, wenig widerständig und durch »Like«-Buttons anästhetisiert sei, »allein« die schwierige und widerständige Kunst »Zugang zum Sinn« gewähre usw.[7] Komplementär dazu steht das Erhabene in der Moderne

4 Vgl. Niklas Maak: Nie wieder Opfer! Warum das Cover der ›Vogue‹ politischer sein kann als alle kritische Biennalenkunst: Der Fotograf Tyler Mitchell und sein ›Black Utopia‹. In: *FAS*, 28.4.2019, S. 33.

5 Igor Kopytoff: The Cultural Biography of Things: Commoditization as Process. In: *The Social Life of Things: Commodities in Cultural Perspective*. Hg. von Arjun Appadurai. Cambridge Mass. 1986, S. 64–91.

6 Jacques Rancière: *Ist Kunst widerständig?* Berlin 2008, S. 15.

7 Byung-Chul Han: *Die Errettung des Schönen*. Frankfurt a. M. 2015, S. 10 f., S. 13.

für eine Kunst, die das im Schönen schlummernde Moment der Selbstgerechtigkeit – immerhin: ein bruchloser Zugang zum nicht weiter spezifizierten und dadurch noch stärker in Majuskeln zu lesenden SINN – zugunsten des »Formlosen im Herzen der [...] Form«[8] favorisiert. Freilich geschieht auch dies in der Regel nicht ohne die Tendenz, in eben diesem Formlosen – und natürlich nicht in den profanen Formbildungen der Gegenwartskultur – ein Genügen in Sachen Sinn zu finden und sich selbst für relevant zu halten.

Die ästhetischen Standardkategorien ›schön‹ und ›erhaben‹ äußern also, so Sianne Ngai, ihre Ambition auf »Wirkung in Bereichen, die weit über Kunst und Kultur hinausgehen«, gerade auf der Basis einer Askese gegenüber den vermeintlich gleichschaltenden Bedingungen der kapitalistisch geprägten Alltagskultur. Diese Ansprüche können wahlweise »moralisch, religiös, epistemologisch oder politisch« sein. Die tendenzielle Enthobenheit, wenn nicht Überheblichkeit einer solchen Autonomieästhetik gegenüber der umgebenden Kultur in Sujets wie Verfahren – »diese grundlegende Distanz der Kunst zu ihrem sozialen Kontext« – ist dabei, wie Ngai mit Fredric Jameson zuspitzt, zwar einerseits die Bedingung für die Möglichkeit ihrer kritischen bzw. anklagenden Sicht auf diese Kultur, andererseits aber womöglich auch der Grund einer gewissen Belang- und Folgenlosigkeit insofern, als sie »*Kunst und Kultur in einen unseriösen, trivialisierten Raum verbannt, in dem solche Beziehungen von vornherein neutralisiert sind.*«[9]

Warum dann aber überhaupt Ästhetik? ließe sich fragen; zumal ihre Praktiken oft genug, etwa von marxistischer Seite, auch noch als sozialdistinktiv beargwöhnt werden, als »Form menschlicher Subjektivität«, in der sich

8 Rebentisch: *Theorien der Gegenwartskunst*, S. 15.

9 Sianne Ngai: *Our Aesthetic Categories. Zany, Cute, Interesting.* Cambridge Mass./London 2012, S. 22 f. (»agency in realms extending far beyond art or culture«, *»relegates art and culture to a frivolous, trivialized space in which such intersections are neutralized in advance«).*

der »Kampf[] der Mittelklasse um politische Hegemonie« dokumentiere,[10] oder seitens des Postkolonialismus mit Blick auf die Konzepte des Geschmacks und der ästhetischen Verfeinerung als Implikationen kolonialer Ausbeutung.[11] Warum trotzdem die alte Tante Ästhetik? Weil Ästhetik in unserer Kultur das beste Modell für ein Denken in und von Formen ist, für eine intellektuelle Prozessierung des sinnlich Gegebenen unter Einbeziehung des Gefühls. Und dieses sinnliche Denken hat zwar stets mit Erkenntnis und Ethik zu tun, zielt jedoch weder auf bestimmte Erkenntnisse noch steht es im Dienst einer bestimmten Moral. Das ist das Grundmotiv der Autonomieästhetik, wie sie am präzisesten von Kant in der *Kritik der Urteilskraft* (1790) formuliert wurde: Ästhetik ist ein eigenständiger Stamm menschlichen Weltzugangs und steht gleichberechtigt neben Erkenntnis und Moral, theoretischer und praktischer Vernunft. Auch wenn diese Autonomierklärung des Ästhetischen zumeist anhand einer für zweckfrei erklärten Kunst vollzogen worden ist, haben deren Prinzipien, wie wir mit diesem Buch zeigen möchten, Geltung auch für so kunstfern scheinende Gegenstände wie einen Supremes-Song, den Auftritt von Beyoncé beim Superbowl oder eine Dose Hundefutter der Marke Wolf's Tooth in Quentin Tarantinos *Once Upon a Time ... in Hollywood* (2019). Wenn Ästhetik das Epitheton ›gegenwärtig‹ beansprucht, muss sie in der Lage sein, solche gegenwärtigen Phänomene zu analysieren (und zwar nicht nur unter ferner liefen oder als Schwundformen wie in den Redeweisen von einer ›Ästhetisierung des Alltags‹). Das ist die Grundthese dieses Buchs.

Die emphatische Ästhetik von Heidegger, Adorno und Lyotard bis Rancière erträumt sich eine (außerästhetische) Relevanz des Ästhetischen just auf Grundlage einer Auto-

10 Terry Eagleton: *Ästhetik. Die Geschichte ihrer Ideologie*. Stuttgart 1994 [1990], S. 3.

11 Simon Gikandi: *Slavery and the Culture of Taste*. Princeton/Oxford 2012.

nomie ›bedeutender Kunst‹, die eine Art Reinheitsgebot gegenüber den heteronomen Einflüssen vor allem des Marktes und der Medien und im Extremfall überhaupt alles Semiotisch-Diskursiven erfordert. Kunst, so der immer noch weithin bestehende Konsens, verkörpere ein »nichtverallgemeinerungfähiges Anderes gegenüber der herrschenden Kultur«.[12] Demgegenüber im Namen der Gegenwart nun gerade die Autonomieästhetik Kants ins Feld zu führen, klingt zunächst kontraintuitiv. Und doch verhält es sich bei Kant, wenn man es etwas zuspitzen möchte, genau umgekehrt: Hier beruht die Autonomie des ästhetischen Urteils gegenüber allen sonstigen Hinsichtnahmen, etwa kausal erklärender oder ethischer Art, auf einer geradezu verblüffenden Heterogenität des Ästhetischen selbst. Der ebenso komplexe wie intrikate Modus der ästhetischen Urteilskraft impliziert nämlich sinnliche, emotionale und begriffliche Anteile in einer sehr spezifischen Relation. Hinzu kommt, dass bereits nach Kant die allermeisten ästhetischen Urteile nicht ›rein‹ sind, sondern als gemischte Urteile auch nichtästhetische Aspekte ihres Gegenstandes berücksichtigen. Dazu später zuversichtlich mehr; für den Moment gilt es festzuhalten: Bei Kant gibt es keine Vorauswahl dessen, was als möglicher Gegenstand eines ästhetischen Urteils in die Aisthesis treten kann; das ästhetische Urteil hängt eng mit den begrifflichen Vermögen der Urteilenden zusammen und es verbindet sich dennoch mit Gefühlen, die letztlich nicht kontrollierbar sind. Damit können wir arbeiten. Etwa bei Tarantinos Hundefutterdose.

Erstmals ins Bild kommt dieses Requisit bei den Dinnervorbereitungen im Wohntrailer des von Brad Pitt gespielten Ex-Stuntmans Cliff Booth. Unter hygienisch einigermaßen

12 Andreas Reckwitz: *Die Erfindung der Kreativtät. Zum Prozess gesellschaftlicher Ästhetisierung*. Berlin 2012, S. 122. Vgl. dazu Heinz Drügh: Künstler. In: *Der Kreativitätskomplex. Ein Vademecum der Gegenwartsgesellschaft*. Hg. von Timon Beyes und Jörg Metelmann. Bielefeld 2018, S. 167–172.

zweifelhaften Bedingungen bereitet Cliff sich eine Instantpackung Mac and Cheese der Marke Kraft zu, während er für seinen Pitbull Brandy aus der Wolf's Tooth-Geschmackspalette Rat Flavor auswählt (Racoon hätte es auch gegeben). Das ist nun zunächst mal keine große Sache. Wollte man überhaupt darüber nachdenken, dann würde man darin wohl so etwas sehen wie die milde Ridikülisierung des virilen Cliff Booth, der mittlerweile weniger ein harter Stuntman ist denn ein etwas abgehalftertes Mädchen für alles des TV-Serien-Darstellers Rick Dalton (Leonardo di Caprio), der weiß Gott auch keine große Nummer mehr ist. Wie noch jeden Filmhund haben die Zuschauerinnen und Zuschauer freilich auch Brandy ins Herz geschlossen. (Ist das eigentlich ein Männchen oder Weibchen? Als Vorname ist Brandy eindeutig weiblich, aber man weiß ja nie, in Heinrich Manns *Der Untertan* heißt eine Dogge ja auch »Schnaps«).

Was wäre jenseits der Tatsache, dass das irgendwie ganz witzig ist, groß darüber zu sagen? »One of the joys of seeing #OnceUponATimeInHollywood again in 70mm«, schreibt der Filmkritiker Peter Howell auf Twitter, »is picking up many subtle visual jokes Tarantino salted into his film – such as the ›rat flavor‹ of the fictional Wolf's Tooth dog food Cliff Booth feeds Brandy, his loyal pit bull«. Der Bildwitz stimuliert bei Howell einen moralisch getönten Blick: Cliff wird als »positively mind-melded with his beloved pet pit bull Brandy« charakterisiert; das Verhältnis zwischen Mensch und Tier appelliere »on a subconcious level« an die »virtue of loyalty, a rare thing in this day and age«,[13] und diese rare Tugend kennzeichne auch das Verhältnis zwischen Cliff und Rick Dalton. Eine moralische Lesart als Plädoyer für das Buddy-Movie also – das klingt eher oldschool als gegenwärtig. Von der Gegenseite schallt Tarantino in Kritiken des

13 Peter Howell: Once Upon a Time … in Hollywood is really about. In: *Toronto Star*, 15.8.2019, https://www.thestar.com/entertainment/movies/opinion/2019/08/15/once-upon-a-time-in-hollywood-is-really-about-the-forgotten-virtue-of-loyalty.html?rf (30.3.2021).

US-amerikanischen Qualitätsfeuilletons ein harscherer Ton entgegen – der aber ebenfalls ethisch grundiert ist. Ausgerechnet »old-time-he-men like Rick Dalton and Cliff Booth« sollen »cool« sein, wer kommt denn heute noch auf sowas? – wundert sich etwa A. O. Scott in der *New York Times*. Ähnlich wie die Geschlechterstereotype werden auch Tarantinos Erzählverfahren als *dated* attackiert, mit ihren Dosen-Jokes, ihrer Verliebtheit in die Popkultur, die mit einer Fülle von Trouvaillen und Reminiszenzen wie gewohnt an allen Ecken und Enden aus dem Film herausquillt. Als »cinema of saturation« empfindet das Scott, vollgestopft mit dem ganzen Zeugs einer Überflussgesellschaft und folglich auch künstlerisch nicht mehr ambitioniert, sondern selbstgefällig und satt. Richard Brody verpasst Tarantino im *New Yorker* dann gleich noch das passende identitätspolitische Label altmännerhafter Geschwätzigkeit: »›Once Upon a Time … in Hollywood‹ is a strangely inert movie. Tarantino has become a nudnik filmmaker, who grabs a viewer by the lapel and says – and says and says – what's on his mind«.[14] Als Indizien gegen Tarantinos Gegenwartstauglichkeit werden also seine vermeintlich rückständigen Geschlechterbilder sowie seine postmodernen Erzählweisen angeführt, insbesondere die Fülle der popkulturellen Reminiszenzen.

Am selben Material ließe sich jedoch auch vorführen, wie die Verbindung zwischen Ästhetik und Kulturpoetik funktioniert und inwiefern gerade diese *gegenwarts*ästhetisch interessant ist. Noch einmal zurück also zur Szene, in der Cliff Booth das Futter zweier Dosen Wolf's Tooth mit Rat

14 A. O. Scott: ›Once Upon a Time … in Hollywood‹ Review: We Lost it at the Movies. In: *New York Times*, 24. 7. 2019, https://www.nytimes.com/2019/07/24/movies/once-upon-a-time-in-hollywood-review.html (30. 3. 2021). Richard Brody: Review: Quentin Tarantino's Obscenely Regressive Vision of the Sixties in ›Once Upon a Time … in Hollywood‹. In: *The New Yorker*, 27. 7. 2019, https://www.newyorker.com/culture/the-front-row/review-quentin-tarantinos-obscenely-regressive-vision-of-the-sixties-in-once-upon-a-time-in-hollywood (30. 3. 2021).

Flavor in Großaufnahme und mit hochgezogener Atmo in Brandys Napf platschen lässt. Großaufnahmen entdecken das »stumme Leben der Dinge«, hat noch zu Stummfilm-Zeiten der Filmtheoretiker Béla Balász geschrieben, die »Lupe des Kinematographen bringt uns die einzelnen Zellen des Lebensgewebes nahe, läßt uns wieder Stoff und Substanz des konkreten Lebens fühlen.«[15] Intensivierte Sinnlichkeit, Aisthesis, Geschmack – das genaue Hinschauen und -fühlen gelten als Basisoperationen des Ästhetischen seit seiner Erfindung. »Ästhetisch sind Objekte«, schreibt Martin Seel, die »uns in einer ausgezeichneten Weise sinnlich gegeben« und von uns in einer ebenso »ausgezeichneten Weise sinnlich erfaßt«[16] werden. Die Fühlbarkeit des konkreten Lebens, wie sie Balász beschwört, ist dabei vor einem kulturkritischen Hintergrund zu verstehen. Gut erkennbar wird das, wenn Viktor Šklovskij in *Die Kunst als Verfahren* (1916) jene vom Gewohnten abweichenden, verfremdenden Verfahren der Kunst als Sand im Getriebe automatisierter Abläufe begreift (man denke an die Produktionsverfahren des Taylorismus, das Fließband, aber auch andere Aspekte moderner Standardisierung und Serialisierung):

> Die Automatisierung frißt die Dinge […]. ›Wenn das ganze komplizierte Leben bei vielen unbewußt verläuft, dann hat es dieses Leben gleichsam nicht gegeben.‹ Und gerade, um das Empfinden des Lebens wiederherzustellen, um die Dinge zu fühlen, um den Stein steinern zu machen, existiert das, was man Kunst nennt. Ziel der Kunst ist es, ein Empfinden des Gegenstandes zu vermitteln, als Sehen und nicht als Wiedererkennen.[17]

15 Béla Balász: *Der sichtbare Mensch oder die Kultur des Films* [1924]. Frankfurt a. M. 2001, S. 49 f.

16 Martin Seel: *Ästhetik des Erscheinens*. Frankfurt a. M. 2003, S. 47.

17 Viktor Šklovskij: Die Kunst als Verfahren [1916]. In: *Texte der russischen Formalisten*. Band I: *Texte zur allgemeinen Literaturtheorie und zur Theorie der Prosa*. Hg. von Jurij Striedter. München 1969, S. 2–35; S. 15.

Kunst setzt also laut Šklovskij wieder Gespür und Bewusstsein dafür frei, was durch Automatisierung und Routinen an-ästhesiert, unfühlbar geworden ist. Was heißt das aber nun angesichts einer Dose Hundefutter, eines Objekts, das selbst für Serialisierung und automatisierte industrielle Fertigung steht? Zunächst könnte man in der Großaufnahme eine wie auch immer ironische Reminiszenz an Werbung sehen. Durchschaut wird hier vielleicht der Marketingversuch, Entfremdungsgefühle durch eine spezifische Anmutung von Wildheit und Natur zu kompensieren; wobei in dem »good food for mean dogs« (so der Claim der fiktiven Marke) von jenen Tieren, denen die Hunde einst in der wilden amerikanischen Prärie nachgejagt sind, nur noch der *flavor* übrig geblieben ist. Das wäre dann eine Aufgabe für Barthes'sche Entmythologisierung, und Tarantinos Film betriebe etwas in dieser Art.

Das ändert aber nichts daran, dass die Inszenierung der Hundefutterdose zunächst einmal eine ästhetische ist. »There is no taste without this minimal ordering of experience that makes the experience appear«, schreibt der Kultursoziologe Antoine Hennion. Erfahrung muss ein bisschen angeschubst werden, um explizit bemerkt zu werden, und dafür bildet – wie *in aestheticis* üblich – eine »Intensivierung des Objekts« die Voraussetzung.[18] Nur zielt das bei Wolf's Tooth weder auf den absoluten Riss im Gewebe der Welt noch auf die üblichen Verfahren der Verfeinerung und des guten Geschmacks, im Gegenteil. Das wird spätestens dann offensichtlich, wenn der LSD-berauschte Cliff Booth in der Schlusssequenz auch noch selbst an dem ekelmarkierten Hundefutter leckt. Ganz offensichtlich geht es dennoch auch hier um *taste*, und zwar um das, was Susan Sontag in ihren *Notes on »Camp«* als »good taste of bad taste« bezeichnet. Das meint die Fähigkeit, noch in den gröbsten,

18 Antoine Hennion: Those Things That Hold Us Together. Taste and Sociology. In: *Cultural Sociology* 1 (2007), S. 97–112; S. 98.

gemeinsten Massenvergnügungen wie dem (realen) Mac and Cheese von Kraft und dem (erfundenen) Wolf's Tooth »Objekte des Vergnügens« zu entdecken. Indem man sie nicht einfach als sie selbst nimmt, sondern lernt, sie in Anführungszeichen zu sehen, wird es möglich »sie sich in einer ungewöhnlichen Weise anzueignen«, im ästhetischen Arrangement und Modus. Dies kann mit Sontag als »very liberating«[19] empfunden werden, als befreiend von den Implikationen des Schönen oder Erhabenen zugunsten einer Denkbewegung, die die ästhetisch intensivierten Objekte als Ausgangspunkte für Gänge in kulturelle Paradigmen zu nehmen weiß – für die Bewegung einer kulturpoetischen Ästhetik.

In strukturalistischer Terminologie würde man anhand des intensivierten Objekts von einem syntagmatischen Befund sprechen: Aus dem Verlauf der filmischen Zeichen werden durch die spezifische Art ihrer formalen Verknüpfung bestimmte ›Stellen‹ generiert, und zwar zunächst noch ohne Bezug zur Semantik oder auf einen Sinn. Sie treten in die Aisthesis und erzeugen Aufmerksamkeit. Mit Kant könnte man hier von solchen Objekten der Anschauung sprechen, die das Spiel der Erkenntniskräfte auslösen. Wie könnte dieses Spiel aussehen? Nun, solche herausgehobenen Segmente können beispielsweise die Basis für eine Verknüpfung mit einem kulturellen Archiv bilden, d.h. literaturwissenschaftlich gesagt, mit Vergleichstexten. Das dient nicht etwa dazu, sie auf schiere Tradition zu reduzieren, nein – im Dialog mit anderen Texten und Medien werden die isolierten Dinge überhaupt erst mit Sinn und Bedeutung aufgeladen. Das funktioniert selbstredend mit allen möglichen kulturellen Zeugnissen, auch mit Bildern und Text-Bild-Verhältnissen (z.B. in Zeitschriften, im Internet, Comics), mit Pop-Musik, fiktionalen Formaten in Film und

19 Susan Sontag: Notes on »Camp« [1964]. In: S.S.: *Against Interpretation and other Essays*. New York 1966, S. 275–292; S. 280, 289, 291.

Fernsehen, auch mit der Konsumkultur, Werbeclips, Supermärkten usw. In strukturalistischer Terminologie nennt man solche Vergleichsstellen im Archiv Paradigmen. Und Kunstwerke bilden solche Paradigmen keineswegs immer bloß ab, oft lassen diese sich überhaupt erst vermittels ästhetischer Objekte auffinden, ›spürbar‹ machen oder sogar poetisch formen.[20]

Das Gegenwärtige vermag nicht »Gegenstand des Gedächtnisses zu sein«, sagt Aristoteles: »Dieses ist Gegenstand der Wahrnehmung (Aisthesis).«[21] »Wir nehmen ganz im Gegenteil an«, wendet Carlo Ginzburg ein, »dass das Gedächtnis durchaus Einfluss darauf hat, wie Menschen ihre gegenwärtige Situation wahrnehmen«.[22] Aber ist das überhaupt das Gegenteil? Was präsentisch in die Aisthetis tritt, wird paradigmatisiert, d. h. mit äquivalenten Befunden in unserem kulturellen Vorrat verglichen. Anschauung aktiviert Begriffe, und wenn das nicht zu einer schnellen Erkenntnis (x ist y), sondern in ein Spiel von Anschauungen und Begriffen führt, das auf Dauer gestellt und mit dem Gefühl der Lust (oder Unlust) verbunden wird – dann sind wir auf ästhetischem Terrain. Syntagmatische Befunde sind endlich, aber die Vergleichsmöglichkeiten im Archiv sind virtuell unendlich; nur so kann das freie Spiel der Erkenntniskräfte überhaupt einen Unendlichkeitsvektor bekommen. Im jeweiligen Zurückkommen auf die Anschauung bleibt dieses Spiel zwar ein gegenwärtiges, doch bliebe eine Präsenz, verstanden als Gegenwart reiner Aisthesis, vollkommen leer – wie es Anschauungen ohne Begriffe eben

20 Vgl. Moritz Baßler: *Die kulturpoetische Funktion und das Archiv. Eine literaturwissenschaftliche Text-Kontext-Theorie*. Tübingen 2005.

21 Aristoteles: Über Gedächtnis und Erinnerung. In: A.: *Kleine naturwissenschaftliche Schriften*. Hg. von Eugen Dönt. Stuttgart 1997, S. 87–100; S. 87.

22 Carlo Ginzburg: Hybrids. Learning from a Gilded Silver Beaker (Antwerp, c. 1530). In: *Renaissance Go-Betweens. Cultural Exchange in Early Modern Europe*. Hg. von Andreas Höfele und Werner von Koppenfels. Berlin/New York 2005, S. 121–138; S. 125.

sind.[23] Insofern verfehlen phänomenologische Ästhetiken, die eine irgendwie auratische Präsenzerfahrung gegen die semiotische Lektüre ausspielen, ein konstitutives Element des Ästhetischen.

Tarantino ist nun geradezu ein Parade-Paradigmatiker und -Enzyklopädist. Sein ästhetisches Verfahren ist von Reminiszenzen ans kulturelle Archiv geprägt, es trägt seinen Archivismus nicht nur offen am Revers, sondern nutzt ihn auch in allen möglichen Weisen ästhetisch. Cliffs Wohntrailer steht nicht umsonst direkt neben einem Autokino, in dem *Lady in Cement* mit Raquel Welch und Frank Sinatra läuft. Bei der Heimfahrt spielt Cliffs Autoradio neben Musik auch Werbung (der ganze Film ist durchzogen von Radio-Werbetrailern). In seiner Behausung sehen wir Comics, eine Fernsehzeitschrift, Poster von Fernsehstars, Filmhelden als Plastikfiguren, und während des Essens läuft natürlich der Fernseher, und zwar die Serie *Mannix*, deren Vorspann intermittierend in den Bildkader geschnitten wird. Das ist der Ko-Text, in dem die Dose erscheint. Prompt setzt die Paradigmatisierung ein: Wer Dose sagt, sagt Warhol und Factory, was einen Bezug auf Massenproduktion und Warenform impliziert, womöglich mit Markennamen (Brand-y!) wie Brillo und Campbell's. Zurückübertragen auf das Gebiet der Künste ist damit die sogenannte Kulturindustrie thematisiert; vom Verfahren her aber auch der prototypische Modus von Pop. Der Pop-Blick erfasst das einzelne Objekt eben nicht mehr als auratisiertes Original (wie das in ästhetischer Überhöhung noch oft genug der Fall ist), sondern als Teil einer Reihe von Vergleichbarem, d. h. im Rahmen eines Paradigmas. Warhols Siebdruck-Technik ist davon ebenso ein produktionsästhetischer Ausdruck wie die Geschmackspalette der Campbell's Soup-Dosen, die neben Tomato auch Green Pea, Cheddar Cheese, Beef u. v. m.

23 Immanuel Kant: *Kritik der reinen Vernunft*. Bd. 1. Hg. von Wilhelm Weischedel. Frankfurt a. M. [9]2017, S. 98 (B75).

Abb. 1: Andy Warhol: *Campbell's Soup Cans* (1962)

umfasst. Der Blick in Cliffs Vorratsschrank – Rat-, Racoon- und (ein bisschen weniger spektakulär) Bird-Flavor – exponiert genau diesen Blick aufs Paradigmatische.

Das gilt im Grunde schon für den Filmtitel *Once upon a Time ... in Hollywood*, der sich in die Reihe von Sergio Leones *Once Upon a Time in the West* (dt. *Spiel mir das Lied vom Tod*) und *Once Upon a Time in America* stellt und dieses Prinzip der Serialität durch die drei Pünktchen noch einmal zusätzlich markiert. Dies signalisiert, dass es – nach Leones Auseinandersetzung mit der amerikanischen Mythologie des Westens, dem Eisenbahnbau, dem amerikanischen Traum, der Gewalt und dem Kapitalismus – hier nun um einen Filmbetriebs-Film geht, wofür es wiederum eine Menge an Referenzen gibt, von Godard (den Tarantino verehrt) bis zu Woody Allen, Robert Altman oder David Lynch. Bei allen analytischen Qualitäten seiner Filme bleibt Tarantino dabei ein Romantiker des Kinos und ein Fan der Popkultur; ablesbar an jener Szene, in der Margot Robbie als Sharon Tate mit einer riesigen Brille im Kino sitzt und sich *Wrecking Ball* anschaut (in dem sie selbst mitwirkt) und selig und fast ungläubig strahlt, wenn das Publikum noch über den harmlosesten Slapstick lacht.

Abb. 2: Quentin Tarantino: *Once Upon a Time … in Hollywood* (2019)

Tarantinos Film erzählt die kontrafaktische Rettung Sharon Tates vor den Mördern der Manson-Bande. Vor deren finaler Attacke, die hier, anders als in der Wirklichkeit, dem Nachbarhaus der Tates/Polanskis gilt (wo niemand anders lebt als Rick Dalton), erörtert die Abordnung im Auto noch einmal ihren Mordplan und begründet ihn beflissen medien- und kulturkritisch: Zu töten seien jene *piggies*, die ihnen selbst, aufgewachsen mit dem TV, eingetrichtert hätten, dass es eh stets nur um Gewalt und ums Töten gehe. Dabei erinnern sie sich, in einem retardierenden Moment, auch an die eigenen sentimentalen popkulturellen Bande. War das nicht Rick Dalton, der sie soeben rüde aus seiner Einfahrt verscheucht hat? Der hat doch in *Bounty Law* mitgespielt! Versonnen berichtet der männliche Anführer, er habe sogar eine *Bounty Law*-Lunchbox besessen, die er heiß geliebt habe. Das zaubert ihnen allen ein Lächeln aufs Gesicht (bis auf einer, die keinen Fernseher zu Hause hatte). Für einen kurzen Moment keimt so die Hoffnung, wer sich eines solchen Objekts mit zärtlichen Gefühlen erinnert, könne im Grunde kein schlechter Mensch sein. *What's so funny 'bout peace, love & understanding?*

Abb. 3: Gustave Courbet: *Der Verzweifelte* (*Le Désespéré*) (1844/45)

Wenn es um eine Auseinandersetzung mit dem Filmgeschäft geht, ist *Once upon a Time ... in Hollywood* in seinem Duktus also gerade kein ›schonungsloser‹, ›entlarvender‹ oder ›bitterer‹ Film, wie eine selbst schon topische Filmkritik es gern hätte. Es dominiert vielmehr der Blick des Fans, der noch den durchschnittlichsten TV-Trash liebt, und zwar als Handwerk ebenso wie als Kunst. Wenn Rick Dalton in seinem Trailer am Set von *Lancer*, in jener komischen Szene nach dem desaströsen Dreh mit diversen hangoverbedingten Text-Hängern, in den Spiegel schaut, und dieser Bildkader an Courbets berühmtes Selbstbildnis als Verzweifelter erinnert, das den ganzen selbstquälerischen Seelenkosmos modernen Künstlertums ausleuchtet, dann liegt darin eben keine Häme, sondern Tarantino nimmt den vermeintlichen Schund mitsamt der bei seiner Produktion eingeforderten Professionalität ernst und gesteht ihm Würde zu. »Komisch ist und zum Lachen bringt, was im

Abb. 4: Quentin Tarantino: *Once Upon a Time ... in Hollywood* (2019)

offiziell Geltenden das Nichtige und im offiziell Nichtigen das Geltende sichtbar werden läßt«, ließe sich das mit dem Philosophen Odo Marquard auf den Punkt bringen.[24]

Und wer sagt denn, dass Fans nur eine Herde dummer Schäfchen sind? Zu allererst sind sie Sammler. Den Spuren und Reminiszenzen im Werk ihres Idols folgen Tarantino-Fans verzeichnend, rubrizierend und kommentierend, etwa in einem Wiki namens *The Quentin Tarantino Archives*. Dort findet sich auch eine Rubrik »Fictional and Real Brands«, mit dem Chattanooga Bier, das Cliff Booth trinkt, der Wolf's Tooth Hundefutterdose oder auch jenen Red Apple Cigarettes, für die Rick Dalton in *Once Upon a Time ... in Hollywood* wirbt. Die lagen bereits in Tarantinos Western *The Hateful Eight* herum, obwohl der lange vor den Zeiten des Massen-

24 Odo Marquard: Exile der Heiterkeit. In: O. M.: *Aesthetica und Anaesthetica. Philosophische Überlegungen*. Paderborn/München, S. 47–63; S. 54.

konsums spielt. Marken werden somit zum Running Gag, zum Visual Joke, doch geben sie dem Film eben auch eine Signatur, die Zuschauerinnen und Zuschauer zur kommunikativen Prozessierung auffordert – vergleichbar den Songs aus den berühmt gewordenen Soundtracks, spezifischen Moves aus Tanzszenen wie in *Pulp Fiction* und anderen ästhetischen Objekten.

Zur Fan-Kommunikation gehört auch das Merchandising. Entsprechend bringt der Film dann auch Kaffeetassen und T-Shirts mit Wolf's Tooth-Aufdruck hervor sowie einen Lufterfrischer im Wolf's Tooth-Design, Kosten auf ebay: 35 US-Dollar, Shipping: weitere 24. Fast 60 Dollar für einen Lufterfrischer! Riechen möchte man Rat Flavor ja nicht, der Gebrauchswert dürfte also eher gering sein. Doch gilt dies eben nicht für den Fiktionswert, wenn man denkt, dass sich Fan-Liebe nicht nur durch den Joke, sondern auch durch den übertriebenen Aufwand effektiv artikulieren und manifestieren kann – die Verausgabung für sich selbst und für andere, die einen danach fragen sollen, wenn man das Ding in der Wohnung oder im Auto installiert. ›Was, so teuer war der?‹ Wieviel wohl die *Bounty Law*-Lunchbox gekostet hat? Und welchen ideellen Wert hat sie? Die Bindung von Fans an ihre (ästhetischen) Gegenstände, die Artikulation von Fan-Liebe und die Vernetzung untereinander funktionieren heute oft über Kanäle, die einen merkantilen Aspekt haben. Wobei dieser auch wieder, wie bei Tarantino kaum anders vorstellbar, mit Cinéphilie verbunden sein kann. Hinter der Firma New Beverly Cinema, die den Air-Refresher auf ebay vertreibt, steckt niemand anders als die Merchandising-Abteilung eines historischen Filmtheaters in Los Angeles, das Tarantino seit 2007 gehört. »So lange ich lebe, und solange ich reich bin, wird das New Beverly existieren und Double Features in 35 mm zeigen.«

Mit Hennion sei hier dafür plädiert, Geschmack, und explizit auch den Geschmack der Fans, als eine Grundkategorie des Ästhetischen und nicht à la Bourdieu als bloß sozialdistinktives Regime zu begreifen. »Vielleicht ist ›Geschmack‹ als Begriff noch zu sehr aufgeladen«, schreibt Hennion, »solange man damit die verfeinerte Kennerschaft raffinierter Gegenstände wie Zigarren, Kaffee oder Oper assoziiert.« Stattdessen sei ein »deutlich weiterer Bereich von Praktiken und Aktivitäten« in den Blick zu nehmen[25] – und die Praktiken von Amateuren und Fans stellen tatsächlich ein weites Feld dar: von der 35mm-Cinéphilie über Archivierungs- und Kommentierungsverfahren verschiedenster Referenzen (vergleichbar den Verfahren der historisch-kritischen Philologie) bis hin zu konkreten Umständen der sozialen Vernetzung, einem gemeinschaftsbildenden Aspekt des Ästhetischen: *Those Things*, so der Titel von Hennions Aufsatz, *That Hold Us Together*.

Dabei werden durchaus auch gegenwärtige Diskurse im Modus des Ästhetischen aufgerufen und kulturpoetisch akzentuiert, kommentiert und reflektiert. Um ein Beispiel dafür zu geben, gehen wir noch ein letztes Mal zurück zu Cliff Booth, seinem TV-Dinner und zur Serie *Mannix*. Bei einem Filmkünstler wie Tarantino, der jeden Kader genau kalkuliert, geschieht es nicht zufällig, dass aus dem Serienvorspann auch jener Moment gezeigt wird, in dem nur die ersten drei Buchstaben des Titels zu sehen sind: M-A-N. *Once Upon a Time … in Hollywood* – vielleicht erstaunlich für so manchen Tarantino-Fan wie für manche Kritikerin – präsentiert sich selbst als eine gegenwartsästhetische Reflexion über Männlichkeit im Film und am Filmset.[26] Cliff Booth ist ja nicht nur der stets lässige, gut gelaunte Typ, er ist wie Brandy auch ein Kampfhund. In der Schlusssequenz wird er die gerade geöffnete Dose Wolf's Tooth ins Gesicht einer der Manson-Angreiferinnen schmettern, um danach einer

25 »›Taste‹ perhaps is too laden a word, so long as it connotes the elaborate connoisseurship of a sophisticated object, like cigars, coffee or opera«. Hennion: Those Things That Hold Us Together, S. 98.
26 Vgl. dazu Heinz Drügh: Tendering Tarantino: Ästhetisierung und Kulturpoetik (Eine Party). In: *Pop. Kultur & Kritik* 16 (2020), S. 146–171.

weiteren in nicht weniger als zwölf geradezu grotesk gewalttätigen Schlägen gegen Wände, Bilderrahmen, Balken und Steinkanten den Schädel zu zertrümmern. Das Kampfhandwerk hat er als jener »war hero« gelernt, als den Rick Dalton ihn voller Bewunderung apostrophiert. Und seine Ehefrau hat er, so wird es in einem Flashback insinuiert, mit einer Harpune umgebracht.

Daltons Rolle in *Lancer* ist von vergleichbarem Kaliber. Exakt an jener Stelle, an der er einen hispanischen Wirt auffordert, seine »chili pepper daughter« mit ihrer Fiddle zur Unterhaltung zu holen, und dieser entgegnet: »please don't hurt her this time«, kommt es in Ricks Entgegnung zum Texthänger – syntagmatische Hervorhebung! Er verhaspelt sich nach dem Anfang: »I ain't gonna hurt her. I just want her to play the fiddle«, und die weibliche (!) Souffleusenstimme ergänzt: »Go fetch her and tell her I'll give her a fat $ 5 gold piece she play her little chili pepper heart out«, was er dann knallchargierend wiederholt. Sein Outfit umfasst dabei auf Geheiß des Regisseurs Sam Wanamaker zotteliges Haar, Bart und Fransenjacke, so dass er empört nachfragt: »You want me to look like a hippie?«. »Think less hippie, more Hells Angel. Wroom! Wroom-wroom!«, ist Wanamakers Antwort. Sowohl die Serie *Lancer* als auch Wanamaker als ihr Regisseur sind übrigens historisch. Dargestellt wird dieser bei Tarantino von Nicholas Hammond, der als Teenager die Rolle des Friedrich von Trapp in Robert Wises Musicalfilm *The Sound of Music* (1965) gespielt hat. Dieser Welterfolg über eine adelige österreichische katholische Emigrantenfamilie und ihre sangesfreudige, von Julie Andrews dargestellte Nanny weiß noch so gar nichts vom Summer of Love und dem Pop Age; der Rodgers/Hammerstein Song *My Favourite Things* aus dem Soundtrack wurde aber immerhin ziemlich umgehend von John Coltrane gecovert. »Snitzel with noodles« sind eines dieser tröstenden Lieblingsdinge, die in dem durchaus traurigen Lied erwähnt werden; ein Restaurant der Kette *Der Wienerschnitzel* (sic!)

hat Tarantino nur für einen sekundenkurzen Shot während einer nächtlichen Autofahrt durch Los Angeles rekonstruiert – Bauformen des kulturellen Archivs. In der Diegese von *Once Upon a Time ... in Hollywood*, vier Jahre nach *The Sound of Music*, erweist sich der reichlich überspannte Wanamaker nun als Liebhaber eines weirden Stilhybrids. »Give me evil, sexy Hamlet«, ruft er ins Drehset, als Rick gerade in einer nicht vom Drehbuch gedeckten Spontanentscheidung eine Kindergeisel von seinem Schoß zu Boden geworfen hat und nun in Großaufnahme vor sich hin stiert. Ein bisschen Overacting ist auch dabei. Gespieltes Overacting natürlich.

Vor dem Dreh hatte Rick noch ein längeres Gespräch mit seiner gerade mal achtjährigen Partnerin in dieser Szene Trudi Fraser (Julia Butters) gehabt. Dabei zeigte diese sich wenig begeistert davon, dass Rick sie mit einem Namen adressiert, der in seiner Zotigkeit geradezu unfassbar deplatziert erscheint: Pumpkin Puss, was sich, nach der Definition des *Urban Dictionary*, wahlweise als ein sich deutlich auf der Oberfläche der Kleidung abzeichnendes, überdimensioniertes weibliches Geschlechtsteil oder als Metapher für feminine Masturbation verstehen lässt. Trudi, denkt man daher zunächst, reagiert darauf ganz schön abgebrüht: »I don't like names like ›Pumpkin Puss‹ but since you're upset« – Rick steht immer noch unter dem Stress seines Texthängers – »we'll talk about it some other time«. Zeit zu reden gibt es aber erst einmal nicht, dafür die gemeinsame Szene, inklusive des rüden Runterwerfens der jungen Kollegin von seinem Schoß, was sie als überzeugte Vertreterin des Method Acting, die auf dem Set nur mit ihrem Rollennamen angesprochen werden möchte, aber in keiner Weise schlimm findet. Trudi hat sich sogar mit einem Polster unter ihrem Kostüm gewappnet, weil man ja nie weiß, was den genialen männlichen Partnern spontan alles so einfällt. Seriously? Acht Jahre alt ist Trudi Fraser (die Darstellerin Julia Butters zehn). Es geht um einen Film, in dem ein gewisser Roman Polanski vorkommt. Und das Mädchen versieht sich wohlgemut mit Polstern unterm Kostüm gegen allfällige Genialitätsattacken von »evil sexy Hamlet«? »I knew enough to do more than I did«, hat Tarantino in einem Interview mit der *New York Times* über sein Verhältnis zu seinem langjährigen Produzenten Harvey Weinstein eingestanden.

Vielleicht hat Rick Dalton aber auch gar nicht »Pumpkin Puss« zu Trudi Fraser gesagt (obwohl alle Kritiker und die Untertitel auf der DVD das so transkribieren). Könnte er nicht vielleicht auch »*Punkin' Puss*« gesagt haben und läge das nicht eigentlich sogar viel näher bei einem so eifrigen TV-Konsumenten? *Punkin' Puss* ist nämlich eine zu dieser Zeit populäre Trickfilm-Figur von William Hanna und Joseph Barbera, den Erfindern von *Tom & Jerry*. Die Hillbilly-Katze Punkin' Puss und ihre Antipodin Mushmouse haben ihren festen Sendeplatz im amerikanischen TV der Jahre 1964–1967 in der *Magilla Gorilla Show*.

Wahrscheinlich sind diese Figuren heute zu sehr in Vergessenheit geraten, um noch an sie zu denken, wenn uns ein ›pumpkin‹ für ein ›punkin'‹ und eine ›puss‹ für eine ›puss‹ vorgemacht werden. Aber ist das nicht noch unheimlicher? Wir, die wir so viel sensibler für ›verbal harassment‹ und ›hate speech‹ zu sein glauben als die späten 1960er, hören einfach darüber hinweg? Oder werden wir hier auf Schrödinger's Douchebag-Weise provoziert? Reagiert hat allerdings kein Rezensent darauf. Pumpkin Puss ging durchweg als Kosename durch, mit dem tituliert zu werden die kleine Feministin halt so ein bisschen störe. Wie niedlich. »Ich wusste genug, um mehr zu tun, als ich tat.« Immer noch alle der Meinung, dass man solchen populärkulturellen *nudnik* Nerdkram mit Pumpkin und Punkin' Puss nicht wissen und nicht weiter darüber reden muss (»And says – and says, and says ...«)?

Vor dem deutlich markierten #metoo-Hintergrund klingen die rührend professionellen Worte von Trudi dann auch eher wie die beflissene Bereitschaft, über so einige ›Kollateralschäden‹ im Filmgeschäft hinwegzusehen: »I believe it's

Abb. 5: Punkin' Puss. Seein' is Believin'

the job of an actor – and I say ›actor‹, not ›actress‹ because the word is nonsensical – it's the actor's job to avoid impediments to their performance. It's the actor's job to strive for one hundred percent effectiveness«. Schon lange sei »precocity«, also: Frühreife, nicht mehr »such a gas« gewesen, dermaßen zum Brüllen komisch, schreibt Anthony Lane im *New Yorker*.[27] Zweifellos ist das Mädchen cute. Dennoch ist sie mit allem, was da finster anklingt, so selbstverständlich im Bunde, dass man die Szene kaum unbeschwert anschaut. Tarantino markiert die reizende Trudi Fraser mithin als Teil eines Systems, während die meisten Kritikerinnen das trotz gut ausgelegter Archivalien nicht erkennen und stereotyp in Bezug auf Julia Butters ihre *a star is born*-Sprüche abspulen. Diesen Effekt könnte man als performativen bezeichnen: er führt vor, wie Rezeptionsprozesse, und zwar die der professionellen Rezensenten wie die der Laien in den Gesprächen beim Bier nach dem Kino oder in Fanforen, durch solch intrikate Fallen auch in ihren Automatismen und Blindheiten zur Disposition gestellt werden. Anders gesagt: Wer hier zu schnell versteht, mit Kant gesprochen also zu schnell feste begriffliche Urteile sachlicher oder ethischer Natur fällt, der verpasst und vertut die Angebote, die die ästhetischen Objekte ihm machen. »Abwehr und Ressentiment«, könnte man mit Wolfgang Ullrich sagen (der hier allerdings über Werbung spricht), »sind also

27 Anthony Lane: Quentin Tarantino Tweaks History in »Once Upon a Time … in Hollywood«. In: *The New Yorker*, 26.7.2019, https://www.newyorker.com/magazine/2019/08/05/quentin-tarantino-tweaks-history-in-once-upon-a-time-in-hollywood (30.3.2021).

jeweils Folge einer Überforderung: Ausdruck ungenügender Ausbildung im Umgang mit einem Zeichensystem.«[28]

Vielleicht hat sich die ein oder andere Leserin längst gefragt, warum wir an dieser frühen Stelle, wo unser Buch doch noch kaum bei den Basics seiner Ästhetik-Definition angekommen ist, so ausführlich in die Lektüre eines Films einsteigen. Vorzuführen oder doch zumindest anzudeuten war, wie der adäquate Umgang mit einem ästhetischen Zeichensystem aussehen könnte, der das freie Spiel der Erkenntniskräfte nicht frühzeitig arretiert, sondern dem ästhetischen Objekt auf der Höhe seiner Komplexität begegnet. Im Wechselspiel syntagmatischer Befunde (Wahrnehmung, Aisthesis, Präsenz/Gegenwart) und paradigmatischer Bezüge (Archiv, Vergleich, Begriffsbildung, Gedächtnis) verbleibt man keineswegs, wie es ein beschränkter Begriff von Kultursemiotik will, im Bereich historisierender Erkenntnis qua Kontextualisierung. Paradigmatische Bezüge stiften vielmehr Resonanzstrukturen, und zwar sowohl innerhalb des einzelnen Werks (hier würde man im Strukturalismus von ›poetischer Funktion‹ sprechen) als auch im kulturellen Archiv selbst, in kulturpoetischer Funktion. Solche Resonanzen dienen zweifellos zunächst der Semantisierung der aufeinander bezogenen Stellen, ihrer Aufladung mit Bedeutung; aber das ist ja nicht alles: Sie bringen diese Stellen doch auch zum Leuchten, zum Klingen (Resonieren), sie haben mit Rhythmus, ästhetischer Einheit und Fülle zu tun. Und sie heben ihrerseits neue Aspekte der Texte hervor und machen uns neu und anders aufmerksam für deren Material – und das der Kultur selbst. »What then is the social energy that is being circulated?« fragt Greenblatt in den *Shakespearean Negotiations*, und antwortet: »Power, charisma, sexual excitement, collective dreams, wonder, desire, anxiety, religious awe, free-floating

28 Wolfgang Ullrich: *Alles nur Konsum. Kritik der warenästhetischen Erziehung*. Berlin 2013, S. 24.

intensities of experience« – im Grunde sei die Frage absurd, weil *alles* Kulturelle zirkulieren und also Paradigmen, Äquivalenz- und ästhetische Resonanzstrukturen bilden kann.[29] In der Analyse ist das nur semiotisch zu erfassen, und doch erregt es Lust, Unlust, Lachen, Erstaunen, Grusel und lässt im Zweifel die Körpersäfte fließen.

Adäquate Analysen ästhetischer Gegenstände gehen also vom Gebiet der Ästhetik nicht nur aus, sondern verbleiben auch beim Ästhetischen und seinen spezifischen Qualitäten oder kehren doch immer wieder dorthin zurück, auch wenn analytisch-kulturpoetische Operationen zwischengeschaltet werden müssen. Anders als Hermeneutik zielt Kulturpoetik eben nicht in erster Linie auf ein ›Verstehen‹ in Form von abgeschlossenen ethischen oder epistemologischen ›Aussagen‹, die das ästhetische Spiel zu begrenzen, wenn nicht gar stillzustellen oder zu verhindern drohen. Insbesondere wird sich, wer auf dem Ästhetischen beharrt, in seinen Urteilen über ästhetische Gegenstände nicht vorschnell oder ganz auf das Terrain der Ethik davonmachen, wie es ein Trend in der gegenwärtigen Rezeption zu sein scheint, und zwar sowohl der lobenden (»the virtue of loyalty«) als auch der kritischen (»old-time-he-men are cool?«). Das ästhetische Spiel betreibt dennoch keine Flucht aus den relevanten Bezügen des Gegenwärtigen, sondern führt geradewegs in sie hinein; denn wie man sieht, behält die hier entworfene Vorstellung und Praxis von Ästhetik gesellschaftlich, politisch und ethisch aktuelle Prozesse durchaus im Blick, weil Gegenwartsästhetik zwar kulturpoetisch als (Re-)Konstruktion kultureller Paradigmen angelegt ist, aber eben nicht im analytisch-semiotischen, sondern im ästhetischen Modus, d.h. als komplexe Aushandlung zwischen Sinnlichkeit, Begriff und Gefühl und zugleich als kulturelle Poiesis: In Formen denken!

29 Stephen Greenblatt: *Shakespearean Negotiations. The Circulation of Social Energy in Renaissance England*. Berkeley/Los Angeles 1988, S. 19.

TEIL I

1 Das gegenwartsästhetische Urteil

Ästhetische Urteile

Also nochmal zurück zu Kant, ernsthaft? Gäbe es nicht aktuellere Ästhetiken? Ist seine idealistische Ausrichtung mit Konzepten wie »interesseloses Wohlgefallen« und »freies Spiel der Erkenntniskräfte« für die Verhältnisse unserer marktgesteuerten Konsum- und Medienkultur nicht denkbar ungeeignet? Wir werden im Folgenden argumentieren, dass man im Gegenteil Kant nach wie vor braucht, um ästhetische Urteile klar von anderen zu unterscheiden, und dass sein Begriff des Ästhetischen in vielerlei Hinsicht anschlussfähig geblieben, bzw. offensiver gesagt: voller Explikationskraft für eine Ästhetik des Gegenwärtigen ist, mehr jedenfalls als manches, was im 20. Jahrhundert in diese Richtung entwickelt wurde. Vielleicht ermöglicht Kants Ästhetik es überhaupt erst, im Hinblick auf eine Fülle gegenwärtiger Phänomene in gehaltvoller Weise von einer Ästhetik im strengen Sinne zu sprechen.

Die Komplexität des ästhetischen Urteils nach Kant leitet sich daraus ab, dass es uns, anders als andere Urteile, als ganze Menschen packt. Während ein Sachurteil, das Sinnesdaten (Wahrnehmungen, Anschauungen) unter Begriffe bringt, nur unseren Intellekt fordert, und ein nicht-ästhetisches Geschmacksurteil, das diese Sinneseindrücke einfach nur angenehm oder unangenehm findet, ohne Begriffsarbeit auskommt und nur unser Gefühl zum Ausdruck bringt, kommen im ästhetischen Geschmacksurteil alle genannten Komponenten zusammen. Ein Sachurteil – und übrigens auch das ethische Urteil, mit dem wir bestimmen, ob etwas gut ist – könnte, bei entsprechender Ausstattung, auch eine Maschine treffen (etwa eine Pflanzenbestimmungs-

App, Deep Blue oder der Steuerungscomputer ActualSanity in Leif Randts Roman *Planet Magnon*). Ob ihm etwas angenehm ist oder nicht, spürt auch ein Hamster. Ästhetisch zu urteilen ist dagegen »nur für Menschen d.i. tierische, aber doch vernünftige Wesen, aber auch nicht bloß als solche (z.B. Geister), sondern zugleich als tierische« möglich (KdU, §5).[1]

Wie das Sachurteil und das Urteil über das Angenehme braucht das ästhetische Geschmacksurteil zunächst Aisthesis, also Sinneseindrücke, und damit die Begegnung mit etwas uns Äußerem, kurz: Empirie. Im Sachurteil, so stellt Kant sich das vor, rubrizieren wir das von uns Wahrgenommene dann unter Begriffe. Das können einfache Begriffe sein (›Diese Blume ist rot‹), aber auch sehr voraussetzungsreiche (›An dieser Stelle geht der Text in erlebte Rede über‹) bis hin zu komplexen mathematisierten Naturgesetzen. Sobald eine Anschauung unter die passenden Begriffe gebracht wurde, haben wir den Sachverhalt erkannt. Im Urteil über das Angenehme dagegen wirkt der Sinneseindruck (sagen wir z.B. 1. der Geschmack von Koriander, 2. die aktuelle Zimmertemperatur, 3. der Sound eines Black Flag-Songs oder 4. der Anblick des jungen Arnold Schwarzenegger) direkt auf unser Lustgefühl. Wir mögen das entweder (1. lecker, 2. angenehm frisch, 3. belebend, 4. sexy) oder eben nicht (1. eklig, 2. zu kalt, 3. unerträglicher Lärm, 4. abstoßend).

Ein wirklich interessanter Aspekt dabei ist die Reichweite des jeweiligen Urteils. Sachurteile sind, weil sie vollständig begrifflich herleitbar sind, prinzipiell allgemeingültig. Sie sind richtig oder falsch, und zwar für alle. Man kann ihre Einsicht argumentativ erzwingen, wenn das nötig ist. Die aktuelle Zimmertemperatur könnte beispielsweise objektiv von Interesse sein bei einer Auseinandersetzung mit dem

1 Immanuel Kant: *Kritik der Urteilskraft*. Hg. von Gerhard Lehmann. Stuttgart 1976. Im Folgenden im Fließtext unter der Sigle KdU mit Paragraph zitiert. – ›Geister‹ lies: Brains.

Bestand des Entenhausen-Kosmos. Die Nachfrage ist über die Verkaufszahlen rückgekoppelt an die Produktion. Venus schreibt:

> Die Selbstreferenz populärer Kulturen konstituiert (und stimuliert!) – und zwar gemäß ihres ästhetischen Prinzips – ein selbstähnliches Formenrepertoire. Wann immer populäre Kulturen einen Aufmerksamkeitserfolg erzielen, kristallisiert an diesem Erfolg sofort ein Konvolut ähnlicher Produkte. Jedes Faszinosum geht unmittelbar in Serie, strahlt aus, metastasiert und bezieht immer mehr Rezipienten in die spezifische Form spektakulärer Selbstreferenz ein. Auf diese Weise emergieren *Stilgemeinschaften normalisierten Spektakels*.[11]

Die Selbstreferenz teilt Donald mit dem avantgardistischen Bild Mondrians; als »Faszinosum« muss der Figur und dann der Entenhausen-Diegese von Beginn an jene »Intensität« eigen gewesen sein, von der Einstein schon bei Typ 2 spricht. (Tatsächlich sind die Grundfarben des Donaldbilds ja auch diejenigen Mondrians, was zu so mancher Spielerei einlädt).

Immer mehr Rezipienten lassen sich von dieser Welt faszinieren, und zwar rein aufgrund »ihres ästhetischen Prinzips«; sie bilden eine »Stilgemeinschaft«, die sich an dieser Welt freut, sich gern in ihr aufhält, auf die neuen Geschichten gespannt ist und regelmäßig das neue Heft oder LTB kauft. Sie erwartet dabei die Reproduktion sehr spezifischer Eigenschaften (das Spektakel folgt bestimmten Standards, ist »normalisiert«, wie Venus das nennt), aber eben auch delektable Variation. Auch darin ist die Stilgemeinschaft einer markentreuen Konsumgemeinschaft vergleichbar.

Es ist nicht so sehr die jeweilige Story, die hier eine Welt fordert, wie sich das die klassische Erzähltheorie vorstellt.

11 Venus: Die Erfahrung des Populären, S. 67.

Abb. 9: DVerso: *Donald Duck vs. Piet Mondriaan* (2020)

Es stimmt zwar: Fiktive Handlungen brauchen Figuren in Zeit, Raum und Möblierung, aber das gilt auch für Jane Eyre, Emma Bovary und Hans Castorp. Um deren jeweilige Geschichte zu erzählen, braucht es eine Welt. Die Welt von Entenhausen ist dagegen nicht die Funktion einer Geschichte, sondern eine Funktion des Seriellen selbst (schon der Kurzfilm *Orphan's Benefit* von 1934, dem die Donaldfigur ihren Durchbruch verdankt, hatte die serielle Form einer Revue). Das, was eine Disney-Episode mit der nächsten verknüpft, das, worauf sich die Erwartung der Stilgemeinschaft richtet, das sind eben die Grundeigenschaften der erzählten Welt und ihres Personals: Donald, der immer Pech hat, Dagobert, der seinen Geldspeicher hütet (sowie seinen ersten selbstverdienten Taler, den ihm aber eine Hexe vom Vesuv stehlen möchte), die seltsamen Verwandtschaftsverhältnisse, you name it. Letzteres hatte Jochen Hörisch einmal das »Avunculat« der »ethnologischen Grundstruktur« Entenhausens genannt;[12] es gibt keine Exogamie in Entenhausen. Alles wird zu einer Sache zwischen Onkeln, Tanten, Cousinen und Vettern, bleibt unter sich, auf sich bezogen. Auch Narrativ und Welt wechseln hier unter der Hand »ihren darstellungslogischen Ort«: Die Storys dienen eigentlich nurmehr sekundär dazu, die beliebte Welt mit ihren Figuren und Regeln immer aufs Neue zur Geltung zu bringen.

Die Serialität, die »gemäß ihres ästhetischen Prinzips« in Objekten vom Typ 3 angelegt ist, bezeichnet auch eine ganz andere Form von Diachronie, als wir sie vom traditionellen Kunstwerk gewohnt sind. Ob ein klassisches Werk oder ein Werk der Avantgarde, immer handelte es sich, zumindest ideell, um ein einmaliges, ineffabiles, komplexes, vielschichtiges Gebilde, dessen Bedeutungsdimensionen sich auch historisch erst in einer langen kulturellen Deutungsgeschichte allmählich zu erschließen hatten – »the pill that dissolves over centuries«, wie Joshua Clover es formuliert.[13] Dagegen muss ein Werk im Markt- und Mediendispositiv unserer Tage sofort funktionieren. Ein Pop-Song oder Video, ein Blockbuster-Film, eine Fernsehserie, ein Computerspiel müssen quasi synchron, oft in vielen sehr unterschiedlichen Regionen der Welt, einschlagen, das heißt: von vielen Menschen gekauft, goutiert und weiterempfohlen werden. Seit *Harry Potter* gilt eine ähnliche Erwartung auch für manche Bücher. Sobald die Medienaufmerksamkeit abflaut, ist die Chance vorbei; und das World Wide Web hat diese Dynamiken noch einmal beschleunigt. Clover spricht hier vom »synchronen Kunstwerk« und betont, dass es ganz

12 Jochen Hörisch: *Kopf oder Zahl. Die Poesie des Geldes*. Frankfurt a. M. 1996, S. 115.

13 Joshua Clover: Good Pop, Bad Pop. Massiveness, Materiality, and the Top 40. In: *This Is Pop. In Search of the Elusive at Experience Music Project*. Hg. von Eric Weisbard. Cambridge Mass./London 2004, S. 245–256; S. 250.

anderen Kriterien entsprechen müsse (und daher auch nach anderen Kriterien zu beurteilen sei) als das traditionelle »diachrone Kunstwerk«. Während dieses »viele ästhetische Implikationen mit sich bringt, die unter *Dauerhaftigkeit* (*durability*) zu rubrizieren sind«, muss jenes sich möglichst sofort möglichst Vielen gleichzeitig erschließen. Hier geht es also nicht um radikale Differenz, sondern im Gegenteil um Gleichartigkeit (*sameness*), die die Erwartungsnormen der Stilgemeinschaft bedient, wobei eine minimale Differenz den Wiedererkennungswert garantieren muss – und damit sind wir wieder bei der Serialität als der diachronen Erscheinungsform des synchronen Werks.

Damit haben wir im Portfolio des ästhetischen Gegenstandes der dritten Art schon einiges zusammengetragen, was die eigentümliche Spezifik einer gegenwärtigen Ästhetik umreißt: *intensives Faszinosum* (wie in allen Theorien des Ästhetischen seit dem 18. Jahrhundert), *Selbstreferenz* (wie bei Mondrian) trotz *Weltförmigkeit* (wie bei Courbet), hier nun aber neu: *Serialität*, gebunden an *marktförmige Rückkopplung* und eine treue *Stilgemeinschaft*, in der ein Moment des Ästhetischen auftaucht, dem wir bereits in Kants Gedanken, das ästhetische Urteil ziele auf »anderer Beitritt«, begegnet sind.

Fehlt aber noch ein wichtiges Ingrediens: das *Spektakel*. In der Semiotik des Spektakels finden wir zunächst einmal einige der bislang aufgelisteten Faktoren wieder: Das Spektakel, sagen wir, ein Sprung über einen Canyon mit dem Motorrad, fasziniert (ohne dass man das Faszinosum zwangsläufig auf Begriffe bringen könnte oder müsste), es bezieht sich nur auf sich selbst (stellt also nichts dar, vermittelt keine Bedeutung), und es funktioniert als solches nur vor einer begeisterungsfähigen Crowd, von der es im Moment seines Stattfindens als solches beglaubigt wird. Es ist also rückgekoppelt – ohne Publikum kein Spektakel. »Sender und Empfänger kommunizieren hier weniger, als dass sie gemeinsam an einer semiotischen Produktion teilhaben, bei der sie in wechselseitiger Komplizenschaft eine ikonische Vorstellung hochhalten.«[14] Dean MacCannell stellt sich das *in praesentia* vor, also als eine Art kultische Gemeinschaft bei einem Live-Spektakel. Seine Beschreibung passt aber ebensogut auf die spektakuläre Selbstreferenz von Entenhausen, bei der die Rückkopplung verzögert über Medien und Markt erfolgt. Oder auf Mittelerde und die darauf beruhenden seriellen Fantasywelten in Literatur, Comic, Film, Serie und Computerspiel. Und wer weiß, worauf noch alles.

»Die Ikone vereint Sender und Empfänger in einem Kult«, heißt es bei MacCannell weiter, »und ihre kultisch-ikonische Verständlichkeit geht jeder Interpretation, die man nachträglich an ihr vollziehen könnte, voraus.« Damit wird nicht nur die konstitutive Bedeutung der Stilgemeinschaften betont, sondern auch ein älteres Autor- oder Künstlermodell verabschiedet. Ästhetische Objekte vom Typ 3 werden nicht mehr von einem gottgleichen Autor, dem Garanten ihrer Bedeutung, top-down zu unserer Rezeption und Interpretation zur Verfügung gestellt; vielmehr ist die Produktionsseite weitgehend der von der Stilgemeinschaft erwarteten Norm unterworfen, sie behauptet ihren »Vorrang nur durch ihre absolute Unterwerfung unter die ikonische Zeichenproduktion«.[15] Man könnte also zugespitzt geradezu umgekehrt sagen, dass solche Werke erst von unserer Nachfrage hervorgebracht werden. Sie sind nicht primär dazu da, einen Inhalt zu vermitteln, sondern um gut gefunden (und ja: gekauft) zu werden, und zwar nicht nur einmal, sondern, wie jeder gute Markenartikel, immer wieder, in Serie. Interessanterweise hat man eine solche »Neubestimmung des Kunstwerkes und des Künstlers« auch schon für die historischen Avantgarden behauptet, »die Aufwertung und Emanzipation des Publikums, das nun nicht mehr zum

14 Dean MacCannell: Sights and Spectacles. In: *Iconicity. Essays on the Nature of Culture*. Fs. Thomas A. Sebeok. Hg. von Paul Bouissac u. a. Tübingen 1986, S. 421–435; S. 426.

15 MacCannell: Sights and Spectacles, S. 426.

Objekt eines Werkes, sondern Subjekt eines schöpferischen Prozesses werden kann und soll.«[16] Man ist versucht, die ästhetische Geringschätzung und Abwertung von Typ 3 durch die Frankfurter Schule und andere ästhetische Theorieschulen der Nachkriegszeit auch als Reaktion einer gekränkten Avantgarde zu begreifen, die erleben musste, dass das emanzipierte Publikum, sobald es tatsächlich wählen konnte, sich weniger für Pollock, Robbe-Grillet und Webern interessierte als für Donald Duck, J. R. R. Tolkien und Elvis.

Ästhetische Objekte in der Überflussgesellschaft

Früher war vielleicht mehr Lametta, aber heute ist mehr Ästhetik. Lametta ist Schmuck (*ornatus*), der einen Tannenbaum (das Naturschöne) zu einem ›schönen‹ Weihnachtsbaum macht. Auch die bei Loriot mitschwingende satirische Bedeutung von Lametta als militärischer Ordensschmuck geht, sofern sie überhaupt Ästhetisches betrifft, in diese Richtung. Neben der schönen Natur und dem Zierrat gab es auf dem Gebiet der ästhetischen Objekte vor allem noch die Kunst, also jene Gegenstände, die von vornherein zur ästhetischen Kontemplation verfasst sind – und so war im Großen und Ganzen die Lage bis gegen Ende des 19. Jahrhunderts. Die traditionellen Ästhetiker kannten nichts Anderes. Mit der aufkommenden Moderne aber hat sich auch auf dem Feld der ästhetischen Objekte ein erheblicher Wandel vollzogen. Seit dem späten 19. Jahrhundert nehmen die ästhetischen Urteile zu, und zwar auf Gebieten, die zuvor ästhetikfremd waren – und denen auch die theoretischen Bemühungen der Ästhetik des 20. Jahrhunderts nicht die gebührende Aufmerksamkeit entgegenge-

16 Hubert van den Berg/Walter Fähnders: »Die künstlerische Avantgarde im 20. Jahrhundert – Einleitung«. In: *Metzler Lexikon Avantgarde*. Stuttgart/Weimar 2009, S. 1–19; S. 15.

bracht haben, weil sie die entsprechenden Gegenstände gewissermaßen für unter ihrer Würde hielten und sofort Abwehrreflexe entwickelten.

In der Reaktion auf die neuen ästhetischen Herausforderungen lassen sich zwei Hauptrichtungen unterscheiden: erstens eine funktionalistische, an der entstehenden Industrie- und Konsumgesellschaft und ihren sozialen Belangen ausgerichtete Ästhetik; zweitens eine solche, die ihren Geltungsbereich ausweitet über die etablierten Künste hinaus und immer auch ein bisschen damit spielt, in ihren kunstfernen Erkundungen gut vor sich hinschnurrende Selbstverständlichkeiten des Ästhetischen zu befragen.

Die erste Variante lässt sich an dem Architekten und Kunsttheoretiker Gottfried Semper festmachen. Semper verbindet sein Interesse für die Formgebung in der Industriegesellschaft mit einer Attacke auf die im schlechten Sinn als asketisch empfundene Konzentration der idealistischen Ästhetik auf die »höheren Regionen der Kunst«. Ein »schematisch-puritanisches Kunstregiment«[17] sei hier entstanden, mit Erscheinungsformen wie einer aufgesetzten »Kunstextase« oder einer »oft lächerliche[n] Deutesucht«, jeweils vorgetragen von vermeintlichen »Kunstkenner[n]«, ein System, dem die intellektuelle »Triebkraft«[18] abhandengekommen sei. Dagegen propagiert Semper eine *»empirische Kunstlehre«*, die keine »reine Ästhetik« oder »abstrakte Schönheitslehre« mehr sein will. Nicht »die Form als solche«[19] steht dabei im Fokus, sondern das Ästhetische als »Produkt oder Resultat« von Faktoren, »die nicht selbst Form sind«.[20] Er favorisiert dabei ein Bildungssystem, das

17 Gottfried Semper: *Der Stil in den technischen und tektonischen Künsten oder praktische Ästhetik – Ein Handbuch für Techniker, Künstler und Kunstfreunde* (Band I) – *Die textile Kunst für sich betrachtet und in Beziehung zur Baukunst*. Frankfurt 1860, S. XX.

18 Semper: *Der Stil*, S. VIII.

19 Semper: *Der Stil*, S. VI.

20 Semper: *Der Stil*, S. VII.

gerade das Prinzip »der rein realistischen Vorerziehung«, also »Realschulen« und technische Anstalten eingeführt hat und dort die »werkthätigen Klassen« zu »Fachmenschen« heranzuziehen plant. Es überrascht nicht, dass er damit in Konflikt mit solchen Ästhetikern gerät, die bei aller Kritik dann eben doch entscheidend durch die idealistische Ästhetik geprägt sind und die Kunst für ein Bollwerk humaner Ganzheitlichkeit gegen die Vereinseitigungen der sich ausdifferenzierende Moderne halten. Sie befürchten, wie Semper schreibt, die »grundsätzliche[] Ertödtung eben desjenigen Organs, das bei dem Kunstempfinden, und in gleichem Masse bei dem Kunsthervorbringen, sich bethätigt, ich meine den Sinn und den rein menschlich-idealen Trieb *des sich selbst Zweck seienden Schaffens* und die dem Künstler sowie dem Kunstempfänglichen unentbehrliche Gabe *unmittelbaren anschauenden Denkens*«.[21] Dies ist jedoch der historische Moment, in dem erstmals die soziale wie diskursive Abkapselung der Autonomieästhetik als Problem sichtbar wird. Es geht um die Frage einer Demokratisierung der Ästhetik, sobald ›werktätige Klassen‹ als relevante Größe ins Gebiet ästhetischer Theorie hineingelassen werden. Neben den sozialen werden dabei auch die technischen und ökonomischen Implikationen der Künste als Momente ästhetischer Theorie in den Blick genommen: gleichsam »als wolle«, schreibt der Ökonom und sozialdemokratische Politiker Heinrich Waentig, »nach langer Trennung die hohe Kunst von ihrem Throne wieder zum Volke herabsteigen und wie ehemals auch das Alltagsleben bis in seine Tiefen durchdringen und befruchten«.[22]

Noch offensiver argumentiert der Architekt und Publizist Adolf Loos für eine wertige, funktionalistische Ästhetik, die stets soziale wie ökonomische Faktoren im Blick zu behal-

21 Semper: *Der Stil*, S. VIII.

22 Heinz Hirdina: Design. In: *Ästhetische Grundbegriffe. Historisches Wörterbuch in sieben Bänden*. Hg. von Karlheinz Barck. Bd. II. Stuttgart/Weimar 2001, S. 41–63; S. 45.

ten habe: »Wenn alle gegenstände ästhetisch so lange halten würden, wie sie es physisch tun, könnte der konsument einen preis dafür entrichten, der es dem arbeiter ermöglichen würde, mehr geld zu verdienen und weniger lang arbeiten zu müssen.«[23] Heftig polemisiert Loos gegen das »kunstgetue« und den »jahrmarkt der eitelkeit« im Bereich der Gestaltung und plädiert dafür, wieder »rein und klar zwischen kunst und handwerk [zu] unterscheiden«,[24] freilich mit deutlich erhöhtem Selbstbewusstsein auf Seiten des Handwerks:

> Leute, die keine schraube einziehen können, leute, die nicht fechten können, leute, die nicht essen können, haben es leicht, neue schraubenzieher, neue säbel und neue gabeln zu entwerfen. Sie machen es mit hilfe ihrer – wie sie es nennen – künstlerphantasie. Aber mein sattlermeister sagt dem künstler, der ihm einen entwurf zu einem neuen sattel bringt: »Lieber herr professor, wenn ich so wenig vom pferd, vom reiten, von der arbeit und vom leder verstünde wie sie, hätte ich auch ihre phantasie.[25]

So erfrischend ein solcher Grant gegen die Verblasenheiten des akademisch Ästhetischen auch wirkt und so viel er in seinem Plädoyer für Materialgerechtigkeit für sich hat, sind wir hier jedoch rasch wieder ganz beim Objekt und seinem Gebrauchswert und damit bei einem Sachurteil gelandet – womit die Sphäre des Ästhetischen denn auch wieder verlassen wäre; ein Problem, das grundsätzlich in jedem Funktionalismus schlummert, wenn er von sich denkt, eine

23 Adolf Loos: Ornament und Verbrechen [1908]. In: A. L.: *Trotzdem. 1900–1930*. Unveränderter Neudruck der Erstausgabe 1931. Hg. von Adolf Opel. Wien 1988, S. 78–88; S. 85.

24 Adolf Loos: Josef Veillich [1929]. In: A. L.: *Trotzdem. 1900–1930*. Unveränderter Neudruck der Erstausgabe 1931. Hg. von Adolf Opel. Wien 1988, S. 213 f.

25 Loos: Josef Veillich, S. 216.

reine Funktion zu vollstrecken, das heißt kein »Andersmöglichsein«, keine modale Relativierung kennt, wie sie für das Ästhetische konstitutiv sind.[26]

Für unsere Gegenwartsästhetik ist deshalb die zweite Variante des Objektbezugs aussagekräftiger, eine Ästhetik, die sich Objekten aus einem Bereich zuwendet, bei dem es nicht ums bloß Funktionale geht, der im Ästhetischen jedoch gemeinhin als Schmuddelrevier gilt. Die Objekte, von denen hier die Rede ist, stammen nicht nur aus ›niederen‹ Sphären – das tun ja, sagen wir, auch Duchamps *Fountain* oder Warhols *Brillo-Boxen*, die aber dann durch die Künstler in den hehren Bereich der Kunst überführt wurden – nein, sie befinden sich dauerhaft im profanen Raum. Es handelt sich um Phänomene, die (kultur-)industriell hergestellt, marktförmig rückgekoppelt, häufig seriell verfasst und populär sind und die in den meisten gängigen ästhetischen Theorien – Stichwort Kulturindustrie – als »der Bereich des letzten Drecks« firmieren, wie Dietmar Dath das einmal auf den Punkt gebracht hat.[27] Wo sie unter dem Stichwort einer Ästhetisierung der Lebenswelt doch einmal zum Gegenstand philosophischer Betrachtung werden, geschieht dies bei allem Interesse am Ende dann doch in einem süffisanten und verständnislosen Ton: Die Ausnahmesituation eines Fests, schreibt etwa Rüdiger Bubner, in der einst der erinnernde und orientierende »Wechselverkehr mit den Göttern« stattgefunden habe, werde heute in der »Ästhetisierung der *unmittelbaren* Alltagsvollzüge« auf Dauer gestellt und dadurch seiner Essenz beraubt. Alles so schön bunt hier. »Die Festtagsrequisiten, die zu besonderem Anlass hervorgeholten Geräte, Kleider, usw., geben ihre Würde an beliebige Gegenstände des ästhetischen Genusses ab. Auf dem Vormarsch ist die generelle Freizeitgesinnung, die im Jargon, in Atti-

26 Annette Geiger: *Andersmöglichsein. Zur Ästhetik des Designs*. Bielefeld 2018, S. 59.

27 Dietmar Dath, *Die salzweißen Augen. Vierzehn Briefe über Drastik und Deutlichkeit*. Frankfurt a. M. 2005, S. 15.

tüden, im persönlichen Erscheinungsbild jedem erlaubt, sich selbst zu feiern, wie er geht und steht.«[28] »Gentlemanly discourse of nuance and implication designed to produce and sharpen social distinctions«, nennt Sianne Ngai eine Attitüde wie die hier von Bubner.[29]

Es stimmt ja: Ästhetik setzt die Möglichkeit einer kontemplativen Distanz zu den Gegenständen voraus. Wer Durst leidet, wird ein Getränk nicht unter ästhetischen Gesichtspunkten wahrnehmen. Eine Verfeinerung des Geschmacks war deshalb lange Zeit adligen oder generell sehr wohlhabenden Kreisen vorbehalten. Nur sie konnten sich teure Kunst und zweckfreies Design leisten (etwa die russischen Fabergé-Eier), nur sie hatten die Wahl zwischen Waren (Speisen, Kleidern) von gleichem Gebrauchswert und verfügten über die Freizeit und Muße, die zur ästhetischen Kontemplation erforderlich ist. Mit der Entstehung unserer westlichen Überflussgesellschaften seit dem 19. Jahrhundert weiten sich diese Kreise jedoch immer mehr aus, Kaufkraft und Freizeit nehmen zu, begleitet von einem immer üppigeren Warenangebot, das auf dem Markt gehandelt wird. Das betrifft zunächst die bürgerliche Sphäre: In den Berliner Kreisen in Fontanes Roman *Frau Jenny Treibel* (1890) geht es nicht mehr um Fabergé-, sondern um Schokoladeneier, die man zu Ostern versteckt. Gefüllt sind sie mit Konfitüren der Marken Hövell oder Kranzler – und manchmal findet sich darin »auch ein kleines Necessaire«. Klingt merkwürdig, ist aber eine Anspielung auf das sogenannte Necessaire-Ei von Fabergé aus dem Jahr 1889, in dem sich tatsächlich ein mit Diamanten besetztes Miniset mit Toilettenartikeln für Damen befand. Hier ist das aber auch ein metonymischer Kommentar: Das Süße im Süßen, purer Luxus, das ist es, was jetzt alle wollen und – offenbar – auch brauchen: C´est nécessaire. »Ich bin

28 Rüdiger Bubner: Ästhetisierung der Lebenswelt. In: *Das Fest* (Poetik und Hermeneutik, Bd. 19). Hg. von Walter Haug und Rainer Warning. München 1989, S. 651–662; S. 652, 655 f.

29 Sianne Ngai: *Ugly Feelings*. Cambridge Mass./London 2005, S. 29.

durchaus für Jugend«, formuliert Corinna, die Tochter des Gymnasialprofessors Schmidt die Zeichen der neuen Zeit: »aber für Jugend mit Wohlleben.«[30] In Joachim Lottmanns ›Wenderoman‹ *Deutsche Einheit* (1999) lesen wir als Charakteristik der Ostberliner Serviererin Maren Born, die »ein Leben lang nichts anderes sein wollte als normal« (und es eben deshalb »wahrscheinlich nicht war«): »Reich schien sie auch noch zu sein, in dem Sinne, wie Arbeiterkinder immer alles Geld der Welt für Süßigkeiten und McDonald's haben und die verbohrten Rudolf-Steiner-Schüler nicht.«[31]

Der Grundvorgang, der in diesen Situationen ästhetische Urteile ins Spiel bringt, ist folgender: Wo der Markt gleichzeitig Produkte unterschiedlicher Produzenten anbietet, die sowohl in ihrem Gebrauchswert als auch in ihrem Tauschwert (Preis) gleich viel bzw. gleich wenig wert sind, müssen die Anbieter andere Kriterien bereitstellen, nach denen sich die Kundin für das eine oder das andere entscheiden kann. »Wo die Konkurrenz in bezug auf Zweckmäßigkeit und innere Eigenschaften zu Ende ist – und oft genug schon vorher – muß man versuchen, durch den äußeren Reiz der Objekte, ja sogar durch die Art ihres Arrangements das Interesse der Käufer zu erregen«, schreibt der junge Georg Simmel in einem Feuilleton über die Berliner Gewerbe-Ausstellung des Jahres 1896 (eine verkappte Weltausstellung, die nicht so heißen durfte, weil Kaiser Wilhelm II. das Mondäne daran nicht mochte).[32]

Das ist die Geburtsstunde der Werbung. Werbung verbreitet Informationen über genau diese Produkte, und zwar über andere Kanäle als die Produkte selbst, nämlich über Plakate (z. B. auf Litfaßsäulen, seit 1855), Anzeigen in Printmedien,

30 Theodor Fontane: *Frau Jenny Treibel oder ›Wo sich Herz' zum Herzen findt'‹*. Stuttgart 2000, S. 7.

31 Joachim Lottmann: *Deutsche Einheit. Ein historischer Roman aus dem Jahr 1995*. Zürich 1999, S. 201, 203.

32 Georg Simmel: Berliner Gewerbe-Ausstellung [1896]. In: G. S.: *Soziologische Ästhetik*. Hg. von Klaus Lichtblau. Wiesbaden 2009, S. 61–65; S. 63 f.

später dann auch über Radio und Fernsehen. Diese Informationen betreffen aber eben nicht nur oder nicht einmal vorrangig die Produkteigenschaften (die sich ja vom Konkurrenzprodukt nicht wesentlich unterscheiden), sondern sie assoziieren das Produkt mit einem Image, einer Aura, einem Lebensstil, kurz mit dem, was Wolfgang Ullrich als *Fiktionswert* bestimmt hat.[33] Das beginnt mit einem attraktiven Markennamen und -logo und geht bis hin zur Vorführung potenzieller Lebensentwürfe. Die ersten Produkte, für die mit Markennamen dieser Art geworben wurde, waren noch Luxusprodukte (wie Sekt, Likör, Konfiserie, Fahrräder), schon im späten 19. Jahrhundert treten aber auch recht profane und niederpreisige Produkte in die entsprechende Image-Konkurrenz zueinander: Waschmittel (Persil 1907), Putzmittel, Seife und Körperpflegeprodukte (Odol 1892), Küchenprodukte (Backin 1891) oder Soft Drinks (Coca-Cola 1893 vs. Pepsi 1903). Die Wahl zwischen konkurrierenden Produkten von etwa gleichem Preis und Gebrauchswert wird zu einer Wahl zwischen Images, wie sie die Werbung entwirft – und damit zu einer Wahl aufgrund eines ästhetischen Urteils.

Entsprechend werden angebotsseitig denn auch massiv ästhetische Mittel aufgefahren. Der Jugendstil ist die erste Kunstrichtung, die sowohl als Kunst im überkommenen Sinne als auch als Werbegrafik zum Einsatz kommt. In den Niederlanden firmierte er eine Zeitlang sogar unter dem Spitznamen ›Salatöl-Stil‹, aufgrund eines bekannten Plakats von Jan Toorop für Delfter Salatöl (1894).[34]

Salatöl wird konsumierbar als Ausdruck eines modernen Lebensstils, des eigentlichen Art Nouveau. Interessanterweise ist der Jugendstil denn auch die erste Kunstrichtung, der Susan Sontag eine starke Affinität zu Camp zuschreibt,

33 Vgl. Wolfgang Ullrich: *Habenwollen. Wie funktioniert die Konsumkultur?* Frankfurt a. M. 2006, S. 45–52.

34 Thijs de Raedt: Zierlinien, der Salatöl-Stil … und die Schere von Matisse. In: Josien Beltman u. a.: *Beauty Is a Line. Von Cy Twombly bis Gerhard Richter*. Enschede/Münster/Zwolle 2020, S. 26–33; S. 31.

Abb. 10: Jan Toorop: *Delftsche Slaolie* (1894)

jenem »durch und durch ästhetischen« Modus der Welterfahrung, der »von Natur aus nur in Überflussgesellschaften möglich ist, in Gesellschaften oder Kreisen, die der Erfahrung einer Psychopathologie des Überflusses fähig sind«.[35] Dass diese Form von Werbeästhetik rasch für die Wahrnehmung und Bewertung des bürgerlichen Alltags prägend wird, ist der Literatur der Zeit abzulesen. In Fontanes *Frau Jenny Treibel* etwa wird die kleine Lizzi von ihrer Mutter Helene entsprechend herausgeputzt:

> Das etwas gewellte blonde Haar des Kindes hing bis auf die Hüften herab; im Übrigen aber war alles weiß, das Kleid, die hohen Strümpfe, der Überfallkragen, und nur um die Taille herum, wenn sich von einer solchen sprechen ließ, zog sich eine breite rote Schärpe, die von

35 Sontag: Notes on »Camp«, S. 281, 287, 289.

Helenen selbstverständlich nie ›rote Schärpe‹, sondern immer nur ›pink-coloured scarf‹ genannt wurde. Die Kleine, wie sie sich da präsentierte, hätte sofort als symbolische Figur auf den Wäscheschrank ihrer Mutter gestellt werden können, so sehr war sie der Ausdruck von Weißzeug mit einem roten Bändchen drum.[36]

Nicht das Weißzeug kleidet das Kind (Gebrauchswert), sondern das Kind wird zur »symbolische[n] Figur«, zum »Ausdruck von Weißzeug«, zur Verkörperung eines von England über Hamburg nach Berlin transportierten Mode- und Sauberkeitsideals, das höchstwahrscheinlich bereits über Werbegrafik vermittelt ist. Weißzeug ist übrigens auch in Émile Zolas Kaufhausroman *Au bonheur des dames* (1883) Objekt einer protoreligiös-ästhetischen Überhöhung, eines regelrechten »Kult[s] des Weiß«:

Sie wurden dieses Gesangs vom Weiß, den die Stoffe des ganzen Hauses sangen, nicht müde. Mouret hatte noch nie etwas so Großartiges vollbracht, es war das genialste Werk seiner Ausstellungskunst. Unter der Lawine all dieses Weißen, in der scheinbaren Unordnung der Gewebe, die zufällig aus den geleerten Regalen gefallen zu sein schienen, verbarg sich ein harmonischer Tonsatz, das Weiß, weiter ausgesponnen und abgewandelt in all seinen Tönen, die entstanden, wuchsen, sich entfalteten mit der komplizierten Orchestration einer meisterlichen Fuge, deren unausgesetzte Abwandlung die Seelen zu immer weiterem Fluge davonträgt. Nichts als Weiß, und niemals dasselbe Weiß, alle Tönungen von Weiß, deren jede sich von den anderen abhob, einen Gegensatz zu ihnen bildete, sie ergänzte und die alle zusammen zu einem schallenden Ausbruch von Licht gelangten.[37]

36 Fontane: *Frau Jenny Treibel*, S. 95.

37 Émile Zola: *Das Paradies der Damen*. Aus dem Französischen von

Das ist Zola – und doch alles andere als eine bloß naturalistische Bestandsaufnahme der Entfremdung, keine ›schonungslose‹ Inspektion einer ›fürchterlichen‹ neuen Realität. Gestaltet wird vielmehr ein ähnlicher Affekt, wie ihn Georg Simmel auf der Berliner Gewerbe-Ausstellung überkommt, dass nämlich, so sehr sich auch »jeder feiner empfindliche Sinn [...] durch die Fülle des hier Gebotenen« zunächst einmal »vergewaltigt und derangiert fühlen« mag, erstaunlicherweise »gerade aus der äußersten Steigerung des materiellen Interesses und der bittersten Concurrenznoth eine Wendung in das ästhetische Ideal erwächst« oder – unter Verwendung einer durch Friedrich Schiller berühmt gewordenen ästhetischen Kategorie –: »das Anmuthigste aus dem Anmuthlosesten« entspringt.[38]

Fontane ist da zurückhaltender im Ton, dafür umso präziser in der Sache. Die ästhetischen Entscheidungen von Lizzis Mutter in *Frau Jenny Treibel* bewirken eine neuartige Steigerung des alltäglichen Lebensgefühls, oder, wie es bei Fontane etwas skeptisch heißt: »Alles normal und beinah über das Normale hinaus.«[39] Dieses leichte Surplus, diese minimale Steigerung des Lebensgefühls ›über das Normale hinaus‹, die durch den Gebrauch der Markenartikel und die damit verbundene Konnotation jener Sphäre hervorgerufen wird, die die Werbeimages vorgaukeln, entspricht dem Ullrich'schen Fiktionswert. Wie bei Fontane kann da durchaus eine Konnotation von ›too much‹ und ›hyper hyper‹ mitschwingen. Anders als die kritische Theorie hält die jüngere Konsumästhetik diesen »Stoff für Überhöhungen des eigenen Lebens«[40] jedoch nicht von vornherein für Betrug und falsches Bewusstsein, sondern schreibt ihm mit dem Modus der Fiktionalität und einer entsprechenden ›willing suspen-

Hilda Westphal. Mit einem Nachwort von Getrud Lehnert. Frankfurt a. M. 2004, S. 512 f.

38 Simmel: Berliner Gewerbe-Ausstellung, S. 64.

39 Fontane: *Frau Jenny Treibel*, S. 96.

40 Ullrich: *Habenwollen*, S. 46.

sion of disbelief‹ auf Seiten der Rezipienten einen ähnlichen Status zu wie etwa der Literatur: »Wer einen Turnschuh erwirbt, soll heute also die Chance haben sein Leben ähnlich zu fiktionalisieren wie ein Bildungsbürger des 19. Jahrhunderts, der das Nibelungenlied oder Felix Dahns *Ein Kampf um Rom* (1876) las.«[41]

Dass dergestalt ein Lied in *allen* Dingen schläft, weiß auch Bruno Latour: »Das Sein« lässt sich nicht »nur auf den Holzwegen des Schwarzwalds« finden, in jenen »alten handgeschnitzten Holzschuhen« (für die sich der Modernemuffel Martin Heidegger begeistert) oder in den »herzzerreißenden Versen Hölderlins«; auch »im Wasserkraftwerk am Ufer des Rheins« oder »in den Adidas-Schuhen«,[42] also in den vermeintlich entzauberten Dingen der technifizierten oder kommodifizierten Moderne, schlummert die Aisthesis; sie lassen sich in ihren »reichen und komplizierten Qualitäten«[43] wahrnehmen und mit einem »Assoziationsgewebe« verbinden«, was ihnen eine regelrechte »Aura«[44] verleihe. Eine Aura? Also jenen Nimbus der Kunst, den Walter Benjamin durch ihre technische Reproduzierbarkeit ausgelöscht glaubte? Ganz recht! Es geht Latour um nichts Geringeres als um eine »Ästhetik der Angelegenheiten, der Dinge«.[45] Es gilt im Folgenden, diese noch ein klein wenig präziser als *Ästhetik* zu denken, als Latour selbst es tut.

41 Ullrich: *Habenwollen*, S. 45. Vgl. Moritz Baßler/Heinz Drügh: Einleitung: Konsumästhetik. In: *Konsumästhetik. Umgang mit käuflichen Gegenständen*. Bielefeld 2019, S. 9–26.

42 Bruno Latour: *Wir sind nie modern gewesen. Versuch einer symmetrischen Anthropologie* [1991]. Aus dem Französischen von Gustav Roßler. Frankfurt a. M. 2002, S. 90.

43 Bruno Latour: *Das Elend der Kritik. Vom Krieg um Fakten zu Dingen von Belang* [2004]. Aus dem Englischen von Heinz Jatho. Zürich/Berlin 2007, S. 26.

44 Latour: *Das Elend der Kritik*, S. 35.

45 Bruno Latour: *Von der* Realpolitik *zur* Dingpolitik *oder Wie man Dinge öffentlich macht*. Aus dem Englischen von Gustav Roßler. Berlin 2005, S. 33.

Also: mit dem Gebrauch von Delfter Salatöl, dem Genuss von Pepsi, dem Kauf eines Adidasschuhs oder eines Nike Air Jordan verbindet sich das gute Gefühl der Teilhabe an einer modernen Stilgemeinschaft, ohne dass man der entsprechenden Werbung in einem stumpfen Sinne ›glauben‹ müsste. Die alte marxistische Warenästhetik hatte die entsprechenden Werbeimages noch für falsche Versprechen gehalten, für Täuschung (»der ästhetische Schein, das Gebrauchswertversprechen der Ware«).[46] »Werbung arbeitet unaufrichtig«, setzt Niklas Luhmann in *Die Realität der Massenmedien* in bewährt nüchterner Manier dagegen, aber »sie setzt voraus, dass das vorausgesetzt wird.«[47] Nur eine kleine Umdrehung komplizierter und doch eine Unterscheidung ums Ganze: dort unmündige Kinder, die verführt werden, hier halbwegs reflektierte Erwachsene. Die Entscheidung für ein Produkt wird dann nicht länger bloß als Effekt einer hinterlistigen Persuasion, sondern viel eher als Manifestation eines ästhetischen Urteils begriffen; und der Modus der ästhetischen Anmutung kann auch den tatsächlichen Gebrauch noch bestimmen. Das Ästhetische tritt nicht als falsches Gebrauchswertversprechen zum Eigentlichen hinzu, sondern wird selbst zur dominanten Dimension des Konsums.

Die »Psychopathologie des Überflusses«, von der Sontag spricht, ist dabei (neben Aspekten wie, dass Fertigungsbedingungen kritikwürdig sein können oder der Zugang zu den Waren trotz gestiegener Partizipationschancen doch nie gleichberechtigt oder wirklich gerecht ist) immer auch eine der Wahl (*choice*), der freien – und damit in gewissem Sinne auch immer willkürlichen, snobistischen – Auswahl unter äquivalenten Möglichkeiten, was nicht nur als Freiheit empfunden werden kann, sondern auch als Penetranz und Überforderung.

46 Wolfgang Fritz Haug: *Kritik der Warenästhetik*. Überarbeitete Neuausgabe. Frankfurt a. M. 2009, S. 30.

47 Niklas Luhmann: *Die Realität der Massenmedien*. Opladen 1995, S. 36.

Äquivalente Möglichkeiten bilden, strukturalistisch gesprochen, ein Paradigma. Die ästhetische Wahl, soweit sie im Bewusstsein dieses Paradigmas erfolgt, kann ihr Ergebnis nicht absolut setzen, es bleibt immer relativ; es wäre auch Anderes möglich gewesen – eine Setzung, die sich ihrer eigenen Willkür bewusst bleibt und folglich ihr Objekt bei aller Liebe stets auch »in Anführungszeichen« wahrnimmt, wie Camp.[48] Unter den Bedingungen des Marktes gibt es keine ›natürliche‹ Entscheidung mehr; vor dem Regal mit Turnschuhen, Frühstückscerealien oder Salatölen kann man, wie es mitunter kritisch heißt, ›nicht nicht wählen‹. Aber ist dieser Zwang zur Wahl nicht grundsätzlich der Unfreiheit vorzuziehen? Mitte des 19. Jahrhunderts ist noch ein Drittel der irischen Bevölkerung verhungert und ein weiteres Drittel ausgewandert, als die Kartoffelernte ausfiel. Heute kann ich auf dem Markt zwischen zahlreichen Kartoffelsorten wählen – welche eignet sich zu welchem Gericht am besten? Derselbe Hartweizenteig wird in unterschiedlichste Nudelformen gepresst, und dabei interessiert nicht nur die Frage, welche den jeweiligen Sugo besser aufnimmt (Sachurteil), sondern auch, welche auf dem Teller schöner aussieht (ästhetisches Urteil).

A ≠ A. Nicht einmal Koriander ist unter den Bedingungen eines ausdifferenzierten Marktangebotes einfach immer nur Koriander, wie ein Blick in Google Shopping belegt: Man bekommt ihn frisch, getrocknet, im Ganzen, gerebelt, halal, bio, vietnamesisch, maritim, als Koriandertinktur, -pulver, -salbe, -öl, -tropfen, Haarserum etc. Eine solche Ausdifferenzierung eines Gewürzes würde man allenfalls in einer Kultur erwarten, in der dieses traditionell eine große Rolle spielt. In der globalisierten Überflussgesellschaft aber werden die Produkte inzwischen weltweit verkauft, sie sind überall erhältlich. Google Shopping. Seit wann isst man in Deutschland frischen Koriander? Wann wurde er durch die

48 Sontag: Notes on »Camp«, S. 280.

vietnamesische Küche so richtig populär? Seit wann steht er für etwas Bestimmtes? Etwa dafür, eine feine, ausprobierfreudige Zunge zu haben, und nicht bei Schnipo Schranke stehen geblieben zu sein? Und vielleicht auch dafür, die Tatsache zu genießen, dass man etwas mag (oder mögen will), was nicht jedem schmeckt. Unter den sechs Koriander-FAQs bei Google finden sich: »Warum schmeckt Koriander nach Seife?« und »Warum mag ich Koriander nicht«? Google erklärt dir deine Sinnlichkeit. Wenn wir merken, dass wir nicht so genießen, wie man offenbar im 21. Jahrhundert zu genießen hat, wenn Fragen des vermeintlich bloß subjektiven Geschmacks – Koriander mögen? Mit Ingwer kochen? Mit Knoblauch? Prinzipiell nie? Oder geht gar nicht ohne? – nicht mehr egal, sondern stilprägend erscheinen, dann befinden wir uns längst nicht mehr bei den Sachen selbst, sondern auf ästhetischem Gebiet. Hier verbindet sich die grundsätzliche Frage nach unserer Sensitivität mit connoisseurhaftem Vergleichswissen (dem also, was Baecker ›Kultur‹ nennt) – und damit wäre genau der Punkt bezeichnet, an dem der sinnliche Geschmack einen Vektor ins Ästhetische bekommt.

Diese Tendenz wird noch einmal erheblich gesteigert, sobald Marken und ihre Images ins Spiel kommen und alle anderen Urteilsformen gegenüber der ästhetischen zurücktreten. Eines der berühmtesten Lehrstücke aus der »Psychopathologie des Überflusses« sind die sogenannten Cola-Wars, in die die frühe Markenkonkurrenz zwischen Coca-Cola und Pepsi mündet: In den 1970er Jahren fordert Pepsi die am Markt dominierende Konkurrenzmarke in der ›Pepsi Challenge‹ heraus: »Machen Sie den Pepsi-Test!«. Und tatsächlich schneidet Pepsi im Blindtest besser ab, was sich in der Folge werbetechnisch hervorragend ausbeuten ließ. Coca-Cola reagierte auf den fortschreitenden Verlust von Image und Marktanteilen mit einem Riesen-Fauxpas: Am seither ›Black Tuesday‹ genannten 23. April 1985 verkündete die Firma, ihr Getränk künftig nach einer neuen

Formel herzustellen, einer Formel, die wohlgemerkt vorher jahrelang getestet worden war, um sicherzustellen, dass sie den Kunden tatsächlich besser schmeckte als die alte. Sofort brach ein Sturm der Entrüstung los, die Amerikaner wollten ihre Original-Cola wiederhaben, fühlten sich ihrer Kindheit, ja ihrer Kultur und Identität beraubt. Reumütig kehrte Coca-Cola zur alten Formel zurück – und der grandiose Fehler verkehrte sich in den größten Erfolg: Binnen eines Jahres eroberte Coke Classic den alten Marktvorsprung vor Pepsi zurück. »Das war der ultimative Triumph des Images über die Realität«, resümiert Michael Blanding. »Die Konsumenten lehnten die beiden Soft Drinks ab, die ihnen im Blindtest tatsächlich besser schmeckten, zugunsten des einen, dessen Markenimage ihnen ein besseres Gefühl machte.«[49] Dieses Gefühl, könnte man ergänzen, war ein Gemeinschaftsgefühl, und der »Triumph des Images über die Realität« kann somit auch als ein Triumph des Fiktions- über den Gebrauchswert oder eben des Ästhetischen über das bloß Angenehme verstanden werden.

In *affluent societies* zu leben, so lernen wir hier, heißt eben nicht nur, dass in einem ausdifferenzierten Angebot alles reichlich vorhanden und für viele bezahlbar ist, es heißt noch deutlich mehr, nämlich: Schmecken tut das alles sowieso, alle spielen inzwischen sehr guten Fußball, ihre Instrumente beherrschen sie alle und jedes Auto bringt mich verlässlich von A nach B – und doch entscheide ich mich im Zweifel für ›meine‹ Dinge: Coca-Cola, Borussia Mönchengladbach, Black Flag oder einen Citroën DS, und beharre auf meiner Wahl.

Die Wahrheit: Ich esse eine phänomenal gute Pizza, und bekomme fantastische Spielzüge von den besten Vereinsmannschaften der Welt präsentiert. Das Bild auf

49 Michael Blanding: *The Coke Machine. The Dirty Truth Behind the World's Favorite Soft Drink*. New York 2010, S. 62.

meinem TV-Schirm ist hochauflösend, und durch die geöffnete Balkontür weht ein milder Wind.[50]

Das ist im Großen und Ganzen die Lage, und nicht bloß in Leif Randts fiktionalem CobyCounty; was nicht heißt, dass das immer schon und ausschließlich das große Glück bedeutet. »Omnia habentes, nihil possidentes«, hatte schon Georg Simmel das alte Franziskanermotto umgedreht, ›sie, die alles haben und doch nichts besitzen‹,[51] und von einer Gleichzeitigkeit des »Ungenügens und Überfülltseins« gesprochen.[52] Doch auch in CobyCounty, wo stets ein melancholischer Schleier über dem vermeintlichen Dauerglück liegt, wird deutlich, wie der Ästhetik seit ihren letzten großen Theoretisierungen auf dem Gebiet der Konsum- und Alltagsdinge, der Marken und Images, der populären und Popkultur ein riesiger neuer Objektbereich zugewachsen ist, vor dem sich eine Ästhetik der Gegenwart zu beweisen hätte.

50 Leif Randt: *Schimmernder Dunst über Coby County*. Roman. Berlin 2011, S. 68.

51 Georg Simmel: Die Tragödie der Kultur, S. 220.

52 Georg Simmel: Die Krisis der Kultur. Rede, gehalten in Wien, Januar 1916. In: G. S.: *Gesamtausgabe*. Bd. 16: *Der Krieg und die geistigen Entscheidungen*. Hg. Von Gregor Fitzi u. a. Frankfurt a. M. 1999, S. 37–53; S. 40.

3 Gegenwart

Neu in der Frankfurter Schule

Mit den ästhetischen Eigenschaften von Typ 3 – *Faszinosum* und *Spektakularität*, der Kopplung von *Selbstreferenz* und *Weltförmigkeit*, *Serialität*, *marktförmiger Rückkopplung* und *Stilgemeinschaft* – ist auch schon einiges zu unserem Titelbegriff der Gegenwärtigkeit gesagt. Kant konnte ja nur ästhetische Objekte vom Typ 1 (und Naturschönheiten) kennen, Lyotard lässt nur Typ 2 gelten. *Gegenwärtige* Ästhetik aber wird Gegenstände mit den genannten Charakteristika und stilistischen Eigenschaften nicht allein in den Blick nehmen, sondern muss aus ihrer Betrachtung selbst entwickelt werden. Bereits Jameson benennt als Phänomen postmoderner Theorie »die Art und Weise, wie praktisch jede Gegenwartsbeobachtung für eine Suche nach der Gegenwart selbst rekrutiert werden und so als Symptom und Anzeichen einer tieferen Logik des Postmodernen dienen kann, die unmerklich zu ihrer eigenen Theorie und zur Theorie ihrer selbst wird.«[1] Das kann nun zwar nicht heißen, einfach alles ästhetisch zu finden, was es gerade so gibt; schiere Vorhandenheit, die Affirmation des bloßen *Il y a* reicht nicht hin. Und doch ist Ästhetik, qua Aisthesis, immer zunächst an dem orientiert, was *in praesentia* vorliegt, was uns als sinnlicher Reiz affiziert – und das ist in unserer Medien-, Konsum- und Überflussgesellschaft eben

1 Fredric Jameson: *Postmodernism or, The Cultural Logic of Late Capitalism,* London/New York 1991, S. xii (»the way in which virtually any observation about the present can be mobilized in the very search for the present itself and pressed into service as a symptom and an index of the deeper logic of the postmodern, which imperceptibly turns into its own theory and the theory of itself«).

eine Menge. Schon deshalb haben wir uns ganz grundsätzlich von der immer noch recht verbreiteten Position zu distanzieren, die Ästhetik als letzte Enklave des Unentfremdeten in einer durch und durch entfremdeten Welt begreifen will. Sicher – das Versinken in einem Buch, das Angerührtsein von einem Gemälde, einer Installation, von einem Musikstück, das sind Urszenen des Ästhetischen im bürgerlichen Zeitalter. Sie bilden gewissermaßen das Trainingsgelände, auf dem sich die beschriebene Mischung sinnlicher, emotionaler und begrifflicher Intensität ausbilden konnte, auf die eine ästhetische Theorie zugreift; und die Möglichkeit, solche Situationen zu schaffen, ist auch ein Ziel akademischer Lehre. Denkfaul, selbstzufrieden und einfach zu wenig wäre es jedoch, sich heute als Ästhetiker im überkommenen Bereich auratischer Kunst bequem einzurichten – als »Mystizismus für Zurückgebliebene« hat der Essayist Franz Schuh eine solche Haltung einmal mit wienerischem Grant abgewatscht.[2]

Zumal sich auch im Bereich der Künste selbst einiges verschoben hat. »Grob und vorläufig könnte man die gegenwärtige deutsche Literatur in zwei Gruppen einteilen: in Texte *ohne* Markennamen, ohne Popmusik-, Film- und Fernsehtitel auf der einen Seite, und in Texte *mit* all diesen Dingen auf der anderen«,[3] lautete vor nunmehr 20 Jahren unser Vorschlag, und wir haben schon damals keinen Hehl daraus gemacht, worauf sich unser Interesse richtete und wo die Sympathien lagen, auch wenn wir uns akademisch bis dahin eher mit emphatischer Moderne, Historismus, Barock, Romantik und – ja! – Walter Benjamin beschäftigt hatten. Wobei Benjamin (wie auch Kracauer) immer schon die der Welt zugewandtere Version der Frankfurter Schule dargestellt hatte. Zwar findet sich in Horkheimers und

2 Franz Schuh: Schöpfung ohne Zentrum. In: *Die Zeit*, 1.3.1996, https://www.zeit.de/1996/10/Schoepfung_ohne_Zentrum (30.3.2021).

3 Moritz Baßler: *Der deutsche Pop-Roman. Die neuen Archivisten.* München 2002, S. 155.

Adornos *Dialektik der Aufklärung* jene dialektische Passage, derzufolge das »Amusement, ganz entfesselt [...] nicht bloß der Gegensatz zur Kunst sondern auch das Extrem, das sie berührt« und insofern »ein Korrektiv der Kunst« wäre. Aber dieses »reine Amusement [...], das entspannte sich Überlassen an bunte Assoziation und glücklichen Unsinn«, so relativieren die beiden sogleich, »wird vom gängigen Amusement beschnitten.«[4] Das Kulturindustrie-Diktum bleibt letztlich in seiner Monolithik unangetastet. Und wenn Adorno selbst den Konsum von Operettenplatten in der privaten Sphäre einräumt, lizenziert er ihn damit weniger, als dass er ihn für irrelevant erklärt.

Benjamin hingegen war schon früh ins Kino gegangen und hatte die dort erfahrene Zerstreuung, die Chocs, als die »derzeitig wichtigste [...] Lehre von der Wahrnehmung« bezeichnet, eine Lehre, »die bei den Griechen Ästhetik hieß.«[5] Mit seiner Schrift *Das Kunstwerk im Zeitalter seiner technischen Reproduzierbarkeit* (1935) begann denn auch der Siegeszug einer Rezeptionsweise, die die etablierte Vorstellung der Aura von Kunst in Frage stellt. Adorno blieb unbeeindruckt: »Die Theorie der Zerstreuung will mich, trotz ihrer chokhaften Verführung nicht überzeugen«, schreibt er Benjamin auf die Zusendung des Manuskripts hin. »Wenn es einen auratischen Charakter gibt, [dann eignet] dieser den Filmen im höchsten und freilich gerade bedenklichsten Masse«. Genauer besehen sei nämlich im Filmischen »wenig von Montage und all dem Fortgeschrittenen wirklich durchgesetzt [...]; vielmehr wird überall mimetisch die Wirklichkeit infantil aufgebaut und dann ›abphotographiert‹.«[6]

4 Max Horkheimer, Theodor W. Adorno: *Dialektik der Aufklärung. Philosophische Fragmente.* Frankfurt a. M. 1988, S. 150 f.

5 Walter Benjamin: Das Kunstwerk im Zeitalter seiner technischen Reproduzierbarkeit. Zweite Fassung. In: W. B.: *Gesammelte Schriften* VII.1. Hg. von Rolf Tiedemann und Hermann Schweppenhäuser. Abschnitt XVII. Frankfurt a. M. 1991, S. 381.

6 Theodor W. Adorno: Brief an Walter Benjamin. 18. 3. 1936. In: T. W. A.,

Regressives Sehen durch populärrealistische Verfahren, lautet also der Vorwurf, analog zu dem, was Adorno zum Jazz zu sagen hatte. Das Argument, dass »der Reaktionär durch Sachverständnis vorm Chaplinfilm zum Avantgardisten werde«, schien ihm »eine Romantisierung«.[7] Das mag so sein. Fraglich bleibt allerdings, inwieweit denn das Umgekehrte gilt; ob Kennerinnen und Kenner von High Art automatisch eine fortschrittliche Position einnehmen. Benjamin meldet seine Zweifel an, zumal in Bezug auf die bürgerliche Gesellschaft, in der die »Versenkung«, die er selbst im Trauerspielbuch als Praktik des Studiums gefeiert hatte, »eine Schule asozialen Verhaltens wurde«.[8]

»Tja, Erziehung, Bürgertum, der ganze Schmock. DAS GUTE BUCH«, lästert Joachim Lottmann in seinem Roman *Mai, Juni, Juli* aus dem Jahr 1988[9] und skizziert in einem Beitrag für die *Spex* über Thomas Meineckes *Mit der Kirche ums Dorf* die Alternative, »realitätshaltige Poesie«: »Ungefähr das: Die Handlung spielt heute, in der Bundesrepublik, an genau bestimmten Plätzen, Straßen, Lokalitäten. Menschen haben Berufe, Politiker werden wiedererkannt, Autos spricht man mit ihrem Markennamen an. Ich mag das.«[10] Entsprechend karikiert Lottmann in *Deutsche Einheit* die Alfred-Döblin-Preis-Lesungen am Literarischen Colloquium in Berlin, an denen er selbst teilnimmt: »›Verdichtung‹ war das Schlüsselwort. Literatur durfte nur sein, was ›Verdichtung‹ war, und Reales eignete sich dazu nicht. Nordschottische Felsklippen ließen sich zum ›Tod‹ verdichten, das viel zu blaue Damast-Tischtuch auf dem Früh-

Walter Benjamin: Briefwechsel 1928–1940. Hg. von Henri Lonitz. Frankfurt a. M. 1994, S. 584–592; S. 588 f..

7 l. c.

8 Benjamin: Das Kunstwerk im Zeitalter seiner technischen Reproduzierbarkeit. Erste Fassung. In: W. B.: *Gesammelte Schriften* I.2. Hg. von Rolf Tiedemann und Hermann Schweppenhäuser. Abschnitt XVII. Frankfurt a. M. 1991 S. 463.

9 Joachim Lottmann: *Mai, Juni, Juli. Ein Roman* [1987], Köln 2003, S. 245.

10 *Spex. Musik zur Zeit*, 11/1986.

stückstisch des Gästehauses nicht«.[11] Die Situation wird so geschildert: »Siebzehn Autoren, drei Autorinnen, kein einziges Wort über die Gegenwart. [...] Kein einziger las über etwas, das es gab.«[12] Und so lautet seine ästhetische Entscheidung zur Rettung der Gegenwart in der Kunst: »Nur schlechte Sätze durfte man dieser ›literarischen‹ Scheiße, diesem ›gutgeschriebenen‹ Nichts entgegenschleudern, eben Sätze wie: Am Kakaoautomaten sah ich eine Frau, die gut aussah und noch jung war. Geniale Sätze, wie sie nur Bret Easton Ellis schreiben konnte. Ich schrieb sie einfach wortwörtlich ab.«[13]

Wenn wir im Folgenden unsere allgemeineren Überlegungen immer wieder am ästhetischen Gegenwartsphänomen überprüfen und diskutieren, wird es also darum gehen, die ästhetische Theorie, durchaus auf klassischer Grundlage, für exakt solche Gegenstände zu aktivieren, die ›es gibt‹, deren pure Existenz jedoch vielen geradezu für einen Abgesang auf die Ästhetik steht. Das ist die Aufgabe; sie wäre zu lösen jenseits von Aktualismus. Oft genug stellen die Anstrengungen von Universitäten, Aktuellstes aufs Schild zu heben, ja auch eher hilflose Reaktionen auf eine Krise bürgerlicher Lesekultur dar. Uns geht es nicht darum, alle ständig und überall ›abzuholen‹ – eine Pädagogik, hinter der sich im Grunde eine neoliberale Steuerungsphantasie verbirgt. Nein, unsere »Freiheit zum Objekt«, wie Adorno das in der *Ästhetischen Theorie* in Anlehnung an Hegel nennt, bleibt gedacht als Öffnung auf das Angebot hin, das sich erst aus den ästhetischen Gegenständen heraus entfaltet. Das impliziert eine gewisse »Entäußerung« des rezipierenden Subjekts und somit das »Gegenteil des spießbürgerlichen Verlangens, daß das Kunstwerk ihm etwas gebe«.[14] Argwohn ist auch angebracht angesichts von

11 Lottmann: *Deutsche Einheit*, S. 130.
12 Lottmann: *Deutsche Einheit*, S. 129 f., 135.
13 Lottmann: *Deutsche Einheit*, S. 131.
14 Adorno: *Ästhetische Theorie*, S. 33.

Positionen, die Gegenwärtigkeit in Gestalt von ›Dringlichkeit‹, ›Relevanz‹ oder ›eingreifendem Denken‹ einklagen. Das Ästhetische wurde ja nicht ohne Grund traditionell eher dem Bereich des Kontemplativen als dem der Aktion zugeschrieben. Dass Behauptungen von oder Forderungen nach direkter Wirksamkeit häufig mit legitimatorischen Untertönen vorgetragen werden, mag immerhin verständlich sein im kulturellen Kampf um Anerkennung angesichts von globalen Herausforderungen wie Klimawandel, Flüchtlingsströmen und grassierenden Epidemien, der nie ganz ausgestandenen Finanzkrise oder der Erosion demokratischer Strukturen, die zu ihrer Bearbeitung nicht in erster Linie an geisteswissenschaftliche Kompetenzen zu appellieren scheinen.

»Alle bedeutende Kunst, alle Kunst im emphatischen Sinne, ist zeitgenössisch. Sie hat Bedeutung für die Gegenwart«;[15] diesem bereits zitierten Diktum Juliane Rebentischs ist mit Nachdruck zuzustimmen. Allerdings kommt es eben sehr darauf an, was man unter diesem eigentümlichen Kollektivsingular ›Kunst‹ versteht und mit welchem analytischen Besteck man die Analyse ihrer »Bedeutung« betreibt. Denn solange die Rede von Kunst im emphatischen Sinne immer noch Adornos Verdikt gegen die Erzeugnisse der Kulturindustrie impliziert, in denen Regression und Fetischcharakter der Ware vorherrschten und der Betrachter nur »das standardisierte Echo seiner selbst«[16] gewahre, wogegen Kunst die »Befreiung von unseren konsumistischen Objektaneignungen«[17] zu gewährleisten habe, solange ist sie als Ausgangs- und Referenzpunkt einer Gegenwartsästhetik nicht geeignet. Nicht weil wir uns als Apologeten des Konsumismus verstehen – dessen soziale und ökologische Problematiken liegen auf der Hand –,[18]

15 Rebentisch: *Gegenwartskunst*, S. 17.
16 Adorno: *Ästhetische Theorie*, S. 33.
17 Rebentisch: *Gegenwartskunst*, S. 38.
18 Vgl. Heinz Drügh: Einleitung: Warenästhetik. Neue Perspektiven

sondern schlicht deshalb, weil Warenförmigkeit und Konsumierbarkeit aus dem Ästhetischen der Gegenwart nicht mehr wegzudenken sind und die Frankfurter hier zu viele Gegenstände vor die Tür kicken, ohne deren Analyse die Gegenwart nicht mehr gegenwärtig und die Analyse ihrer Ästhetik nicht nur unvollständig, sondern ihrer entscheidenden Aspekte beraubt wäre.

Breite Gegenwart

Zum Verständnis des Gegenwartskonzepts ließe sich so manche Buchseite füllen, obwohl (oder vielleicht gerade weil) man derzeit, zumindest was die Theorie anbelangt, etwas ratlos in der Gegenwart zu verharren scheint. Zwar erleben wir einen Wohlstand, wie er im Schnitt wohl niemals in der Geschichte der Menschheit größer war, doch wie, wo und wohin diese Geschichte jetzt eigentlich weitergehen soll, weiß man nicht recht. Hatte man sich lange auf der Straße des Fortschritts gewähnt, so befindet man sich plötzlich auf einem Tableau, in einem Garten sich verzweigender Pfade, denen der Zukunftsvektor zu fehlen scheint. Schon Jameson spricht von einem generellen »Zusammenbruch der Zeitlichkeit« als Kennzeichen der Postmoderne, verbunden mit einem Verlust historischer Agency.[19] Emotional lässt einen das dann irgendwie in der Schwebe zwischen Überstimulation, Dumpfheit und Depression, »insbesondere gekennzeichnet durch blockiertes oder durchkreuztes Handeln«.[20]

»So fungiert«, wie Eckhard Schumacher schreibt, »das

auf Konsum, Kultur und Kunst. In: H. D./Christian Metz/Björn Weyand (Hg.): *Warenästhetik. Neue Perspektiven auf Konsum, Kultur und Kunst*. Berlin 2011, S. 9–44; S. 12–14.

19 Jameson: *Postmodernism*, S. 27.

20 Ngai: *Ugly Feelings*, S. 27 (»marked by blocked or thwarted action in particular«).

Stichwort ›Gegenwart‹ in den letzten Jahren zunehmend als Marker für eine Krise, für eine Krisenzeit«,[21] und diese spezifische Variante von Posthistoire, eine Pointe des Versagens der großen Erzählungen, verschärft sich mit der digitalen Verfügbarkeit von allem und jedem noch einmal erheblich. Mit den Worten Mark Fishers gesprochen: »In conditions of digital recall, loss itself is lost.«[22] Simon Reynolds bestätigt: »Im Internet mischen sich Vergangenheit und Gegenwart auf eine Weise, die die Zeit selbst breiig und schwammig werden lässt.«[23] An die Stelle fortschreitender Veränderung träten Retromanie, historistische Nebenordnung und ein Verlust jenes unbekümmerten Zukunftsversprechens, das beide Autoren als Hauptmerkmal der alten Popkultur identifizieren. Paradoxerweise bedeutet der Verlust von Vergangenheit und Zukunft dabei gerade keine Stärkung der Gegenwart, sondern reduziert diese »auf eine seltsame Gleichzeitigkeit«. Die Arctic Monkeys, schreibt Fisher, wären bei ihrem Überraschungserfolg Mitte der Nuller Jahre schlicht aus dem Grund nicht als Retro-Band empfunden worden, »weil 2005 überhaupt kein ›jetzt‹ mehr existierte, von dem man ihren Rückblick hätte absetzen können.«[24] Es braucht eben, könnte man ergänzen, einen zumindest gefühlten Vektor in die Zukunft, um einem kulturellen Phänomen Definitionsmacht für die Gegenwart zuzuschreiben. Reynolds beklagt entsprechend auch den Verlust von etwas, was er die ›lange Gegenwart‹ nennt, eine Zeitspanne, in der ein Trend »with staying power« die Agenda setzt. »Die jüngste Vergangenheit kippt in

21 Eckhard Schumacher: Present Shock. Gegenwartsdiagnosen nach der Digitalisierung. In: *Merkur*, März 2018, Heft 826, S. 67–77; S. 68.

22 Mark Fisher: *Ghosts of My Life. Writings on Depression, Hauntology and Lost Futures*. Winchester/Washington 2013, S. 6.

23 Simon Reynolds: *Retromania. Pop Culture's Addiction to Its Own Past*. London 2011, S. 63 (»On the Internet, the past and the present commingle in a way that makes time itself mushy and spongiform«).

24 Fisher: *Ghosts of My Life*, S. 9f.

eine amnestische Leere ab, während die lange Gegenwart auf Mikrochip-Dicke zerhobelt wird.«[25]

Auch Hans Ulrich Gumbrecht bemerkt, dass die »Gegenwart zu einer sich verbreiternden Dimension der Simultaneitäten geworden« sei, und entwickelt angesichts dessen sein Konzept einer ›breiten Gegenwart‹. Die alte, moderne Modellierung hatte die Zeitlichkeit als einen linearen Weg entworfen, dem alle Phänomene unterworfen waren. Vergangenheit war hier etwas, das stets hinter sich zu lassen war (gemildert bzw. prozessierbar gemacht durch Praktiken der Traditionspflege); und Zukunft entsprechend ein »offener Horizont von Möglichkeiten«,[26] den es zu erobern galt. Gegenwart sei in diesem Modell zu einem ›»nicht mehr wahrnehmbar kurzen Moment des Übergangs« verdichtet worden, einem Ort, der »zum epistemologischen Habitat des cartesianischen Subjekts« geworden sei.[27] Dem habe eine moderne »Kultur selbstreflexiven Denkens« auf Kosten unmittelbarerer Erfahrungsformen der »Konkretheit, Körperlichkeit und Präsenz« entsprochen.[28] Heute dagegen sei die Zukunft kein hoffnungsbesetzter »offener Horizont« mehr, sondern werde – am Deutlichsten angesichts des Klimawandels – als Bedrohung empfunden, an der optimistische Prognosen abprallen.[29] Zugleich sei die Vergangenheit dank der »Perfektion elektronischer Gedächtnisleistungen« und durch die flächendeckende Archivierung des Wirklichen im Internet schon rein datenmateriell nichts mehr, was man einfach hinter sich lassen könnte.[30] In der Summe ergibt das eine »Kultur des Präsentismus« (Douglas Rushkoff), in der

25 Reynolds: *Retromania*, S. 63 (»The recent past drops away into an amnesiac void, while the long present gets chiselled down to wafer-width«).

26 Hans Ulrich Gumbrecht: *Unsere breite Gegenwart*. Aus dem Englischen von Frank Born. Berlin 2010, S. 15.

27 Gumbrecht: *Unsere breite Gegenwart*, S. 15.

28 Gumbrecht: *Unsere breite Gegenwart*, S. 17.

29 Gumbrecht: *Unsere breite Gegenwart*, S. 16.

30 Gumbrecht: *Unsere breite Gegenwart*, S. 16.

zwar einerseits nichts wirklich gegenwärtig, andererseits aber ein »Bedeutungsverlust von allem, was nicht gegenwärtig ist«, zu beklagen sei.[31]

Die Befunde zur Gegenwart ähneln sich also. Nun ließe sich fragen, was das eigentlich mit Ästhetik zu tun hat. Gab es im Ästhetischen denn je so etwas wie Fortschritt? Die klassische Ästhetik hielt ihre Kategorien für anthropologische Konstanten, dagegen sind wir heute von der Historizität ästhetischer Urteile überzeugt. Diese Historizität manifestiert sich in der Abhängigkeit von Kontexten; was jeweils als schön oder ästhetisch gelungen gilt, variiert von Kultur zu Kultur und von Subkultur zu Subkultur erheblich. Das hat zweifellos auch eine zeitliche Komponente. Wenn man sich etwa Kants »Ideal der Schönheit« vor Augen führt, »welches man lediglich an der menschlichen Gestalt« ablesen kann (KdU, § 17), und dann konkreter die deutschen Schönheitsköniginnen seit den 1950er Jahren betrachtet, dann ist ein deutlicher Wandel dieses Ideals nicht zu übersehen. Aber hat dieser Wandel eine Richtung, schreitet er auf irgendeinem erkennbaren Vektor fort?

Allenfalls könnte man von einer fortschreitenden Erweiterung und Diversifizierung des ästhetischen Bereiches sprechen. Eine Reihe von Dingen, die von Rosenkranz im 19. Jahrhundert noch als unambig häßlich eingestuft wurden, plumpe Tiere wie das Faultier oder der Pinguin beispielsweise, sind heute unter Kategorien wie ›süß‹, ›cute‹ oder ›kawai‹ geradezu ästhetische Ideale. Und andere Dinge, die lange Zeit überhaupt nicht unter ästhetischen Begriffen beurteilt wurden, sind heute selbstverständliche Objekte ästhetischer Wahrnehmung, z. B. die Alpen, alte landwirtschaftliche Maschinen oder Quallen. Von der enormen Zunahme der Dinge, die bewusst ästhetisch gestaltet oder mit ästhetischen Images verkoppelt werden, um sie besser ver-

31 Douglas Rushkoff: *Present Shock. Wenn alles jetzt passiert*. Freiburg 2014. Zit. n. Schumacher: Present Shock, S. 67.

kaufen zu können, war bereits die Rede. Wenn es für den Marxisten Jameson zu den verstörenderen Aspekten seiner Gegenwartsdiagnose gehört, dass sich der Bereich des Kulturellen ausgeweitet habe »bis zu einem Punkt, an dem sich sagen lässt, dass in unserem Sozialleben alles – von ökonomischem Wert und Staatsmacht hin zu Praktiken und der Struktur der Psyche selbst – ›kulturell‹ geworden ist«,[32] dann ist mit dieser expandierenden Kultur eben auch eine Expansion des Geltungsbereichs ästhetischer Urteile verbunden.

Die »kulturellen Lebensformen«, schreibt auch Venus, »drängen sich aggressiver auf.« »Neben die hochkulturellen Spektakel der Macht – und diese relativierend – treten die fortlaufend aktualisierten Kanones der freien Unterhaltungskünste: Repertoires eminenter Bildtexte, Klangtexte und Sprachtexte«. Dabei gehe es zunehmend »um das Packende per se [...]: Figurationen des Erregenden, des Schockierenden, des Tabuisierten, des Niedlichen, Virtuosen. Oder in Geschmacksbegriffen gesprochen: Das Scharfe, Salzige, Süße, Bittere, Kalte und Heiße – alle Qualia werden hochgetrieben.«[33] Gumbrecht reagiert auf die Diagnose einer breiten Gegenwart denn auch nicht mit Depression, politischer oder ästhetischer Zuspitzung, sondern eher mit einer hedonistischen Attitüde nach dem Motto, wenn sowieso alles den Bach runtergehe, könne man sich auch gleich an Football-Spielen, erstklassigen Texten (und wahrscheinlich auch Whiskys) und anderen Präsenzphänomenen delektieren.

Und das hat nun systematische Konsequenzen fürs Ästhetische insofern, als es ja ein Kernanliegen idealistischer Ästhetiken wie derjenigen Kants und Schillers war, das Subjekt aus der bloßen Sinnlichkeit herauszuwinden; einer Sinnlichkeit, die als tierisch, materiell und trieb-

32 Jameson: *Postmodernism*, S. 48 (»to the point at which everything in our social life – from economic value and state power to practices and to the very structure of the psyche itself – can be said to have become ›cultural‹«).

33 Venus: Die Erfahrung des Populären, S. 51, 55, 67.

bestimmt erfahren wurde. Die ästhetische Kultivierung der sogenannten unteren Seelenkräfte hat eine doppelte Implikation: Einerseits wird der sinnliche Teil des Menschen zugerichtet und domestiziert; andererseits wird ihm ein Platz in einer von cartesianischer Beobachtung zweiter Ordnung bestimmten Gegenwart zugewiesen. Eine solche »tendenziell ausschließlich Bewußtseins-konstituierte Welt« kann mit ihrer »Spiritualisierung« des epistemologischen Raums[34] eine gewisse Aseptik ausstrahlen, die alles Materielle resolut hinauskehrt; etwa wenn Kant erklärt, das Geschmacksurteil sei »bloß *kontemplativ*«, also »indifferent in Ansehung des Daseins eines Gegenstandes« (KdU, § 5). Dieser Tradition stellen nun Gumbrecht und andere eine posthistorische »Insistenz auf Konkretheit, Körperlichkeit und Präsenz« im »sinnliche[n] Kontakt mit den Dingen der Welt«[35] entgegen. Das ist aber nicht bloß als irgendwie erfrischende Bewegung gegen eine allzu rationalistische Austrocknung des Diskurses gemeint. Körperlichkeit und Präsenz sollen die Doublette Reflexivität und Rationalität nicht einfach als lebensweltliche Dominanten ablösen, sondern selbst Figuren der »Selbstreferenz«[36] formieren, also eine neue Beobachtung zweiter Ordnung. Nur wie? Das bleibt bei Gumbrecht eher unklar.

Zweifellos sind Konsum und Genuss gegenüber den üblichen kulturkritischen Affekten hochzuhalten; aber eben stets mit dem deutlicher zu akzentuierenden theoretischen Impetus, »reflexive Distanznahmen« zu ermöglichen und, wie Jochen Venus fordert, »Spielräume persönlicher Souveränität im Umgang« mit dem sinnlichen Erleben zu eröffnen[37] – wofür, bei aller Sympathie, Formulierungen wie »ich genieße einfach die Momente der Intensität« oder die Formel des Schwimmolympiasiegers (und Stanford

34 Gumbrecht: *Unsere breite Gegenwart*, S. 17 f.

35 Gumbrecht: *Unsere breite Gegenwart*, S. 17 f.

36 Gumbrecht: *Unsere breite Gegenwart*, S. 16 f.

37 Venus: Die Erfahrung des Populären, S. 71.

Alumnus!) Pablo Morales vom »›Gefühl der Versunkenheit in fokussierte Intensität‹« nicht ausreichen.[38] Das könnte ganz nebenbei auch Jamesons Problem lösen, der die bewährte linke Formel von der ›kritischen Distanz‹ unter den Bedingungen der Postmoderne für erledigt hält: »distance in general (including ›critical distance‹ in particular) has very precisely been abolished in the new space of postmodernism.«[39] Statt einer Distanz von außen, von einem archimedischen Punkt jenseits der ›Kultur‹ (und des Marktes) aus, situiert das gegenwartsästhetische Urteil die begriffliche, analytische Distanz, die es immer noch impliziert, emphatisch *innerhalb* dieser Kultur, in konstitutiver Tateinheit mit der Wirkung sinnlicher Präsenz. Faszinierte Distanz, qualifizierte Intensität – das eben bedeutet ja Ästhetik.

Extremgegenwart / Flexen

Zur *Intensität* und *spektakulären Selbstreferenz*, wie wir sie als Parameter des Ästhetischen anhand des Donaldbilds kennengelernt haben, gesellt sich in der breiten Gegenwart die *Komplexität* als vieldimensionale gefühlsmäßig-intellektuelle Verwicklung, eine Größe, die man eher von der apollinischen, formanalytischen Seite der Kunstbetrachtung kennt, nicht so sehr von der dionysisch rauschhaften. »Extremgegenwart« nennt der Schriftsteller Joshua Groß die hyperakzelerierte Welt »wechselnde[r] Trending Topics«, der »Favs, Retweets, Freundschaften«, die man unweigerlich generiert, wenn man »mit Finesse, mit Witz« auf die nicht durchweg angenehme Gegenwart zu reagieren versucht. »Das führt dazu, dass sich das Leben plötzlich so

38 Hans Ulrich Gumbrecht: *Lob des Sports*. Aus dem Amerikanischen von Georg Deggerich. Frankfurt a. M. 2005, S. 23, 33.

39 Vgl. Jameson: *Postmodernism*, S. 48.

edgy, verstiegen, verkeilt, anstrengend und geil anfühlt. Die Parameter der Steigerungsideologie bleiben trotzdem gültig. Unter allem drunter: Terra, erschöpft«.[40] Das beschreibt die ästhetische Mixtur und das emotionale Kostüm der Gegenwart: ebenso hochbeschleunigt wie erschöpft; mit unendlichen Freiheiten ausgestattet wie klaustrophobisch eingeengt; fasziniert und gelangweilt zugleich.

> Mir wird schlecht, wenn ich an die abgeschlossene, vakuumverpackte Gegenwart denke, beziehungsweise ich schaffe es nicht mehr, in ihr Luft zu bekommen. Aber ich höre Haiyti und kann eine Kraft darin erahnen, ein Flexen im High der Nutzlosigkeit. Ich lasse mich fallen, in die Überdrehtheit, in den Überschwang, in die Sollbruchstellen, in den Autotune – und es geht mir gut, auf eine unheimliche Weise. Ich spüre, dass eine Schönheit existiert, weil alles so edgy ist.[41]

Edgy is the new beautiful. Gegenwartsästhetik behauptet nicht länger, sicher im Hafen des Unentfremdeten vor Anker zu liegen. Vielmehr taucht sie mit gemischten Empfindungen, skeptisch, aber auch voller Intensität in die Phänomene der Gegenwart ein: »Wer es nicht permanent schafft, gleichzeitig Ironie, Selbsthass, Nostalgie, Affirmation und Konterrevolution in sich selbst auszuhalten, ist ein Hurensohn, der die Schichtungsverhältnisse der Gegenwart nicht verstanden hat«.[42] Ein perfekter Ort, dies erzählerisch zu profilieren, scheinen CobyCounty-artige Strandparadiese zu sein: *Miami Punk*, *Mindstate Malibu*, *Miamification* lauten Titel eines gegenwartsliterarischen Komplexes, der auf besondere Weise gegenwärtig daherkommt – möglicherweise

40 Joshua Groß: Die Zauberberg-Bubble. In: J. G./Johannes Hertwig/Andy Kassier (Hg.): *Mindstate Malibu. Kritik ist auch nur eine Form von Eskapismus*. Fürth 2018, S. 300–309; S. 306.

41 Groß: Die Zauberberg-Bubble, S. 305.

42 Groß: Die Zauberberg-Bubble, S. 307.

deshalb, weil jene floridianischen die westlichen Lebensverhältnisse in einer gewissen Übersteigerung präsentieren, eine kapitalistische Welt, leicht versetzt neben der wirklichen, eine Art 120 % Vergrößerung. Ein Vertreter dieses Paradigmas ist Joshua Groß mit seinem 2020 erschienenen Roman *Flexen in Miami*.

Als Bedeutung des Verbs ›flexen‹ kennt der Duden nur ›trennschleifen‹, also die Arbeit mit einer Flex. Das englischsprachige ›to flex the muscles‹ – ›die Muskeln spielen lassen‹ – hat sich indes auch im Deutschen in der Bodybuilding-Szene sowie der Netzsprache etabliert. Auch Sex firmiert in der Jugend- und Szenesprache als »durch-« oder »wegflexen«. Übertragen steht das Flexen allgemein fürs Posen oder Angeben überhaupt, z. B. mit teuren Klamotten. Im Rap-Kontext wird ›Flex‹ zudem für Kokain und andere Drogen verwendet, auch bezeichnet »flexen« dort eine Sprach-Performance mit wechselnder Geschwindigkeit oder Aussprache.[43] Wechsel der Töne hätte man früher dazu gesagt, eine Darstellungsform vermischter Empfindungen zwischen edgy, wavy und geil. Schon im Romantitel sind bei Groß also Schichtungsverhältnisse einer Gegenwart angedeutet, in denen der kritisch distanzierte Modus cartesianischer Selbstpräsenz – das Re-flexen, wenn der Kalauer erlaubt ist – in unterschiedliche körperliche Intensitäten und mediale Spektakel transformiert (dann aber auch wieder reflektiert) wird. Dopplungen dieser Art, eigentlich Oxymora wie reflektierte Intensität oder wirklichkeitsgesättigte Selbstreferenz, charakterisieren den Grundmodus des Groß'schen Textes.

Entscheidende Bedingung hierfür sind die Ladestände verschiedenster Gadgets: »immer wenn ich eine vollständig geladene Akkuanzeige sah, wurde ich innerlich ganz ru-

43 Zum semantischen Feld von »flexen« vgl. https://www.giga.de/extra/netzkultur/specials/flex-flexen-bedeutung-in-der-netzsprache/ (30.3.2021).

hig, als wäre nichts im Ungleichgewicht, dann wollte ich für einen Moment lang nicht am liebsten meinen Kopf in eine Betonwand schlagen«.[44] Dass hier ständig Handys in der Hand gehalten werden, fordert kein kulturkritisches Lamento, sondern ist eine Geste der Innigkeit. Zu technischen Objekten unterhält der Ich-Erzähler, der auf den Namen Joshua hört und in Miami lebt, um dort auf Stipendienbasis einen Roman zu schreiben, zärtliche und freundschaftliche Beziehungen (außer zu einer Drohne, die ihn penetrant observiert und die er abschießt). Prominent figuriert etwa ein sprechender Kühlschrank, dessen literarische Ausgestaltung die Smartness im Internet der Dinge konsequent wörtlich nimmt. Er kann nicht bloß autonom Lebensmittel nachbestellen, sondern wird zu einem engen Vertrauten und Freund, der Ich-Botschaften verfasst (»*Kuss, dein Lieblingskühlschrank*«, FM, 187). Als am Schluss des Textes ein Umzug ansteht, wird es dem Gerät ganz mulmig zumute, weil es noch niemals zuvor vom Netz getrennt gewesen sei. »Ich glaube, ich habe [...] Angst« (FM, 199), so die Worte dieses späten und deutlich umgänglicheren Verwandten des Bordcomputers HAL aus Stanley Kubricks *2001: A Space Odyssey*.

Expressis verbis begegnet das Wort ›flexen‹ im Roman zweimal, einmal in Bezug auf den Tacho, der bei Tempo 90 – der normalen amerikanischen Geschwindigkeit – vor sich hinflext, und einmal in Bezug auf Klima, Körper, Geist und Bekleidung: »Die Klimaanlage machte Jagd auf mein Karma und ich flexte tagsüber so hart in meinen Wollsocken« (FM, 8). Wollsocken sind allerdings eher nicht das, was man sich unter einem Flexingparadigma vorstellt, ebensowenig wie Tempo 90, bei dem »der Tempomat«, wie behauptet wird, vor sich hin »flexte«. (FM, 140) Eher schon das Nascar-Videogame, das Joshua mit seiner Geliebten

44 Joshua Groß: *Flexen in Miami*. Berlin 2020, S. 177. Im Folgenden im Fließtext unter der Sigle FM zitiert.

Claire spielt und bei dem man »ständig gegen die Leitplanken« crasht,

> eigentlich physisch, bei 287 Stundenkilometern, das war eine seltsame Reibung an der Welt, mein Wagen überschlug sich mehrmals, immer wieder, und immer wieder beschleunigte ich erneut, drückte das Gaspedal durch, bis zur nächsten Kurve. Trotzdem wurde ich ständig überholt. Ich war komplett versunken und komplett überfordert, und Claire sagte mir lachend, dass ich keine Konkurrenz für sie sei, aber immerhin würde mein Sperma außergewöhnlich gut schmecken. (FM, 76)

Sex-Flexen läuft also offensichtlich, Drogenvariante sowieso, Joints sind ein kaum wegzudenkendes Accessoire, auch Härteres kommt zum Einsatz – auch eine Form von breiter Gegenwart.

Gumbrechts Präsenzthese war immer auch ein bisschen, sagen wir's mal mit Wolf Haas: ›ding‹, galt eine ihrer berüchtigten Exemplifikationen doch der selbstversunkenen Beobachtung einer jungen Studentin an einem Institutskopiergerät. Hätte er doch als Szenerie wenigstens ein Basketballstadion gewählt; so wie Joshua Groß. Wo anders als dort könnte sich manifestieren, was Jochen Venus als ›Stilgemeinschaften normalisierten Spektakels‹ versteht:

> Mein Sitzplatz war auf Höhe der Mittellinie. Die Frau, die neben mir saß, filmte mit ihrem Phone den Auftritt der Cheerleader. Auf dem Videowürfel wurden Saisonhighlights der [Miami] Heat gezeigt. Das Maskottchen Burnie, ein flauschiger Feuerball, schlich am Spielfeldrand rum. Ich zog mir ein rotes Shirt über, das im Eintrittspreis inbegriffen gewesen war. Von der Hallendecke segelten Pizzakartons herunter, die an Fallschirmen hingen. Ich bemühte mich, einen davon aufzufangen […]. Die Frau neben mir fragte mich mit französischem

> Akzent, ob wir ein Selfie machen könnten, für irgendein Gewinnspiel. (FM, 26)

»Die kulturellen [...], gruppenbildenden Lebensformen, die in den urbanen Zentren der modernen Gesellschaft als maßgeblich erlebt werden«, schreibt Venus, »drängen sich heute aggressiver auf und werden zugleich in vielfältigeren, komplexeren und voraussetzungsreicheren sozialen Praktiken gepflegt.«[45] So finden sich denn auch alle Charakteristika, die wir bislang für das Konzept einer gegenwärtigen Ästhetik benannt haben, in diesem Basketballevent. Es geht dort offensichtlich höchst *intensiv* zu: auf fast aggressive Weise laut und grell. Zudem ist die Sache *selbstreferenziell*. Sportereignisse werden gelegentlich allegorisch gelesen, aber in erster Linie stellen sie nichts anderes dar als sich selbst. Sie sind *marktförmig rückgekoppelt* und *seriell*. Und *Spektakel* sind es sowieso. Dass die NBA mit ihren Spielergehältern, dem Merchandising, den TV-Übertragungsrechten etc. durch und durch kommerziell ist, ist evident. Die Basketball-Playoffs werden als Best-of-Seven-Serie ausgerichtet. Von allen Seiten prasseln Reize auf die Betrachter ein: aufdringlich und immer auch ein bisschen surreal, wie Pizzakartons an Fallschirmen. Oder wie das ebenso niedliche wie aggressive Maskottchen Burnie. Der ›flauschige Feuerball‹ hat in der Realität – auf Wikipedia nachzulesen – zweimal Rechtsstreitigkeiten ausgelöst, weil er weibliche Zuschauerinnen zu heftig zum Tanz in die Arena gezerrt und diese dabei verletzt hatte. Hijinks heißen solche Späße im Amerikanischen. »Gewalt ist auch immer ein Aspekt unseres Verhältnisses zu ›süßen‹ Gegenständen«,[46] beobachtet Sianne Ngai scharf, und meint damit, dass in Niedlichkeitszuschreibungen immer auch eine kleinmachende, infantilisie-

45 Venus: Die Erfahrung des Populären, S. 51.

46 Ngai: *Our Aesthetic Categories*, S. 85 (»Violence [is] always implicit in our relation to the cute object«).

rende Zurichtung schlummert und dass die verniedlichten Objekte die darin liegende Aggression spiegeln können.[47]

Hier wird zweifellos Kulturindustrie in Reinform dargestellt, aber damit ist das Szenario eben weder intellektuell noch ästhetisch bereits erledigt. »We've got to get in to get out«, dieser Vers aus dem Genesis-Song *The Carpet Crawlers* gilt insbesondere in diesem aktuellsten und interessantesten Segment der Gegenwartsliteratur. Es verabschiedet sich von einem ästhetischen Gestus, der auf die wirre Welt deutet und meint, man könne ihr gegenüber einen Blick von außen einnehmen. Das wäre angesichts der Art, wie wir leben, nichts anderes als Unaufrichtigkeit, *mauvaise foi*, wie Sartre das nennt: Wasser predigen und Wein trinken – eine Haltung, die auch Jerome, der Protagonist von Leif Randts Roman *Allegro Pastell*, ablehnt. Mit seiner Geliebten, der Schriftstellerin Tanja, teilt der Webdesigner dieses »Sentiment«, wie der Roman sich generell nicht vor der Gefühlsebene scheut. Das Alt-Sachsenhausener Ausgehviertel in Frankfurt hat Jerome früher »immer an Spiegel-TV-Reportagen über deutsche Sauftouristen auf Mallorca denken lassen«, aber genau dort müsse man ab und zu einfach hin: »auf diesen Eindruck der Befremdung hatte er gerade durchaus Lust« (AP, 121) – sind dies doch die semiotisch heißen Sphären, die den Vorteil haben, erst gar nicht eine Atmosphäre ästhetischer Erbaulichkeit aufkommen zu lassen. Ähnlich funktioniert das Lob des Après-Ski in Teresa Präauers *Das Glück ist eine Bohne* (2021): »Ich sehne mich nach Après-Ski und nach der Deko im ›Scheunenhof vier Sterne Ressort, Ihr Winterparadies‹. [...] Ich sehne mich nach dem lustigen Plastik-Igel im Trachtenjanker, der zum Fenster der Hütte herausschaut und auf dessen T-Shirt unter dem Trachtenjanker geschrieben steht: ›Ich trinke, also bin ich‹

47 Vgl. auch: Hannah Zipfel: Unheimlich niedlich!? Creepy-cute Weiblichkeit bei Melanie Martinez. In: H.Z./Birgit Richard/Niklas von Reischach (Hg.): *#cute. Inseln der Glückseligkeit.* Bielefeld 2020, S. 65–70.

und der einem so philosophisch zuprostet, wenn man ihm eine Münze vorn in den Latz der Lederhose steckt. [...] Hat Après-Ski uns auseinandergebracht? Der Guggi antwortet: Après-Ski hat uns hart gemacht gegen die Enttäuschungen des Herzens, und dann spielt er nochmal *Atemlos*.«[48] Die Intensitäten in Zeiten der Massenkultur sind niemals rein und *good*, sondern immer irgendwie auch *awful*.

Flexen in Miami inszeniert den Erstkontakt zwischen Joshua und seiner Sitznachbarin Claire bei besagtem NBA-Event vor einem durch und durch kommerzialisierten Setting. Es beginnt mit dem Selfie, das »für irgendein Gewinnspiel« aufgenommen wird. Kurz darauf werden die beiden dann auch noch »umgeben von einem rosa Herz, mitten in der *Kiss-Cam*« erfasst und damit dem ganzen Stadion sichtbar (syntagmatische Hervorhebung): »So kam es dazu, dass wir uns zum ersten Mal küssten. Ich schmeckte Popcorn und Parfum und Kreischen und Zunge und Finger in meinem Haar.« (FM, 28 f.) Die sozialen Medien, die hyperkommodifizierten Oberflächen bilden nicht, wie es nach unseren gängigen ästhetischen Theorien eigentlich zu erwarten wäre, den (bösen) Hintergrund, gegen den eine (gute) Ästhetik etabliert oder Emotionen generiert und prozessiert würden, sondern sie sind es, die Ästhetik und Emotionalität allererst prägen und codieren.

Dabei durchdringen sich in der Flexen-Ästhetik, wie schon angedeutet, das Analoge und das Digitale. Besonders auffällig geschieht dies in Gestalt des Games *Cloud Control*. Obwohl es sich dabei um einen Shooter handelt, in dem Avatare der User sich mit sogenannten Spams, virtuellen Doubles bekannter Personen, auseinanderzusetzen haben, geschieht das Scoring in Form sogenannter Karmacoins durch das merkwürdig passive Beobachten und Bestimmen von Wolkenformationen. Zur Generierung der Spams wird dem Programm voller Zugriff auf die Verzeichnisse der so-

48 Teresa Präauer: *Das Glück ist eine Bohne*. Göttingen 2021, S. 161–163.

zialen Netzwerke (Tinder, Facebook, Instagram) sowie auf den Mailaccount der User gewährt. Diese Durchdringung von »real life« und Virtualität gipfelt – »ziemlich creepy« (FM, 16) – in der Phantasie einer Userin, »dass verschiedene Popstars in *Cloud Control* entstanden seien und es geschafft hätten, sich aus dem Spiel heraus in unsere Welt zu materialisieren. Daher seien sie so mächtig und hätten so großen Einfluss auf unsere kulturelle Entwicklung.« (FM, 108) Was überdreht klingt, ist in der Sache goldrichtig; wenn man nämlich bedenkt, dass jeder Popstar semiotisch zuerst eine faszinierende, selbstreferenzielle Größe darstellt (wohinter irgendwie auch etwas Realweltliches erahnbar ist). Wie Donald Duck: Comicfigur mit Matrosenanzug im Kindchenschema-Auto mit den immer wieder gleichen Konflikten und dahinter liegend irgendwie auch, sagen wir, das Bild oder Konzept einer Ente. Vergleichbar liegt die Sache im Fall des Rappers Jellyfish P, der als Claires anderer Geliebter, später auch als Freund Joshuas, eine zentrale Position in der Liebesgeschichte einnimmt, die der Roman auch erzählt. Jellyfish P ist ein Star und dadurch immer doppelt – realweltlicher Mensch und Persona bzw. Ikone.

So gelingt dem Roman etwas Erstaunliches: Er präsentiert sich als Text voller Gegenwärtigkeit, der seine Referenzen aber nicht mimetisch oder ungebrochen welthaltig und schon gar nicht gumbrechthaft präsentistisch präsentiert, sondern sie literarisch, formgenerierend verwebt und dadurch das Ästhetische nach wie vor (und wie auch nicht) als Reflexionsterrain nutzt. Es geht hier nicht um Affirmation, nicht um ein hingenuscheltes »OK. Cool«, wie es der Wiener Cloud Rapper Yung Hurn so unnachahmlich hinbekommt – oder besser, in gewisser Weise geht es schon um dieses »OK. Cool«, weil das ja auch in der Popkultur selbst nicht simple Affirmation bedeutet. Vielmehr schiebt es zunächst einmal die stets gleichen bürgerlich kulturkritischen Gesten beiseite, um dahinter eine ganze Bandbreite von Einstellungen und emotionalen Bewertungen zur Erkundung bereitzustellen. Wie gesagt: »Wer es nicht permanent schafft, gleichzeitig Ironie, Selbsthass, Nostalgie, Affirmation und Konterrevolution in sich selbst auszuhalten«, hat die »Schichtungsverhältnisse der Gegenwart nicht verstanden«. Insofern es dabei immer auch um »reflexive Distanznahmen«[49] geht, bleibt Kunst Kunst. Nur dass diese Distanznahmen hier eben nicht durch Distanzierung von der dargestellten Kultur erreicht werden, sondern durch das Gegenteil:

> Denn wo populäre Kulturen zu sich selbst kommen, stellen sie sich deutlich wahrnehmbar als bloße Phänomenalität aus, die ihrem Publikum das größtmögliche Spektakel vorführt, *als wäre es nichts*. Wo populäre Kulturen zu sich selbst kommen, zeigen sie, dass alles nur geklaut, dass alles nur geklont ist. Stumm bedeuten sie, dass die große Erregung nur dann wahrhaft groß ist und das wahre Gefühl nur dann wahrhaft wahr ist, wenn sie sich nicht über ihre eigene Kontingenz und Konstruiertheit hinwegtäuschen.[50]

Joshua Groß' Spielart der *Miamification* entspricht dem genau.[51] Ihre »Extremgegenwart« ist durch und durch ästhetisch, sie wird erzählerisch – unter permanentem Drogeneinfluss – ebenso schläfrig-somnambul wie hellwach, *acute* und intensiv zu erfahren gegeben. Neben einer Bildlichkeit, die an manchen Stellen fast expressionistisch wirkt, dabei aber deutlich durch visuelle Muster von Videogames und -clips geprägt ist (»Ich sah die glitschigen Palmwedel glitzern«), erfreut sich der Text auch alliterierend an seinem Wortmaterial, um kurz darauf anzuschließen: »und das Chlor schmeckte so falsch und manipuliert und hochge-

49 Venus: Die Erfahrung des Populären, S. 71.
50 Venus: Die Erfahrung des Populären, S. 71.
51 Vgl. Armen Avanessian: *Miamification*. Berlin 2017.

züchtet, obwohl alles in dieser verfickten Nacht so verfickt echt war« (FM, 142 f.).

> Marshmallowwolken schmolzen währenddessen zwischen den Palmen. Und Nassau drehte sich schutzlos der Gärung entgegen; ein neonfarbener Glast hing über der Stadt und zuletzt tauchte auch noch der Mond auf, dieses verblendete Bleichgesicht. (FM, 82)

Einem Verfremdungsverfahren gehorcht auch die Übertragung der Amerikanismen, des Rap-Jargons ins Deutsche, was diesen stets ein wenig verrutschen lässt. Etwa die Eindeutschung von ›motherfucking‹: »Ich fühlte mich wie ein muttergeficktes Knicklicht« (FM, 120); auch in anderen Flexionsformen oder Komposita: »Schon als ich klein war, wollten mich Hurensöhne misshandeln; aber ich hatte lange vor meiner Geburt damit aufgehört, irgendwelche Ficks zu geben«. (FM, 25) Es findet sich auch Rap-Wiedergabe in indirekter Rede, all dies erscheint hier aber weniger als parodistische oder Vorbehaltlichkeit erzeugende Form, sondern bindet den Text trotz (oder vielleicht wegen?) nur halben Verstehens an eine Wirklichkeit:

> Irgendwann begann Jellyfish P zu rappen. Ich verstand vielleicht die Hälfte. Ich hörte, dass er ein muttergefickter Forscher sei, ein ungläubiger Bitcoinbandit, ein Schönling, der einen Massagesalon als Safehouse nutze, ein Totalüberwachter, ein unmittelbarer Systemfehler, ein fehlgeleiteter Gangster, der in seiner Jugend zu viel Kodein getrunken habe und zuviel mit Huren rumgehangen sei, was ihn letztendlich aber abgehärtet hätte, und vorbereitet auf die Gegenwart, die zerspringen würde, auf einer Abspaltung davon würde er surfen, wavy und wach, alles andere im Blick [...]. (FM, 122)

Diese halbe, etwas verkrampfte Aneignung des Englischen entspricht gewissermaßen dem Status der neuen ästhetischen Wertungsbegriffe wie wavy, weird oder edgy, die, ins Deutsche übernommen, in ähnlicher Weise halb Angeeignetes, halb Verstandenes auf den Begriff bringen. Gerade dadurch treffen sie den komplexen ästhetischen Charakter des Bezeichneten und Erfahrenen genauer, als klarere Begriffe es könnten. Verkrampfung ist hier also im positiven Sinne einer »Ästhetik der Verkrampfung« nach Frank Apunkt Schneider zu verstehen, der im gelungenen Deutschpop das »Verkrampftschöne«, ja geradezu eine »Anmut und Würde der Verkrampfung« feiert.[52] Die Mixtur ist eben nicht *clare et distincte*, sondern ziemlich wild; wie im Cloud Rap, an den man nicht nur wegen des Gamenamens *Cloud Control* und der zentralen Bedeutung des Rappers Jellyfish P im Roman denkt, sondern auch wegen der Haiyti-Referenz und nicht zuletzt wegen eines Erzähltons, von dem es unterkomplex wäre, ihn einfach als leblos und passiv driftend abzutun,[53] sondern den man als literarische Umsetzung der »verträumt, nebulös-ätherischen Stimmung« des Cloudrap begreifen kann.[54] Das Cloudrap-Genre mit seiner Distanzierung vom harten, maskulinen Gangsterrap bildet auch die Brücke zu einer erstaunlichen Aufgeschlossenheit gegenüber der eigenen Gefühlslage. Sie

52 Frank Apunkt Schneider: *Deutschpop halt's Maul! Für eine Ästhetik der Verkrampfung*. Mainz 2015, S. 105 f. et passim.

53 Felix Stephan: Der Empathie-Test. Gute Nachrichten für die deutsche Literatur: Joshua Groß' Debütroman ›Flexen in Miami‹ nervt gewaltig. In: *SZ*, 29.3.2020, https://www.sueddeutsche.de/kultur/literaturstipendiaten-literatur-der-empathie-test-1.4860629 (30.3.2021).

54 Jan Knobloch: »Cloud Rap. Es ist zum Weinen«. In: FAZ.NET, 1.3.2018 (aktualisiert), https://www.faz.net/aktuell/feuilleton/pop/cloud-rap-was-steckt-hinter-dem-mikrogenre-15470618.html (30.3.2021). Miryam Schellbach: Das digitale Leben als literarisches Motiv. In: FAZ.NET, 23.5.2020 (aktualisiert), https://www.faz.net/aktuell/feuilleton/buecher/themen/wie-das-digitale-leben-zum-literarischen-motiv-wird-16767835.html?printPagedArticle=true#pageIndex_2 (30.3.2021).

ist von Anfang an geradezu überdeutlich ausgestellt, man liste nur die Fülle an schweren Zeichen auf, die schon die erste Romanseite bereithält: »meine Mutter«; »meine eigene Existenz war eine entsetzliche Mühsal« (allein das Lemma ›Mühsal‹!); »Niedergeschlagenheit«; »Einsamkeit«; »mein Herz«; »Schuldgefühl«; »tiefe Scham« (FM, 7). Jellyfish P, erfahren wir, verdankt seinen Quallennamen der traumatischen Begegnung als Kind mit einer Seewespe, deren Nesselgift »tödliche Wirkung« haben kann und Jellyfishs »Herzmuskel« bleibend geschädigt hat. Dies ist das *fundamentum in re*, wenn sich in Jellyfishs Rap trotz seiner mit Autotune verzerrten Stimme »aufrichtige Sehnsucht und haltloser Liebestaumel« offenbart, wir zudem von einem ebenfalls traumatischen Vaterverhältnis erfahren und das Ganze zu hören, genauer zu lesen bekommen »durchzogen von einem synthetischen, elektrospiritistischen Hirnrauschen, als bewege sich alles permanent kurz vor dem Kollaps, als sei alles schlussendlich nur das Schlafwandeln von Störgeräuschen.« (FM, 85)

Wird Rap hier also als ein Genreprodukt präsentiert, genauso unaufrichtig und flach, wie es in der kommerzialisierten Welt gemeinhin auch Werbebotschaften unterstellt wird? ›Entlarvt‹ *Flexen in Miami* hier Fakes? Das wäre viel zu einfach. Groß' Cloudrapprosa knüpft an die New Sincerity und deren berühmtesten literarischen Vertreter David Foster Wallace an. Der postmodernen Ironie überdrüssig, da diese schlicht die ubiquitäre »kulturelle Norm« geworden sei und in ihrem daueraugenzwinkernden Bescheidwissergestus »nervt«,[55] fordert Wallace schon 1993 (bevor es mit der zweiten Welle der Popliteratur in Deutschland überhaupt so richtig losging) ein Comeback von »Aufrichtigkeit und Leidenschaft«, fordert »Retrowerte« wie »Ori-

55 David Foster Wallace: E Unibus Pluram. Fernsehen und Literatur in den USA. In: D. F. W.: *Der Spaß an der Sache. Alle Essays*. Hg. von Ulrich Blumenbach. Übersetzt von U. B. und Marcus Ingendaay. Köln 2018, S. 231–300; S. 285.

ginalität, Tiefe und Integrität«, fordert »Sentimentalität« und »Schwäche«, die sich zu ihrem Schmerz bekennt.[56] Bei Joshua Groß ist das kein Entweder-oder, sondern ein Sowohl-als auch, akademischer formuliert: es ist die Sache eines Re-Entrys der New Sincerity in die Popkultur.

Um das zu sehen und es als eine besondere Signatur der Gegenwart kenntlich zu machen, braucht man eine Ästhetik, die beides prozessiert: Einerseits Intensität, Einlässlichkeit und Emotionalität; denn Geschmack – in der Theorie die Schaltstelle für den ästhetischen Verkehr zwischen Sinnlichkeit, Verstand, und Einbildungskraft – ist, wie der nicht zum Überschwang neigende Kant mit hörbarem Staunen formuliert, »ein Beurteilungsvermögen alles dessen, wodurch man sogar sein *Gefühl* jedem andern mitteilen kann.« (KdU, §41) Andererseits aber bedeutet Ästhetik zugleich auch immer Distanzierung, Vorbehaltlichkeit, modale Abschattung, Facettierung und Abwägung, einen Modus in Anführungszeichen also, für den der Begriff Ironie – zumindest in der klassischen Variante ›das eine Sagen, das Gegenteil meinen‹ – deutlich zu flach ist. – Am Schluss des Romans wird Joshua übrigens zum Manager/Verwalter/Editor *at large* von Jellyfish P, zu einem Mogul der Musikindustrie. Sein Kind, das er mit Claire gezeugt hat und das auf den literarisch nicht ganz unvorbelasteten Namen Emile hört, zieht er in der Blase um Jellyfish P groß: der *Bot-Gang of Love*. Und der empfindsame Kühlschrank ist nach wie vor mit von der Partie.

❧

In diesem ersten Teil haben wir Gegenwartsästhetik als eine Theorie über die besondere Form des Zusammenspiels subjektiver, objektiver und intersubjektiver Aspekte auf der Höhe gegenwartskultureller Phänomene entwickelt. Nicht

56 Wallace: E Unibus Pluram, S. 275, 281, 300.

selten kommt diese Qualität, wie gesehen, Phänomenen zu, die nicht nur keinen Bogen um die sonst meist als ästhetisches No-Go deklarierten Terrains der Spektakularität, Popularität, Serialität und Marktförmigkeit machen, sondern ihre genuin ästhetischen Qualitäten erst dort entfalten, in der sogenannten Kulturindustrie. *Cui bono?* ließe sich hier allerdings fragen. Was hilft uns das jetzt? Haben Spektakularität, Popularität, Serialität und Marktförmigkeit im globalen Kapitalismus nicht ohnehin gewonnen? Und ist es demnach nicht verständlich oder sogar wünschenswert, Ästhetik – auch um den Preis irgendwie selbstgerechter oder merkwürdig unterkomplexer Positionen – als Bastion gegen eine solche Hegemonie behaupten zu wollen?

Wenn dieser erste Teil der Versuch war, die Plausibilität ästhetischen Denkens auch und gerade in diesem vermeintlich profanen Bereich darzustellen und der ›Hegemonie‹ ein wenig ihrer kulturkritisch unterstellten Monolithik zu nehmen, so wendet sich ein zweiter Teil dieses Buchs drei aktuell virulenten Problembereichen zu: der Demokratie, dem Anthropozän und der Digitalisierung, um zu zeigen, wie produktiv eine dezidiert gegenwartsästhetische Perspektivierung auch für deren Diskussion sein kann. In Auseinandersetzung mit dem Phänomen kultureller Demokratisierung wird zunächst vorgeführt, was mit den Maßstäben der Ästhetik geschieht, wenn alle Leute ihre Urteile gewissermaßen instantan durch soziale Medien verbreiten können. Inwieweit befördert oder gefährdet eine ästhetische Grundoperation wie das sich zu Gehör Bringen von Ausgeschlossenem mit ihren oftmals ethischen Implikationen das Projekt der Demokratisierung? Mit Blick auf die gegenwärtige Debatte um ein Anthropozän stellen wir in einem nächsten Schritt zur Diskussion, was es für das verfeinerte Wahrnehmen, Fühlen und Denken, wie es im Ästhetischen kultiviert wird, bedeutet, wenn es unter Anthropozentrismus-Verdacht gerät. Muss das als typisches Insignium menschlicher Exzeptionalität dann vielleicht sogar weg? Oder ist es womöglich auf besondere Weise produktiv, auch angesichts dringlicher Problematiken wie dem Klimawandel und dem Artensterben Raum für deren ästhetische Prozessierung offen zu halten? Und was ändert sich im Ästhetischen dadurch, so fragen wir im letzten Teil, dass unsere Wirklichkeit durch digitale Medien erweitert und dadurch eine andere wird? Was lässt sich im Sinne einer Erweiterung und Differenzierung unseres Denkens gewinnen, wenn man dieses Phänomen auch ästhetisch diskutiert, anstatt es bloß medienpolitisch unter Netz- oder Plattformkapitalismus abzuheften?

Die Einsicht in die grundlegende Komplexität, Gemischtheit und Unreinheit ästhetischer Begriffe und Urteile leitet dabei den kühnen Versuch, mit unserer klassisch informierten Gegenwartsästhetik exemplarisch auf gegenwartsrelevante Gebiete zuzugreifen, die auf den ersten Blick kein klassisches ästhetisches Gelände bieten.

TEIL II

4 Demokratisierung

Der Kongress

In den labyrinthischen Gängen eines verfallenden Wohnkomplexes bildet sich in Juan S. Guses Roman *Miami Punk* (2019) ein ständig tagender ›Kongress‹ aus. Wer immer sich berufen fühlt und Menschen findet, die ihm zuhören, darf auf dieser Graswurzelveranstaltung zur rätselhaften (in der Fiktion des Romans wahren) Tatsache sprechen oder lehren, dass das Meer sich vor Florida zurückgezogen hat. Dieser Kongress ist ein Ort des Wissensaustausches jenseits eingeführter Institutionen wie der Universität oder staatlicher Organe, am Laufen gehalten von Freiwilligen. Hier fallen sämtliche traditionellen Gatekeeper-Funktionen weg und das, so führt der Roman ausführlich vor, lässt einerseits eine befreiende Vielfalt von Stimmen, Disziplinen und Aspekten zu Wort kommen, bewirkt aber andererseits auch eine irgendwie obskure Esoterisierung der Diskurse.

Guses futuristischer Kongress spitzt dabei eine Funktion zu, die uns mit dem Web 2.0 und den sozialen Medien längst zur Verfügung steht. Mit dem niedrigschwelligen Medienzugang ist niemand mehr auf die publizierten Urteile von Profis angewiesen, die etwa Literaturwissenschaften studiert haben müssen, bevor sie in den Feuilletons großer Zeitungen oder in Kultursendungen des Radios und Fernsehens Literaturkritik üben und ihre Urteile mit der entsprechenden professionellen Autorität vorbringen. Nein, Mitglieder von Stilgemeinschaften normalisierten Spektakels können sich inzwischen problemlos untereinander über ihre Lieblingsgegenstände austauschen, diese nach eigenem Befinden kritisieren, bewerten und ranken – und sie tun dies auch, z. B. in den Kundenrezensionen auf Amazon, in Blogs, auf YouTubekanälen und anderen Medienplattformen. Und was genau geschieht dann da? »Die twittern vor sich hin mit subjektiven Geschmacksurteilen«, ärgert sich Sigrid Löffler, eine bedeutende Kritikerin vom alten Schlag, im Deutschlandfunk Kultur; »willkürliche Begeisterungsanfälle, die meistens nicht begründet sind«, seien Beleg dafür, dass hier der Konsument an die Stelle des Kritikers getreten ist. »Da wird unter dem Deckmantel einer angeblichen Demokratisierung die Literaturkritik in Wahrheit entprofessionalisiert«.[1]

Gegenwartsästhetik kommt hier auf zweierlei Weise ins Spiel. Zum einen, man sieht es schon an Löfflers Wortwahl, stellt die neue Medienlandschaft die Frage nach Autorität, Geltung und Funktion des ästhetischen Urteils neu, zum anderen aber – und das greift deutlich tiefer – scheint in den egalitären Urteilen der Modus des Ästhetischen selbst, das Subjektive mit objektivem Anspruch, über sein eigenes Gebiet hinauszustreben. Auch der Kongress in *Miami Punk* behandelt ja nicht vorrangig ästhetische Probleme, sondern durchaus wissenschaftliche Sachfragen im Zusammenhang mit den rätselhaften Meeresphänomenen, philologische Probleme zu Deutung und Zuverlässigkeit der Schriften des dubiosen Meeresboden-Pioniers Levin Cops und auch politische Fragen. Entsprechend heterogen sind die Leute, die von ihm angezogen werden. »Gemein war all diesen Personen, hatte Ana O. mal gesagt, ein etwas fragwürdiger Geist des Widerstandes gegen den Zustand der Realität.«[2] Man muss im Jahr der Covid-19-Pandemie, in dem wir dies hier schreiben, nicht lange suchen, um einen solchen Geist etwa in den Demonstrationen der sogenannten ›Besorgten

1 Sigrid Löffler: Machen Blogger die Literaturkritik kaputt? (DLF Kultur, 16.7.2020) www.deutschlandfunkkultur.de/sigrid-loeffler-ueber-amateure-vs-profis-machen-blogger-die.1270.de.html?dram:article_id=480651 (30.3.2021).

2 Juan S. Guse: *Miami Punk*. Frankfurt a.M. 2019, S. 280. Im Folgenden im Fließtext unter der Sigle MP zitiert.

Bürger‹ oder ›Corona-Gegner‹ wiederzuentdecken. Verbunden mit einem Misstrauen gegen Eliten, Institutionen und ihre Organe (›Lügenpresse‹) ermöglicht die neue Medienlandschaft auch hier den Zusammenschluss von Gemeinschaften, die ihre Auffassung der Dinge ohne besondere Qualifikation der Allgemeinheit anmuten und sich in ihren Urteilen gegenseitig bestärken und bestätigen. Sachurteile und politische Urteile werden dabei in einem Modus gefällt (›ich finde das aber!‹), der zuvor nur im Ästhetischen seine Legitimität fand.

> Ich glaube nicht daran, dass unsere Wahlen fair ablaufen!!
> Ich glaube nicht das auf verdorbenem Boden etwas gutes gedeiht, das gesamte BRD System muss weg ...
> Ich glaube nicht, das das alles Nazis sind.
> Ich glaube nicht, das die Gegner die damals noch gelacht haben, heute auch noch lachen!
> Ich glaube nicht das diese demos viel mit »national sozialismus« zu tun haben!
> Ich glaube nicht das dieses Attentat in Paris von Islamisten durchgeführt wurde.[3]

Solche Glaubenssätze, wie sie das Autorenduo Hannes Bajohr und Gregor Weichbrodt in *Glaube Liebe Hoffnung*, einer digital-literarischen Auswertung der Pegida-Sprache, seitenweise listet, verweisen weniger auf ein – und sei es systemisch-wahnhaftes – Glaubenssystem als vielmehr auf eine vage, aber identitätsstiftende Stilgemeinschaft, die in Form eines vordiskursiven Kultes ihre Ikone hochhält. Für die Valenz der Urteile, die sich hier in die vermeintlich subjektive, aber durchaus objektiv gemeinte Form des »Ich glaube« kleiden, sind keine Belege und sachlichen Herleitungen nötig,

3 OxOa: *Glaube Liebe Hoffnung. Nachrichten aus dem christlichen Abendland*. Berlin 2017, S. 35.

sondern nur die Einstimmung der Stilgemeinschaft. Sie erfolgreich zu fällen, erfordert allein, dass man den Gruppencode trifft, sonst aber keine weiteren Qualifikationen, nicht einmal die Beherrschung basaler Orthografie.

Und doch manifestiert sich in solchen Verlautbarungen ein Pathos des sich-Gehör-Verschaffens, das strukturell – allein unangenehmerweise von rechts – nicht wenig mit der Engführung von Ästhetik und Politik zu tun hat, wie sie beispielsweise Jacques Rancière einflussreich vertritt. Rancière begreift sowohl Ästhetik als auch Politik als zentrale Strategien der »Aufteilung des Sinnlichen« (*partage du sensible*). Gemeint ist damit die jeweilige Weise, wie der Raum des Wahrnehm- und Empfindbaren sowie des Denkbaren organisiert ist, wie Phänomene darin sichtbar, erfahrbar und intellektuell verständlich gemacht werden. Auf beiden Seiten, der Politik wie der Ästhetik, tut sich dabei eine vergleichbare Schere auf. Emphatisch so genannte Ästhetik unterscheidet Rancière von bloßer Repräsentation. Verhelfe letztere bestehenden Ordnungen zur Anschauung, so betreibe das »ästhetische Regime« eine »doppelte Suspendierung«: Es löse das »Sinnliche aus seinen üblichen Verbindungen« und begünstige eine Form des »Denkens, das sich selbst fremd geworden ist.«[4] Auf der Seite des Politischen unterscheidet Rancière entsprechend zwischen einer »Polizei«, die bestehende Ordnungen bestätigt und reproduziert, und einer alleine diesen Namen verdienenden »Politik«, die diese Ordnungen befragt und tendenziell aushebelt.[5] Der Terminus ›Polizei‹ geht dabei auf die historisch mit diesem Begriff bezeichnete ›gute Ordnung‹ der Gesellschaft sowie diejenigen Maßnahmen und Gesetze zurück, die von staatlicher Seite zu ihrer Herstellung und/oder Stabilisierung für nötig erachtet wurden – ein Konzept, das fürs politische

4 Jacques Rancière: *Die Aufteilung des Sinnlichen. Die Politik der Kunst und ihre Paradoxien*. Berlin ²2008, S. 39.

5 Jacques Rancière: *Das Unvernehmen. Politik und Philosophie*. Frankfurt a. M. 2002.

Denken von der frühen Neuzeit bis zum 19. Jahrhundert gültig war und durch sein technokratisches Verständnis von Gesellschaft heute mit der »Verkümmerung des politischen Diskurses und dessen, was unter demokratischer Praxis verstanden wird«, in Verbindung gebracht wird.[6]

Das Argument lautet also: Ästhetik wird als »spezifische Ordnung des Identifizierens und Denkens von Kunst« begriffen, und bei der Vielzahl von Referenzen, die sich bei Rancière hierfür finden – immer wieder auch »Kants ›Genie‹« oder »Schillers ›ästhetischer Zustand‹« – gelten als besonders prägend die »Experimente der Avantgarde, Kunst und Leben zu verschmelzen«.[7] Mit derart transgressiven Formen werden also analog die Verfahren des Politischen wie des Ästhetischen modelliert. Solcher wirklichen Kunst wird eine bloße »Konsenskunst« gegenüber gestellt, deren Logik es sei, »jedwede Dissenssituation zu untergraben und somit das Politische als solches unmöglich zu machen«.[8] »Die bürgerliche Kultur der Moderne«, könnte man dazu mit Jochen Venus' kritischer Phänomenologie des Populären sagen, »stabilisiert ihren Kanon unbeschreiblich großer Kunstwerke durch die scharfe Abqualifizierung kaum deutungsbedürftiger, nahezu selbstverständlicher Attraktionen.«[9] Dazu gehören insbesondere eine vielfach beklagte Allgegenwart des Spektakels, das, was der Konsumierbarkeit nicht widersteht, eine »Gesellschaft der Verbraucherindividuen«, deren »hauptsächliche Tätigkeit der Konsum von Vergnügungen und Rechten« sei usw.[10]

Was aber, wenn die Verschmelzung von Ästhetik, Leben

6 Robin Celikates: Politik und Polizei. Jacques Rancière, zur Logik von Entpolitisierungsprozessen. In: *Texte zur Kunst* 55, September 2004, https://www.textezurkunst.de/55/politik-und-polizei/ (30.3.2021).

7 Rancière: *Die Aufteilung des Sinnlichen*, S. 21, 23, 39.

8 Maria Muhle: Einleitung. In: Rancière: *Die Aufteilung des Sinnlichen*, S. 7–19; S. 13.

9 Venus: Die Erfahrung des Populären, S. 56.

10 Jacques Rancière: *Der Hass der Demokratie*. Aus dem Französischen von Maria Muhle. Berlin 2011, S. 40 f.

und Politik so aussieht wie der sogenannte Bison Man bzw. QAnon-Schamane, die Ikone des Sturms auf das Kapitol in Washington während der amerikanischen Präsidentschaftswahl im Januar 2021? Reicht es, diesen neurechten Karneval, der sich aus ganz »unterschiedlichen kulturellen Kontexten bedient« und problemlos Hawaii-Hemden, nordische Mythologie, indigene Symbole und Anspielungen an die Rave-Kultur zur Anmutung eines Gaming-Avatars verquirlt,[11] dem Spektakel zuzuschlagen? Oder äußert sich in dem, was wir da vor dem Capitol in Washington sehen – befremdlicherweise – nicht auch die demokratische Grundfigur des Gehört-Werden-Wollens, eine Manifestation jenes »Lärms«, der laut Rancière von der Aufteilung des Sinnlichen ausgeschlossen wird?[12] Das Megafon, das der Schamane in der Hand hält – auf seiner Internetseite bietet er im übrigen jeden Aluhut erfreuende Kurse in ›spiritueller Selbstverteidigung‹, ›Karmabereinigung‹ oder gar einen ›Eintritt in die göttliche Matrix‹ an – das Megafon also steht sinnbildlich für das Pathos, gegen einen gesellschaftlichen Konsens mobil zu machen, sich erst Gehör verschaffen zu müssen; entsprechend der fast auf allen Bildern zu sehende aufgerissene Mund.

Was also, wenn die gegebene Ordnung in diesem Fall nichts anderes wäre als das Herz der amerikanischen Politik mit ihren Prinzipien freier Wahlen und gewaltloser Übergänge zwischen Regierungen? Und was, wenn das Denken, »das sich selbst fremd geworden ist«, als Querdenkerei daherkommt, die gegen vermeintlich hegemoniale Aufteilungen des Sinnlichen in eine abgehobene ›Ostküstenelite‹ und eine breite Masse, gegen linksliberale ›Meinungskorridore‹

11 Marcus Stiglegger: Neurechter Karneval. Zur Ikonographie des QAnon-Schamanen. In: *literaturkritik.de*, 21.1.2021, https://literaturkritik.de/die-ikonographie-des-qanon-schamanen,27555.html (30.3.2021). Vgl. generell: Daniel Hornuff: *Die neue Rechte und ihr Design. Vom ästhetischen Angriff auf die offene Gesellschaft*. Bielefeld 2019.

12 Rancière: *Die Aufteilung des Sinnlichen*, S. 26.

Abb. 11: Der QAnon-Schamane

usw. Sturm läuft? Würde die von Löffler beklagte Demokratisierung-als-Entprofessionalisierung allein auf dem Feld von Urteilen über Bücher, Computerspiele und Pop-Musik Raum greifen, dann wäre das zwar immer noch eine diskussionswürdige (wahrscheinlich sogar eine interessante) Entwicklung, aber man könnte mit Blick auf den subjektiven Anteil des ästhetischen Urteils womöglich noch abwinken: ›Gut, was soll's, lass sie doch!‹ Tatsächlich aber sind hier ganz offenbar sehr viel weitere Bereiche öffentlichen Urteilens betroffen, ja, die angezeigte Entwicklung bedroht womöglich die Grundlagen jener Demokratie, die sie historisch erst ermöglicht hat.

Insofern lohnt es sich an dieser Stelle, noch einmal genauer über die Form ästhetischer Urteile und ihren Zusammenhang mit der Demokratisierung nachzudenken. Beide stammen ja *grosso modo* aus derselben Zeit und demselben gedanklichen Kontext. Gut nachvollziehbar führt das der Historiker Till van Rahden in seinem Buch *Demokratie. Eine gefährdete Lebensform* vor. Mit dem Rechtswissenschaftler Hans Kelsen charakterisiert er Demokratie als im Kern »relativistische und pluralistische« Lebensform. Konkret heißt das, dass die Demokratie jenen »unvermeidlichen Zwang«, ohne den auch ihre Herrschaftsform nicht auskommt, nie anders rechtfertigen kann als »durch die Zustimmung wenigstens der Mehrheit derjenigen, denen die Zwangsordnung zum Heile gereichen soll«.[13] Und dabei, so Kelsen weiter, dürfe auch die Minderheit nicht »absolut« ins »Unrecht« gesetzt werden, schon allein deshalb nicht, weil es zur Logik des Demokratischen gehört, dass jede Minderheit »jederzeit selbst zur Mehrheit werden« kann. In diesem Verfahren spiegelt sich die vom Ästhetischen her bekannte Grundfigur, die eigene, subjektive Position einer Gemeinschaft anzumuten, ohne dabei den eigenen Punkt je erzwingen zu können, was impliziert: eine grundsätzliche Offenheit nicht nur zu tolerieren, sondern sogar aktiv zu suchen. »Die Sprache der Freiheit«, so van Rahden mit dem Ästhetiker Josef Früchtl, akzeptiert »nicht nur keine höhere, sondern überhaupt keine endgültige Bedeutung.«[14] Gewährt wird dies in der liberalen Sicht einer freien Gesellschaft aber nicht nur durch Formen tendenziell avantgardistischer Überschreitung, für die Rancière den Terminus der Kunst reserviert, sondern insbesondere auch durch eine Lebensform, die die »Lust am Widerspruch« und den »Austausch von Ideen« nicht zuletzt in »Geschmacksurteilen«[15]

13 Till van Rahden: *Demokratie. Eine gefährdete Lebensform*. Frankfurt/New York 2019, S. 15. (Hans Kelsen: *Vom Wert und Wesen der Demokratie*. Tübingen 1920.)

14 Van Rahden: *Demokratie*, S. 16 f. (Josef Früchtl: Ein Sinn für Gemeinschaftlichkeit und Streit. Stanley Cavells Komödie der Demokratie. In: Eike Brock, Maria-Sibylla Lotter (Hg.).: *Besser geht's nur in der Komödie. Cavell über die moralischen Register von Literatur und Film*. Freiburg 2019, S. 25–47.)

15 Van Rahden: *Demokratie*, S. 20 f. Hier mit dem pragmatistischen Philosophen Sidney Hook: Democracy as a Way of Life. In: *Southern Review* 4 (1938), S. 45–57.

modelliert. Anders als Rancières Ästhetik, die sich an den üblichen Verdächtigen ästhetischer Transgression orientiert, interessiert sich eine solche pragmatistische Perspektive auch und gerade für ein Freiheitsverständnis der breiteren Menge, das sich nicht zuletzt ästhetisch artikuliert und kultiviert; sprich: für Formen der Popularisierung oder des Populären.

Gegenwartsästhetik hätte also auch und gerade Spektakuläres in seiner Selbstreferenz, Serialität und Komplexität zu begreifen und so, wie gesagt, für »reflexive Distanznahmen« und »Spielräume persönlicher Souveränität« zu öffnen.[16] Statt etwa das Problem des Schamanenauftritts im Capitol einfach seinen spektakelhaften Zügen anzulasten, wäre also zu differenzieren: eine tendenziell faschistische »Ästhetisierung der Politik«[17] ist er, weil er auf Agitation, Polarisierung und Ausschluss hin ausgelegt ist und daher auch kein »nützliches« und schon gar kein ästhetisches »›Korrektiv‹ in einer Demokratie« darstellt, »die einen zu großen Abstand zum gemeinen Volke hält«.[18] Die gegenwartsästhetische Frage lautet dagegen, ob und wie die Spezifik der ästhetischen Intensivierung und Destabilisierung von Sinnlichkeit und Denken auch (oder vielleicht sogar gerade) im Populären ihren Ort hat, und bereits unsere bisherigen Verweise z. B. auf Pop- oder Camp-Ästhetiken legen das doch sehr nahe.

Die Aufteilung des Sinnlichen, das Populäre und der Midcult

›Ich diskutiere nur noch mit Leuten, die sich aus validen Quellen informiert haben‹, schreibt gelegentlich jemand entnervt auf Twitter. In der Tat könnte man meinen, die

16 Venus: Die Erfahrung des Populären, S. 71.

17 Rancière: *Die Aufteilung des Sinnlichen*, S. 26.

18 Jan-Werner Müller: Was ist Populismus? In: *Zeitschrift für politische Theorie* 7 (2016), S. 187–201; S. 188.

Alternative zum unqualifizierten Urteil der Verschwörungstheoretiker und Aluhütchenträgerinnen sei eine ausreichende Qualifikation. Stimmt aber leider nicht. Die demokratische Forderung, über alle möglichen gesellschaftlichen Positionen mitreden, Urteile fällen und abzustimmen zu können, konfligiert ja ganz grundsätzlich mit der arbeitsteiligen Gesellschaft und der Spezialisierung der Wissenschaften in der Moderne. Anders gesagt: Auf den allerallermeisten Gebieten bleiben wir ewig Laien – und haben doch eine Meinung. Unsere allermeisten Wissensbestände und Überzeugungen sind dabei nicht vollständig qualifiziert, sie bleiben konstitutiv unterkomplex und abhängig von den öffentlichen und privaten Diskursen, die uns umgeben.

Fachwissen wird hier in seiner Bedeutung generell über-, kontextgebundenes Allgemeinwissen unterschätzt, etwa wenn der Kognitionswissenschaftler Joscha Bach von Nerds schwärmt, ihnen fehle »die Empathie, um wahrzunehmen, was die richtige Gruppenmeinung ist. Deswegen sind sie gezwungen, ihre Meinung auf Basis von Argumenten zu bilden.« Daher orientierten sie sich, anders als der Durchschnittsmensch, nicht an Gruppenmeinungen, sondern an der »Wahrheit«; »die meisten Naturwissenschaftler« und »fast alle Programmierer« seien solche Nerds.[19] Bach meint das positiv, übersieht allerdings, dass der Nerd ja ein Internet-Phänomen ist. Er nutzt die mediale Möglichkeit, sich statt an den ihn umgebenden analogen Gemeinschaften (Familie, Freundeskreis, Berufsgruppe, Partei, Kirche etc.) an mehr oder minder obskuren Stilgemeinschaften zu orientieren, die er sich aus dem Netz filtert. Fluchtpunkt ist dann oftmals auch nicht »die« Wahrheit, die sich im Allgemeinen zu bewähren hätte, sondern die geschlossene Welt einer Stilgemeinschaft. Es ist ja kein Zufall, dass Nerds und

19 »Künstliche Intelligenz ist ein philosophisches Projekt« [Interview von Meike Laaf mit Joscha Bach]. In: *taz*, 28.12.2016, S. 16 f., alle Zitate S. 17.

Otakus ursprünglich in den geschlossenen fiktiven Welten von Computerspielen, Anime-, Science-Fiction- und Fantasy-Universen zuhause sind. Schon in den Naturwissenschaften besteht genauso ein Druck in Richtung »richtige Gruppenmeinung« wie anderswo auch; und in Nerd-Communities erst recht. Endgültig problematisch wird es, wenn Bach es dann (durchaus folgerichtig) begrüßt, sogar für »gesund« hält, »dass unsere Realität der Linken oder des Establishments – gebildete Leute, die gebildete Medien lesen – nicht mehr die offizielle Realität von allen Leuten ist«. Positiv gesehen ist das genau die Situation des Kongresses in *Miami Punk*. Negativ gesehen aber kommt hier jener Anti-Elitismus und -Intellektualismus zum Vorschein, den die Vertreter des Postfaktischen mit Vorliebe praktizieren.

Tatsächlich wäre doch ein von Empathie getragener, von sich gegenseitig relativierenden und versichernden Personen und Instanzen geführter öffentlicher Diskurs der legitime Ort der Wahrheit in demokratischen Gesellschaften. Denn zumindest in praktisch relevanten Punkten müssen wir uns ja bei aller Meinungsvielfalt auf eine ›offizielle‹ Welt einigen (etwa wenn es um Gesundheits- und Klimaschutzmaßnahmen geht, oder um die Frage, was für Beweise vor Gericht gelten sollen). Und die Qualität dieses Diskurses hängt stark von ›gebildeten Leuten‹ ab, die ›gebildete Medien‹ lesen – Wissenschaft als Spezialdiskurs kommt dabei selten direkt, sondern fast immer nur über interdiskursive Formate und Medien zum Tragen, über Institutionen also, die Verfahren der Popularisierung und Komplexitätsreduktion praktizieren. Denn abgesehen davon, dass Wissenschaften, wo sie den Namen verdienen, ohnehin nie über »die Wahrheit« verfügen, sondern Hypothesen mit ihren Bedingungen und Begrenzungen produzieren, verbietet die moderne Spezialisierung den Wissenschaftler:innen oft schon innerhalb eines weiteren disziplinären Feldes generalisierende Aussagen. Und das gilt *a fortiori* angesichts solcher komplexen lebensweltlichen Zusammenhänge, mit denen wir als Bürgerinnen und Wähler zu tun haben und die sich in ihrer komplexen Hybridität einem spezialisierten wissenschaftlichen Zugang sperren, wie ihn die arbeitsteilige Gesellschaft der Moderne entwickelt hat (was Bruno Latour bekanntlich zu der Aussage brachte, wir seien »nie modern gewesen«).[20] Das gilt auch dort, wo wir darauf vertrauen, dass unserem Verständnis der Dinge (etwa eines Moleküls, einer Essstörung, eines Computers, einer Währung, eines Virus, des Klimawandels) irgendwo in den Wissenschaften eine Erkenntnis vom Typ ›clare et distincte‹ zugrunde liegt, wie es dem Ideal der Aufklärung entspricht.

Dieses Wissens- und Wissenschaftsideal motivierte noch Descartes dazu, philosophisch lieber ganz die Finger vom Ästhetischen zu lassen, komme es dort doch nur auf die Art der »Beziehung unseres Urteils auf das Objekt« an. Solch grundsätzliche Subjektivität mache es unmöglich, »irgendein bestimmtes Maß« für das »Schöne« oder das »Angenehme« zu finden. Geschmacksurteile seien daher nicht als Erkenntnis, schon gar nicht als wissenschaftliche zu werten.[21] Unsere eigenen Urteile sind indes durchaus selten von der Qualität ›clare et distincte‹. Vielmehr haben sie deutliche Anteile jener ›verworrenen‹ oder auch sinnlichen Erkenntnis, zu der Alexander G. Baumgarten die dunklere Erfahrung der Sinnlichkeit erklärte, womit er im eigentlichen Sinne das Spielfeld der Ästhetik eröffnete. Allerdings ist es, wenn auch sympathisch, so leider nicht die ganze demokratische Wahrheit, dass das Ästhetische mit seinen offenen Deliberationspraktiken, seiner kultivierten Offenheit (mit Kant) zur Domäne des *sensus communis* (Arendt) und folglich zum Modell pluralistischer Öffentlichkeit erklärt werden kann.[22] Denn das Ästhetische ist unvermeid-

20 Bruno Latour: *Wir sind nie modern gewesen*, l. c.

21 René Descartes: Brief an Marin Mersenne, 18. März 1630. In: R. D.: *Der Briefwechsel mit Marin Mersenne*. Aus dem Französischen von Christian Wohlers. Hamburg 2020, S. 52.

22 Vgl. dazu Kap. 1 »Das gegenwartsästhetische Urteil«.

lich auch von Verfahren der Auswahl geprägt, von der Entscheidung, was man dabei haben will und was nicht. Und diese Verfahren lassen sich unterschiedlich akzentuieren, als ›Kultivierung‹, aber auch als ›Abrichtung‹. Gegen die aufklärerischen Ästhetik-Skeptiker schreibt Baumgarten, dass die »unteren Erkenntnisvermögen«, also Sinnlichkeit und Gefühl, »eher zu bekämpfen als zu wecken« seien, zwar »keine Gewaltherrschaft«, aber doch »eine sichere Führung« erforderten.[23] Christoph Menke spitzt das ganz unarendtianisch zu: Der »ästhetische Geschmack«, in dem »das Autonomieideal der bürgerlichen Gesellschaft seinen deutlichsten Ausdruck findet«, verlange nach »Prozeduren der Übung und Prüfung«, die als ›Verfeinerung‹ oder ›Veredelung‹ nur halb begriffen seien, weil sie ebenso als »Abrichtung« gelten können.[24]

Wie sieht das in unseren Referenzästhetiken konkret aus? In ihren *Notes on »Camp«* betont Susan Sontag den »democratic *esprit*« des Camp, weil der zugrundeliegende Geschmack von einer »equivalence of all objects« bestimmt sei.[25] Das bedeutet freilich alles andere als Gleichmacherei. Schon der Begriff *esprit* deutet vielmehr darauf, dass es hier darum geht, mit gewöhnlichen Dingen sinnlich/intellektuell auf ganz außergewöhnliche Weise umzugehen (*possess them in a rare way*) und dadurch vorzuführen, wie man ästhetische Distinktion auch (und gerade!) in einer Massenkultur unter Beweis stellen kann. Das Wissen »how to be a dandy in the age of mass culture« bildet geradezu die Eintrittskarte in eine Stilgemeinschaft, einen wie auch

23 Alexander Gottlieb Baumgarten: *Theoretische Ästhetik. Die grundlegenden Abschnitte aus der ›Aesthetica‹* (1750/58). Übersetzt und herausgegeben von Hans Rudolf Schweizer. Hamburg ²1988, § 12, S. 6 ff.

24 Christoph Menke: Ein anderer Geschmack. Weder Autonomie noch Massenkonsum. In: C. M./Juliane Rebentisch (Hg.): *Kreation und Depression. Freiheit im gegenwärtigen Kapitalismus*. Berlin 2010, S. 226–239; S. 228 f.

25 Sontag: Notes on »Camp«, S. 289.

immer exklusiven Kreis solcher, die Geschmack haben: »a badge of identity even, among small urban cliques«.[26] Ein ganz anderes, strukturell aber vergleichbares Veredelungsnarrativ erzählt die Pop-Ästhetik. Marginalisierte oder sogar unter dem Verdacht der Delinquenz stehende Gruppen (wie Jugendliche oder ethnische Minoritäten) werden nun zu kulturverändernden, Pluralisierung befördernden Instanzen erklärt.[27] Im Zentrum des rebellischen Pop der 1960er Jahre (= Pop 1) sieht Diedrich Diederichsen einen »von Jugend- und Gegenkulturen ins Auge gefaßten Umbau der Welt«: »sexuelle Befreiung, englischsprachige Internationalisierung, Zweifel an der protestantischen Arbeitsethik und den mit ihnen verbundenen Disziplinarregimes« sowie Eintreten für »Minoritäten und ihre Bürgerrechte«,[28] heißt jetzt die Losung. Pop gewinnt seine »kritischen Energien« also aus einer »positive[n] Beziehung zur wahrnehmbaren Seite der sie umgebenden Welt, ihren Tönen und Bildern«, einer Affirmation, die zugleich immer »Transformation« bedeute »im Sinne einer dynamischen Bewegung, bei der kulturelles Material und seine sozialen Umgebungen sich gegenseitig neu gestalten und bis dahin fixe Grenzen überschreiten: Klassengrenzen, ethnische Grenzen oder kulturelle Grenzen«.[29] In seinem »großen Ja (zu Leben, Welt, moderner Welt)« ähnelt Pop in der Tat dem Camp, tritt dabei aber »nicht exklusiv und abgrenzend als Geheimcode auf, sondern zumindest scheinbar inklusiv«, als die spezifische Form eines Geheimcodes, »der aber gleichzeitig für alle zugänglich ist«.[30] Da dieser ›Mainstream der Minderheiten‹

26 Sontag: Notes on »Camp«, S. 275, 288.

27 Vgl. Tom Holert, Mark Terkessidis: *Mainstream der Minderheiten. Pop in der Kontrollgesellschaft*. Berlin 1997.

28 Diedrich Diederichsen: *Der lange Weg nach Mitte. Der Sound und die Stadt*. Köln 1999, S. 275.

29 Diedrich Diederichsen: Pop – deskriptiv, normativ, emphatisch (1996). In: *Texte zur Theorie des Pop*. Hg. von Charis Goer u. a.. Stuttgart 2013, S. 185–195; S. 188.

30 Diederichsen: Pop – deskriptiv, normativ, emphatisch, S. 190.

aber ab den 1980er Jahren in einer Pop 2 genannten Phase eine Drift ins Warenförmige erfahre, seine Ästhetik nicht mehr durchzukämpfen habe, weil Pop schlicht ubiquitär geworden sei, sind laut Diederichsen Momente der Widerständigkeit und die Anmutung eines Geheimcodes stets aufs Neue zu remodellieren. Strukturell bedeutet das nichts anderes als einen »Re-Entry [...] der Unterscheidung populär/elitär in einem größer gewordenen Feld des Populären«.[31]

Wir haben es hier offenbar mit einem Grundmodell des Ästhetischen zu tun. Auf der einen Seite steht die Ästhetik als diskursgeschichtliche Absprungstelle eines pluralistischen Diskurses, der es allen auf ziemlich erstaunliche Weise ermöglicht, ihr Ureigenstes zu spüren, zu artikulieren und anderen ohne Zwang anzusinnen. Auf der anderen Seite bedeutet ästhetische Kultivierung aber auch Distinktion. »Aussortieren, was falsch ist«, lautete einmal ein Zeitungsartikel über das popliterarische Quintett *Tristesse Royale* – »falsch« natürlich nicht im Sinne eines Erkenntnis-, sondern eines Geschmacksurteils. Und das war pejorativ gemeint, weil man das Quintett als schnöselig, elitär, klassistisch etc. empfand. Das Modell des Ästhetischen funktioniert aber nun einmal so, gerade in seinem Bezug auf den Gemeinsinn, und das bildet eine Herausforderung für den demokratischen Grundgedanken, dass die Stimme aller gleichberechtigt zuzulassen ist.

Dies ist der Punkt, auf den der Politikwissenschaftler Philip Manow in Bezug auf die gegenwärtigen Debatten um die Krise der Demokratie und den Populismus hinweist. Demokratie, die Herrschaft des Volkes, beruhe ideengeschichtlich auf der Operation einer Trennung zwischen dem guten, als Stimme brauchbaren Volk (*demos*, *populus*) und dem Pöbel (*ochlos*, *plebs*); Verbürgerlichung als ›Aussortieren, was falsch ist‹. Entsprechend zitiert Manow aus der Vorrede von Herders *Volksliedern*: »Volk heißt nicht der Pöbel auf den

31 Diedrich Diederichsen: *Über Pop-Musik*. Köln 2014, S. xiii.

Gassen, der singt und dichtet niemals, sondern schreyt und verstümmelt«.[32] »Das gute Volk«, das den demokratischen Pluralismus stärkt, ist so gesehen eine »Elitenfiktion, eine imaginäre Größe, die sich auch nur in seinen durch Eliten bewerkstelligten Repräsentationen manifestiert.«[33] »Das Populistische«, verstanden als der Partizipationswunsch einer ›Menge, die sich weigert Volk zu werden‹ (Hardt/Negri), ist folglich »immer eine mögliche Erscheinungsform des Demokratischen.« Und umgekehrt gilt: »das Antipopulistische muss von einem sozialen Ausschließungsmechanismus zu einem Regime der Verhaltensregulierung, zu einem Disziplinierungsprojekt werden.«[34]

Man könnte versuchsweise daraus schließen, dass das Ästhetische stets von Momenten solcher Formierung geprägt ist, ebenso aber auch von einem Moment der Transformation, und zwar dadurch, dass im sinnlichen Empfinden und Fühlen jedes und jeder Einzelnen Möglichkeiten liegen, Sachverhalte ganz anders oder zumindest anders getönt wahrzunehmen. So lässt sich ja auch Rancières Engführung von Ästhetik und Politik beschreiben: das sich Gehör-Verschaffen des Ausgeschlossenen als radikal auf Transformation zielende Praktik; kurz: Avantgarde als »Erfindung sinnlicher Formen und materieller Rahmenbedingungen für ein künftiges Leben.«[35] Einigermaßen großzügig wird freilich davon abgesehen, wie exklusiv diese Avantgardeästhetiken in der Tat meist bleiben. Pop, wie Diederichsen ihn beschreibt, wäre dann komplementär dazu eine im guten, also nicht-populistischen Sinn als transformativ gedachte Äußerung des Breitenzugänglichen, in dessen Zusammenhang, wie Jochen Venus schreibt, »eingelebte Sitten und Gebräuche, Standesdünkel und Klassenbewusstsein anachronis-

32 Philip Manow: Demokratisierung der Demokratie. In: *Merkur*, Dezember 2019, Heft 847, S. 5–15; S. 7 f.

33 Manow: Demokratisierung der Demokratie, S. 8.

34 Manow: Demokratisierung der Demokratie, S. 12.

35 Rancière: *Die Aufteilung des Sinnlichen*, S. 48.

tisch« wirken. Populäre Kulturen scheinen also »auf den ersten Blick das zu verwirklichen, was die bürgerliche Kultur nur versprach, nämlich die freie Entfaltung der Urteilskraft eines jeden Individuums im Rahmen eines festen Bezugssystems«. Dieser Effekt ist nicht zuletzt durch den »selbstexplikativen Charakter populärer Kulturen«[36] bedingt, das meint kurz gesagt, dass sie allen auch ohne jahrelanges Studium zugänglich sind. Jedoch, da bleibt Venus skeptischer als andere, bilden populäre Kulturen kein »universaltolerantes ästhetisches Kontinuum. […] Die gegenseitige Anerkennung qua Stilgemeinschaft, die sie ermöglichen, ist scheinhaft und notorisch unzuverlässig. Was eben noch als populäre Feier einer internationalistischen Klassenlosigkeit gelten konnte, kann morgen schon den Soundtrack rassistischer Herrenmenschenfantasien bilden.«[37]

Interessant vor diesem Hintergrund sind auch jene Phänomene einer bürgerlichen Kunstrezeption, die unter Midcult firmieren. Sie unterscheiden sich sowohl von den Avantgarden wie vom Populären und sind in einem intermediären Bereich angesiedelt, der zwar tatsächlich nicht so elitär oder exklusiv ist wie die Hochkunst, deren Aspiration auf Kultivierung aber beibehält. Möchte man in einer wissenschaftlichen Angelegenheit qualifiziert mitreden, reicht der gesunde Menschenverstand nicht aus, man braucht ein Studium mit anschließender Spezialisierung. Das setzt, neben dem Zugang zu entsprechenden Bildungsressourcen, eine Lebensentscheidung, eine Investition von vielen Jahren Lebenszeit voraus. Angesichts der Avantgarden in der modernen Literatur und Kunst zog Umberto Eco bereits in den 1960er Jahren Parallelen zu dieser Entwicklung: Auch auf diesen Gebieten seien inzwischen Komplexitäten erreicht, die ein intensives, jahrelanges Studium nötig machten, um ihnen in der Rezeption gerecht zu werden. Spontane

36 Venus: Die Erfahrung des Spektakulären, S. 59.

37 Venus: Die Erfahrung des Spektakulären, S. 69 f.

ästhetische Urteile der verbliebenen Bildungsbürger, etwa angesichts der abstrakten Malerei auf der documenta II oder der Textur von James Joyce' *Finnegans Wake*, erwiesen sich schlicht als den Gegenständen nicht mehr angemessen. Und wie unsere Unfähigkeit, uns auf dem aktuellen Stand der Wissenschaften zu halten, mit der Notwendigkeit konfligiert, trotzdem ständig Sachurteile zu fällen (und sei es nur, um die richtige Partei zu wählen), so konfligiert die Unfähigkeit des Normalbürgers, sich in Kunstdingen auf der aktuellen Höhe zu bewegen, mit der Bedeutung von Kunst und Kultur für das bürgerliche Selbstverständnis.

Hier grätscht nun von der Seite der Markt herein, erkennt die Nachfragesituation und reagiert mit dem Angebot einer Kunst und Literatur, die Eco mit Dwight MacDonald als ›Midcult‹ bezeichnet. Im Unterschied zur ästhetisch herausfordernden hochkulturellen Avantgarde einerseits und einer Massenkultur andererseits, die nur unterhalten will und nicht verlangt, »der Empfänger solle sich zu ihr als zu einem Kunstgebilde verhalten«, bieten Werke des Midcult zwar eine leicht zu konsumierende Kunst an, »die für alle verständlich und genießbar ist«, versehen diese aber mit »Anleihen bei Verfahrensweisen der Avantgarde«, die sich bereits als Marker für KUNST und ästhetisch-kulturelle Bedeutsamkeit bewährt haben, »um den Eindruck zu erwecken, der Zusammenhang selbst sei ›Kunst‹«.[38] Auf diese Weise stellt der Midcult »den Konsumenten zufrieden, indem er ihn davon überzeugt, das Herz der Kultur schlagen gehört zu haben.« Das aber, so Eco, sei eine Lüge und erweise den Midcult als das eigentliche »Böse im Wertsystem der Kunst«,[39] weil er sich, anders als der massenkulturelle

38 Umberto Eco: Die Struktur des schlechten Geschmacks. In: U. E.: *Apokalyptiker und Integrierte. Zur kritischen Kritik der Massenkultur* [1964]. Frankfurt a. M. 1986, S. 59–115; S. 68, 71, 88.

39 So lautet die berühmte Definition von Kitsch in: Hermann Broch: Einige Bemerkungen zum Problem des Kitsches. Ein Vortrag [1950]. In: H. B.: *Schriften zur Literatur 2: Theorie*. Frankfurt a. M. 1975, S. 158–173; S. 170.

Kitsch, an die Stelle der echten Kunst setzt, und zwar erfolgreich (als Beispiel dient MacDonald und Eco unter anderem Hemingways *The Old Man and the Sea*, das seinem Autor immerhin den Literaturnobelpreis einbrachte): »Der mittlere Konsument konsumiert seine Lüge. Aber er konsumiert sie als ethische Lüge, als gesellschaftliche Lüge, als psychologische Lüge, d. h. als *strukturelle Lüge*.«[40]

Hierzu wäre einiges zu sagen: Einerseits wird hier ein bestimmter Typus erfolgreicher populärrealistischer Gegenwartsliteratur ›mit Anspruch‹ in seinem Wesen zweifellos sehr gut getroffen. Andererseits wird man nicht leugnen können, dass diese Literatur, so ästhetisch zweifelhaft sie sein mag, in ihrer Funktion für das Gemeinwesen durchaus als Faktor gewertet werden kann, nicht zuletzt in *these dark hours* der Demokratie. So schreibt die Historikerin Jill Lepore mit Blick auf die 1930er Jahre in den USA, *The Last Time Democracy almost Died*: »Liebe zum Alltäglichen, Zuneigung für die einfachen Leute, Sorge ums Gemeinwohl: diese Eigenschaften prägten die beste Literatur und Kunst der 1930er. Heutzutage sind sie nur noch selten prägend«.[41] Auf diesem Auge ist Ecos avantgardegeschulte Position blind, und auch sie transportiert möglicherweise eine gewisse Marktfeindlichkeit, wenn sich die belogenen Rezipient:innen von Kunst bei ihm (wie bei Löffler) unter der Hand in »Konsumenten« verwandeln. Dahinter steht also immer noch jenes emphatische Verhältnis zur ›großen Kunst‹, das nach wie vor das Gros ästhetischer Theorien prägt – von der Frankfurter Schule bis zu Jacques Rancière – und dem wir mit unserem Ansatz nicht mehr folgen. Allerdings kann Eco durchaus auch schon die damals

40 Eco: Die Struktur des schlechten Geschmacks, S. 90.

41 Jill Lepore: The Last Time Democracy almost Died. Learning from the upheaval of the nineteen-thirties. In: *The New Yorker*, 3.2.2020 (»Love of the ordinary, affection for the common people, concern for the commonweal: these were features of the best writing and art of the nineteen-thirties. They are not so often features lately«).

aktuelle Pop-Art als Kunst im Sinne einer neuen ästhetischen Herausforderung denken (anders als etwa Clement Greenberg, der Pop-Art schlicht für Midcult hält). Schon das Beispiel Hemingways ist ja einigermaßen komplex insofern, als dessen harter, neusachlicher Prosastil, den er mit dem sinnhubernden Gesülze in *The Old Man and the Sea* »im Sog einer falschen Universalität« verrät, als ästhetische Innovation ja bereits eine post-avantgardistische war.[42]

Schauen wir uns diese ästhetische Gemengelage mal an einem aktuellen popkulturellen Erzeugnis an. Die TV-Serie *The Marvelous Mrs. Maisel* liegt seit 2017 in 3 Staffeln vor (eine vierte ist angekündigt). Midge Maisel, die Titelfigur, ist eine junge jüdische Ehefrau und Mutter. Sie lebt im New York der 1950er Jahre, wo sie versucht, gegen alle gesellschaftlichen und geschlechterpolitischen Gepflogenheiten beruflich zu reüssieren. Erschwerend hinzu kommt, dass die Branche, in der sie das unternimmt, die von Männern beherrschte Stand-up-Comedy ist. Ob sie denn nicht einfach nur singen könne, lautet die Standardfrage jener Clubmanager, bei denen die Heldin mit dem losen Mundwerk auftreten möchte. Mit diesem Plot dokumentiert die Serie, wie sehnsuchtsvoll der Gedanke einer Popkultur als ästhetisch-gesellschaftliches Ferment bis heute besetzt ist. Die junge Frau, die sich als eine Art Popstar aus den Zwängen von Familie, Geschlechterrolle und Religion befreit, ist gewissermaßen der Inbegriff von Pop 1. Emblematisch für die ästhetische Positionierung ist aber auch eine Szene aus der zweiten Staffel (Folge 7), die in einer Galerie spielt. Dorthin gelangt Midge im Schlepptau ihres neuen Freundes, eines etwas steifen Arztes, der auf Kunstsammler macht. Der *establishing shot* zeigt sie in Rückenansicht bei der Betrachtung eines großformatigen abstrakten Bildes. Diese Einstellung ist Norman Rockwells Gemälde *The Connoisseur* aus dem Jahr 1951 nachempfunden, auf dem

42 Eco: Die Struktur des schlechten Geschmacks, S. 70.

Abb. 12: *The Marvelous Mrs. Maisel* (2018)

ein älterer Herr vor einer an Jackson Pollock erinnernden Arbeit kontempliert.

Rockwells Gemälde ist unverkennbar ein referenzielles Bild des Typs 1, auf dem ein prototypisches Bild 2 angeschaut wird; ein Statement also, das nicht zuletzt jenen Typus ausstellt, der offenbar in Kontakt mit Bildtyp 2 kommt: ein bisschen älter, gesettlet, kultiviert, geschmackvoll und elegant gekleidet und nicht zuletzt männlich und weiß. Der abstrakte Expressionismus galt zu jener Zeit freilich als Muster einer transformativen, progressiven, nur auf sich selbst und ihre Formbildung konzentrierten Kunst, die der amerikanische Kritiker Clement Greenberg geradezu als Speerspitze gegen die um sich greifende Massenkultur begriff. In seinem Essay »Avantgarde and Kitsch«, erschie-

Abb. 13: Norman Rockwell: *The Connoisseur* (1951)

nen 1939 in der *Partisan Review*, forderte Greenberg von jeder wirklichen Kunst ästhetische Distanz oder, feierlicher gesagt, Transzendenz, und zwar nicht nur gegenüber der gewöhnlichen Lebenswelt, sondern besonders auch im Hinblick auf Phänomene wie »popular, commercial art and literature with their chromeotypes, magazine covers, illustrations, ads, slick and pulp fiction, comics, Tin Pan Alley music, tap dancing, Hollywood movies, etc., etc.«.[43]

43 Clement Greenberg: Avant-Garde and Kitsch. In: *Partisan Review* VI/5 (1939), S. 34–49; S. 39.

Midge Maisel allerdings zeigt sich von dem abstrakten Gemälde alles andere als überwältigt. Für sie verkörpert es den kulturellen Mainstream der besseren Gesellschaft, ein männlich und ökonomisch dominiertes Interesse an Kunst, sei es als kulturelles Kapital, sei es als reale Geldanlage, das auf der Vernissage garniert wird vom halbgaren Gerede weiblicher Fans, in dem sich jene Mischung aus Narzissmus und Hilflosigkeit des Publikums Aug' in Auge mit der KUNST offenbart, die immer schon, im Grunde seit den Kunstgesprächen der Romantik, für Satire gut war. »It's the coldness that gets you hung in the Whitney«, deklariert beispielsweise eine Dame, und eine andere, deren Aussehen sehr an Peggy Guggenheim erinnert: »He paints completely naked«. Woraufhin unsere schlagfertige Stand-up-Comedienne zu erwidern weiß: »Oil-based paint is really hard to get out of most fabrics.« Und als die Dame sich daraufhin blasiert abwendet, ruft sie ihr hinterher: »Seriously, how do you respond to ›He paints naked‹?« Daraufhin wendet auch Midge sich ab und geht in einen besenkammerartigen Seitenraum der Galerie, wo wenig erfolgreiche Künstlerinnen ihre Arbeiten zeigen. Für den Ramschpreis von 25 Dollar erwirbt sie dort ein gegenständliches Gemälde, das Porträt einer nachdenklichen jungen Frau.

Was ist das nun? Die »vorkünstlerische[] Erfahrung [...] der Hausfrau, die einen Roman liest, um sich mit den Personen darin zu identifizieren«, wie Adorno in seiner Ästhetik-Vorlesung aus dem Wintersemester 1958/59 spottet?[44] »Everywhere there was color and life«, beschreibt Mrs. Maisel später ihren Eindruck von den Besenkammerbildern; sie verfügt also doch über gewisse Kriterien für ihr Urteil. Mit ganz ähnlichen Argumenten zieht bereits die Titelfigur von Detlev von Liliencrons *Der Mäcen* (1889) einen »stark verzeichneten« Akt für dreihundert Mark, Frau mit Frosch,

44 Theodor W. Adorno: *Ästhetik* (1958/59). Hg. von Eberhard Ortland. Berlin 2017, S. 46.

der aber »Leben!« ausstrahlt, »der riesigen Leinwand eines Akademikers – irgendwie Onkel Homer und die Musen oder sonstige olle Griechen mit graden Nasen und Schafsgesichtern und flachem Fleisch, Fleisch ohne Leben« – vor (»tadellos gezeichnet, aber ohne gute Farbe«), die mit achtzigtausend Mark taxiert wird. Da er selbst keine Kaufabsicht hat, vertauscht er einfach heimlich die Preisschilder.[45] Barbarei? Er »habe einmal ein Monstrum gekannt«, schließt Adorno an, »das gesagt hat, daß sie Proust nicht lesen könne, weil in Proust sich keine Person befinde, mit der sie sich identifizieren könne, worauf jemand von ihr sehr hübsch sagte, das sei auch nicht vorgesehen gewesen.«[46] Hö, hö. Sicher, »es gibt keinen anderen Weg« zur Objektivität von Kunstwerken, zu ihren »Strukturen« vorzudringen, als dadurch, »sich in die Kunstwerke selber zu versenken«.[47] Und doch kommt man kaum umhin, mit Benjamins *Kunstwerk*-Aufsatz in dieser Versenkung immer auch etwas Asoziales zu spüren. »Ich denke, genau davon handelt unsere Show«, äußert die Showrunnerin von *The Marvelous Mrs. Maisel,* Amy Sherman-Palladino, »wer entscheidet darüber, was lustig ist? Wer entscheidet darüber, wer eine Stimme bekommt? [...] Da werden willkürliche Entscheidungen über Kunst getroffen, aber sie bleiben haften, und es braucht bestimmte Leute, um da auszubrechen und die Entscheidung zu revidieren. Genau das tut Midge: Leute haben entschieden, wer sie zu sein hat, und sie ändert das. Leute haben auch entschieden, dass eine ganz bestimmte Form von Kunst bedeutend ist, und das ändert sie auch.«[48]

45 Detlev von Liliencron: *Der Mäcen*. Hg. von Philipp Pabst. Neumünster 2013, S. 89.

46 Adorno: *Ästhetik*, S. 46.

47 Adorno: *Ästhetische Theorie*, S. 14.

48 Zit. n. Matt Zoller-Seitz: The Marvelous Mrs. Maisel isn't just a ›Feel-Good Show‹. In: *Vulture*, https://www.vulture.com/2018/12/mrs-maisel-season-2-palladinointerview.html (1. 3. 2021). (»I think that's what our whole show is about, who decides what's funny? Who decides who gets a voice? [...] Decisions are made about art that are random, but they stick

Und doch stellt sich auch der TV-Serie ganz offensichtlich die Frage, ob das nun insgesamt auch ein Plädoyer für jene gegenständliche Kunst des Typs 1 sein soll, für die das von Midge erworbene Porträt steht. So bieder möchte man die Heldin dann doch nicht daherkommen lassen. Deshalb führt ihr Weg ins Atelier des – fiktiven – Malers Declan Howell. Kippe, Rotwein galore, zerrissenes weißes Hemd mit – wow, Existentialität! – Blutspuren. Seine rührselige Geschichte, dass man sein bürgerliches Leben zu opfern habe, wenn man absolute Kunst schaffen möchte, wird von ihm selbst noch als melodramatisches Narrativ mit dem Ziel, Midge ins Bett zu bekommen, markiert. Und dennoch steht sie dann vor einem Gemälde, das er als die Essenz seiner Arbeit begreift und sonst vor den Augen anderer verbirgt, und kann nichts anderes sagen als: »It's the most beautiful thing I've ever seen.« Existenziell aufgeladene hohe Kunst in bloßer Anmutungsqualität: das ist nun tatsächlich Midcult; hier aber besonders elegant eingelöst, weil man als Zuschauer das Bild (wie alle anderen außer Midge auch) nie zu Gesicht bekommt. Diese ›wahre große Kunst‹, die uns der Midcult verkauft, ist innerhalb der Fiktion selbstverständlich (a) unverkäuflich und (b) von Experten nicht erkennbar. »I don't know anything about art«, entschuldigt sich Midge im Vorfeld, und Howell antwortet: »No one knows anything about art«; doch durch ihre echten Gefühle vor echter Kunst hat sie sich qualifiziert, als einzige sein Meisterwerk zu sehen.

Mit etwas historisch-systematischem Abstand schält sich hier eine interessante Struktur heraus: Im ästhetischen Verdikt ›Midcult‹ wird ein positives ästhetisches Urteil für unangemessen erklärt, das eine Gruppe von Rezipient:innen angesichts von Gegenständen fällt, die ihrem ästhetischen

with you, and it takes certain people to break out of that and reverse the decision. That's what Midge is doing: people decided that she should be one thing and she's changing that. People decided that there's a certain kind of art that's important, and she's changing that, too«.)

Abb. 14: *The Marvelous Mrs. Maisel* (2018)

Bedürfnis vollständig entsprechen. Und dies geschieht nicht, wie bei Camp, liebevoll, sondern durchaus mit einiger Schärfe, die vor allem aus den ethischen Untertönen (»das Böse«, »ethische Lüge«) resultiert. Die Figuration ist ähnlich wie beim Kitsch, bei dem der Bildungs- dem Kleinbürger und Arbeiter den Geschmack abgesprochen hatte, nun allerdings trifft es die Bildungsbürger selbst aus der Warte der Kunstprofis. Das Midcult-Urteil ist also nicht mehr im engeren Sinne klassistisch, sondern selbst ein Resultat der modernen Spezialisierungsprozesse. Seine Schärfe entsteht gerade aus der paradigmatischen Nebenordnung und also möglichen Substituierbarkeit der Objekte. Die Expertenkränkung besteht ja darin, dass Midcult-Erzeugnisse erfolgreich auf Kanonisierung zielen und in demokratisch verfassten Kulturlandschaften höchste kulturelle Anerkennung erzielen (wenn etwa Hemingway erst mit *The Old Man and the Sea* nobelpreiswürdig, Bernhard Schlinks *Der Vorleser* zur Schullektüre wird oder *Das Leben der Anderen* den Oscar gewinnt, von *Spiegel*-Bestenlisten ganz zu schweigen).

Das Verdikt ›Midcult‹ bleibt somit im Horizont einer angeblichen (Löffler) oder tatsächlichen ästhetischen Demokratisierung zwiespältig. Als ästhetisches Urteil hat es erstens einen Sachanteil, indem es Strukturen am Kunstwerk selbst offenlegt: dessen eingängige, leicht konsumierbare Machart, verbunden mit schweren, aber bereits codierten Zeichen von Bedeutsamkeit, die einen Anspruch hoher KUNST erheben. Dies wird als strukturelle Lüge bewertet. Zweitens konstruiert es eine Stilgemeinschaft, die sich von dieser Struktur nur allzu gern belügen lässt, weil sie ihren Bedürfnissen, ihrer Nachfrage genau entspricht: sich eher nebenbei und mit Genuss mit Kunst beschäftigen zu können und dabei doch das Gefühl zu haben, an bedeutender High Art und Kultur auf der Höhe der Zeit teilzuhaben. Drittens aber konstruiert es eine Stilgemeinschaft der Wissenden, die tatsächlich auf der Höhe zeitgenössischer Kunst und ihrer komplexen Ansprüche wandeln, von dieser herab den Midcult als Lüge erkennen und ihn entsprechend verachten. Dwight MacDonald hat diesen elitistischen Anspruch offenbar sehr konsequent vertreten,[49] während Eco auch den ästhetischen Genuss an den Produkten der Kulturindustrie, campy oder direkt, kennt und pflegt und nur »the agreeable ooze of the Midcult swamp«[50] als lügenhaft-böse ablehnt.

49 »Macdonald's argument in *Masscult and Midcult* culminated in a plea for highbrows to escape from the mass culture, much like his old fantasies about retreating to a commune. The highbrows – ›We Happy Few,‹ he called them, borrowing from Stendhal – would flee to their own hermetic little world, where they could produce art for one another while resolutely ignoring the masses. This elite cadre would begin to ›show some esprit de corps, insisting on high standards and setting itself off—joyously, implacably—from most of its fellow citizens, not only from the Masscult depths but also from the agreeable ooze of the Midcult swamp‹«, schreibt Franklin Foer in seiner Rezension einer Neuausgabe von MacDonalds *Masscult and Midcult*. (The Browbeater. In: *The New Republic*, 23.11.2011, https://newrepublic.com/article/97782/dwight-macdonald-midcult-masscult) (30.3.2021).
50 S. Zitat vorige Fußnote.

Was hier zur Disposition steht, ist die Frage der ästhetischen Autorität: Wer kann und darf in solchen Fällen eigentlich urteilen, und wem kann oder muss diese Urteilsfähigkeit abgesprochen werden? Es sollte inzwischen klar sein, dass eine rein permissive Antwort – ›Soll doch jeder nach seiner Façon ästhetisch genießen‹ – hier nicht genügt. Das hat auch mit Demokratie zu tun, die zwar auf der einen Seite jeder und jedem die Möglichkeit gibt, ästhetisch zu genießen, entsprechende Urteile zu äußern und diese im Zeitalter der sozialen Medien sogar zu publizieren. Auf der anderen Seite ist das ästhetische Urteil aber ja nicht rein subjektiv, es transportiert begriffliche Anteile (Sachwissen, Vor-Urteile, Ideologeme) und vor allem: Es ist auf eine Gemeinschaft hin entworfen, d.h. es rechnet auf die Einstimmung anderer und zielt darauf ab, sich in dieser zur Wahrheit einer Stilgemeinschaft zu objektivieren. Die Differenz, die dabei zwischen den positiv und den negativ Urteilenden besteht, ist nicht länger einfach die des reinen Geschmacks. Ich kann mit, sagen wir, Mouse on Mars oder Elfriede Jelinek wenig anfangen, hätte aber keine Probleme damit, wenn meine Liebsten und Nächsten hier glühende Fans wären. Wären sie aber ästhetisch wesentlich von Max Giesinger oder Martin Mosebach affiziert, wäre das kaum zu ertragen; denn hier würde ich die besagte Lügenstruktur bemerken und den Drang verspüren, die ästhetische Verirrung ethisch zu verurteilen und womöglich zu bekämpfen, oder sagen wir: die Verirrten per Aufklärung aus ihrem Irrtum zu befreien. Was immer ein heikles Unterfangen wäre, denn: »Jedem ästhetischen Urteil ist« eben auch »ein Verletzungspotential inhärent«.[51]

Dabei geht es denn doch um mehr als bloß ästhetische Stilgemeinschaften normalisierten Spektakels. Was hier

51 Johannes Franzen: Everyone's a Critic. Rezensieren in Zeiten des ästhetischen Plebiszits, S. 12 (DOI: 10.37189/duepublico/74186).

auszuhandeln ist, sind Koordinaten eines gemeinsamen Weltverständnisses (Lüge/Wahrheit), mögen sie auch immer unscharf und vorbegrifflich bleiben. »Ihrem transgressiven Charakter entsprechend durchdringen« populäre Kulturen, deren Klebstoff ästhetische Urteile sind, »die regional und sozial begründeten kulturellen Praktiken wie ein neuer universeller Aromastoff, ein Geschmacksverstärker, der das Geschmacksprofil grundlegend modifiziert.« Sie mögen wesentlich ästhetisch verfasst sein, verbinden sich aber, so stellt auch Venus fest, »mit politischen Geltungsansprüchen und sind in dieser Verbindung nicht nur selbstreferenziell.«[52] Die Sphäre des Ästhetischen gewinnt ihre soziale Bedeutung daraus, dass genau solche Aushandlungen in ihr ständig stattfinden.

Was die Frage der ästhetischen Autorität nur verschärft. Expertinnen wie Löffler (oder wir) sehen sich de facto zur partikularen Stilgemeinschaft degradiert, die nicht mehr selbstverständlich für das demokratische Gemeinwesen sprechen kann, das sie doch eigentlich als seine Fachleute *in aestheticis* hatte ausbilden lassen. Nun aber folgen ihnen die kulturell Interessierten dieses Gemeinwesens nicht mehr, und dies nicht bloß in ihrem Kauf- und Leseverhalten (das war vielleicht nie so recht der Fall), sondern auch in ihren Maßstäben der Valorisierung und Kanonisierung. Ja, über die sozialen Medien wird den professionellen Urteilen aus diesem Gemeinwesen heraus immer öfter sogar – gekränkt oder selbstbewusst – widersprochen.

Ein Gutteil der jüngeren Literaturdebatten bezieht seine Virulenz aus dieser Konstellation. In Deutschland hat etwa die Rezeption von Takis Würgers Roman *Stella* (2019) die Bruchlinien sichtbar gemacht. Auch dieser Roman bedient sich des Midcult-Erfolgsrezepts: Er kombiniert einen routinierten, gut lesbaren Prosastil (Würger ist auch *Spiegel*-Reporter) und eine spannende Liebesgeschichte mit den

52 Venus: Die Erfahrung des Populären, S. 68.

schweren Zeichen deutsch-jüdischer Geschichte im Nationalsozialismus. Die historische Story der lebensfrohen Jüdin Stella Goldschlag, die von den Nazis unter der Folter zur Greiferin gemacht wird, lief in Neukölln bereits seit 2016 als erfolgreiches Spektakel auf der Musicalbühne. Vom Glanz der goldenen Zwanziger bis zur Judenverfolgung der Nazis lässt sich mittels dieses Stoffes alles versammeln, was deutsche Geschichte narrativ interessant macht und international als Germanness Aufmerksamkeit verspricht. Das hatte eigentlich immer bestens funktioniert, von Schlinks *Der Vorleser* über *Das Leben der Anderen* (Stasi mit schöner Schauspielerin geht auch) bis hin zum ZDF-Dreiteiler *Unsere Mütter, unsere Väter* (2013), den kein Geringerer als Frank Schirrmacher dem deutschen Fernsehpublikum dringend anempfahl. Und so auch diesmal: Würger wird im renommierten Hanser-Verlag verlegt, Daniel Kehlmann schreibt den Klappentext, *Stella* wird Buch des Monats beim NDR und ist beliebt bei Leserinnen und Buchhandel gleichermaßen. Hanser-Verleger Jo Lendle kann befriedigt resümieren: »ein wichtiges Buch, ein Buch, das auch 77 Jahre nach den Ereignissen in einer Weise Geschichten aus dieser Zeit erzählt, die auch Leuten die Augen öffnet, die damals nicht dabei waren.«[53]

Diesem erwartbaren Erfolg steht nun allerdings die Einhelligkeit und Entschiedenheit der negativen Kritik gegenüber, die der Roman im Qualitätsfeuilleton provozierte. Stellvertretend sei Fabian Wolff von der *Süddeutschen* zitiert, der dem Roman bescheinigt, »ohne jedes Problembewusstsein für Literatur, Literarisierung und Geschichte geschrieben worden zu sein«, und es als »Symbol einer Branche« diagnostiziert, »die jeden ethischen oder ästhetischen Maßstab verloren zu haben scheint, wenn sie ein solches Buch auch noch als wertvollen Beitrag zur Erinnerung an die Schoah

53 Jo Lendle im NDR-Interview. Zit. n. https://www.boersenblatt.net/archiv/1584187.html (18.3.2021).

verkaufen will.«[54] Kritiken dieser Art – und wie gesagt, die professionelle Kritik war und ist sich über die Qualität von Takis Würgers *Stella* ungewöhnlich einig – führten dann zu einem echten Novum im deutschen Literaturbetrieb. Ende 2019 solidarisierten sich bundesweit Buchhändler:innen in einem öffentlichen Brief mit Autor und Verlag und verbaten sich einen solchen »Umgang mit Literatur«, dessen Heftigkeit sie ihrerseits polemisch als Symptom eines »zunehmenden Bedeutungsverlusts des Feuilletons« diagnostizierten.[55] Die Kritikerposition wird also nicht bloß nicht in ihrer professionellen Autorität anerkannt, sondern geradezu als Ausdruck eines sachfremden Eigennutzenprinzips einer obsoleten Elite desavouiert. Dieses Argument wurde von den solcherart Beschuldigten sogleich umgedreht, indem sie wiederum den Buchhändlerinnen unterstellten, es ginge diesen ja nur ums Verkaufen, Literatur verkomme zur bloßen Ware. Wir müssten Sorge tragen, dass Goldschlags »Leben und Leiden und ihre Opfer-Passion nicht von der Kulturindustrie verramscht werden«, schreibt etwa Micha Brumlik,[56] und David Hugendick ätzt in der *Zeit*, es sei ja klar, dass Buchhändlerinnen und Verlag »einen Autor verteidigen, der ihnen offenbar gute Umsätze beschert.« Sie liefen so freilich Gefahr, »den kommerziellen Erfolg zum letztgültigen Maßstab« zu machen, ohne sich darum zu scheren, »ob der Holocaust und seine realen Opfer in *Stella* nicht zu kulturkapitalistischen Spielmarken werden«.[57]

54 Fabian Wolff: Ein Ärgernis, eine Beleidigung, ein Vergehen. In: *SZ*, 11. 1. 2019, https://www.sueddeutsche.de/kultur/takis-wuerger-stella-goldschlag-rezension-buchkritik-1.4282968 (18. 3. 2021).

55 »Überbietungswettstreit«: Buchhändler nehmen Takis Würger in Schutz. In: *boersenblatt.de*, 27. 2. 2019: https://www.boersenblatt.net/archiv/1613841.html (4. 6. 2021).

56 Micha Brumlik: Wem gehört Stella? In: *Zeit online*, 30. 1. 2019, https://www.zeit.de/2019/06/kontroverser-roman-stella-takis-wuerger-hanser-verlag-vertrieb-gericht (18. 3. 2021).

57 David Hugendick: Takis Würger. Was sich verkauft, muss nicht gut sein. In: Zeit online, 4. 3. 2019: https://www.zeit.de/kultur/

Vermutlich tut Hugendick den Buchhändlerinnen mit dieser Unterstellung aber doch unrecht. Denn selbstverständlich können auch die sehr gut unterscheiden zwischen einer reinen Unterhaltungsliteratur, die sich im Eingangsbereich ihrer Läden stapelt, und Literatur in einem emphatischeren Sinne. Noch so heftige Verrisse des neuen Romans von Rita Falk oder Jeffrey Archer hätten sie in ihrem Selbstverständnis niemals so verletzen können, dass es zu diesem offenen Brief gekommen wäre. *Stella* wildert eben nicht einfach nur in den schweren Zeichen, der Roman liefert von Anfang an viele historische Fakten und Details, baut echtes Aktenmaterial ein und verhandelt explizit das Problem der Schuld. Würger widmet ihn seinem Urgroßvater, der, so der Wortlaut, »1941 während der Aktion T4 vergast wurde«. In den Augen der Buchhändlerinnen und des Verlegers aktualisiert dieses Buch also auf attraktive, gut lesbare Weise ernsthafte Themen der deutschen Geschichte. Solche Romane sind nun aber der buchhändlerische Idealfall: Sie sind einer Genusslektüre zugänglich und doch keineswegs bloß für den Urlaubs-Liegestuhl gedacht, nein: Leserinnen und Leser kaufen sich mit ihnen auch das gute Gefühl ein, an einem kulturellen Leben und Diskurs teilzuhaben, wie es sich für ein bürgerliches Selbstverständnis glücklicherweise noch hie und da gehört. Wo wir aus einer intellektuelleren Warte Midcult diagnostizieren, sieht die gute Buchhändlerin also ihren Auftrag erfüllt: der Kundschaft Lektüren ›mit Anspruch‹ zu vermitteln, die sie trotzdem gern liest, und ist dabei vermutlich deutlich näher am tatsächlichen Lesepublikum als die Kritik. Bücher von, sagen wir, Bernhard Schlink, Martin Suter oder Juli Zeh, aber auch von Elena Ferrante, Ian McEwan, Daniel Kehlmann oder Karl Ove Knausgård, die oftmals auch Kritikerlieblinge waren und sind, bedienen diese Nachfrage in idealtypischer Weise. Erst dadurch, dass Würgers *Stella* in

literatur/2019-03/takis-wuerger-stella-buchhaendler-literaturkritik-debatte?utm_referrer=https%3A%2F%2Fwww.google.com (4. 6. 2021).

diese Kategorie fällt, erklären sich die heftigen Reaktionen auf allen Seiten. Denn indem die Kritik den Konsens aufkündigt, hier handle es sich um einen relevanten oder zumindest akzeptablen Beitrag zu unserer (Hoch-) Kultur, macht sie unterschwellig die Struktur von unser aller Midcult-Konsum sichtbar. Und wer wie Hugendick die Kritik im selben Zuge dafür feiert, »nicht der opportunistischen Verblödungsbereitschaft« durch kommerzielle Literatur anheimzufallen, verortet sich selbst zugleich in einer Elite von kulturellen Gatekeepern, aus der sich die Buchhändlerinnen und ihre sehr zufriedenen Leser nun plötzlich ausgeschlossen sehen.

Die Demokratisierung der Geschmacksurteile stellt uns also vor echte Probleme. Im deutschen Sprachraum spielt dabei stets noch eine im engeren Sinne ethische, wenngleich längst topische Dimension hinein: Die schweren Geschichtszeichen, die das Midcult-Werk mit der Anmutung tieferer Bedeutung ausstatten sollen, sind ja bis heute ganz überwiegend solche mit NS-Bezug. Die Kritik wirft Würger eben nicht einfach vor, sich gehobene Literarizität etwa durch den Gebrauch eines pseudo-hemingwayschen Stils zu erschleichen, sondern explizit »die Simulation von Bedeutung durch Nazi-Namedropping«. Sprich: »gedankenlos und obszön«[58] erscheint sein Projekt erst und vor allem durch die Aneignung eines jüdischen Frauenschicksals im Dritten Reich zu Bestsellerzwecken. Denn Auschwitz, so Patrick Bahners in der *FAZ*, sei »in den Theorien des historischen Wissens und der literarischen Fiktion wie im öffentlichen moralischen Bewusstsein der Inbegriff der Tatsache, mit der man nicht spielt«.[59] Das ist nun freilich ein frommer Wunsch: Vom

58 Antonia Baum: Nazis, Drogen, Grandhotels. In: *Die Zeit*, 17.1.2019. https://www.zeit.de/2019/04/stella-roman-nationalsozialismus-juden-takis-wuerger (18.3.2021).

59 Patrick Bahners: Der Bluff des Robert Menasse. In: *FAZ*, 2.1.2019, https://www.faz.net/aktuell/feuilleton/buecher/themen/robert-menasse-hat-auschwitzer-hallstein-rede-erfunden-15967837.html (18.1.2021).

Trash der frühen Jahre (Stalags-Hefte, *Ilsa, She-Wolf of the SS*) bis Achternbuschs *Das letzte Loch* und *X-Men: Apocalypse*, von den Nazi-Zombies in *Call of Duty* bis *Inglourious Basterds*, *Er ist wieder da* oder eben dem *Stella*-Musical wurde und wird dauernd mit den Schrecken der NS-Zeit gespielt. Und so verständlich Bahners' Wunsch ist, will man sich ihm wirklich anschließen? Wenn der Mensch nur da ganz Mensch ist, wo er spielt (Schiller), und wenn fiktionales Erzählen ein Medium dieses Spiels ist, dann kann es womöglich auch in diesem ernsten Falle nicht mehr darum gehen, ein ästhetisches Verhältnis zum Gegenstand kategorisch auszuschließen, sondern allein darum, wie gespielt wird.

In diese Richtung scheint auch Ronya Othmanns Statement auf einer Veranstaltung des Berliner Brechtforums zum Thema »Literarische Aneignung« zu gehen. »Die Frage, wer darf über was schreiben«, darf sie dort schreiben, »ist auch eine Frage von Ästhetik. [...] Anstatt zu fragen, wer *darf* was schreiben, muss es heißen, wer *kann* was schreiben?«[60] Dass eine junge Autorin in der Appropriationsdebatte die ästhetische Qualität der literarischen Texte überhaupt erst wieder als Kriterium ins Spiel bringen muss, zeigt eine neue Dimension. War im Falle des Midcult eine Gruppe von Experten im Namen genuin ästhetischer Kriterien, für die sie eben die Expertise hatten, gegen eine populärrealistische Literatur ins Feld gezogen, die sich unter anderem durch den Einbezug ethischer und existenzieller Fragen und Probleme literarisch selbst zu adeln suchte, erfolgen heute die Einwände gegen eine solche Literatur primär aus ethischer Perspektive. *Stella* wird verurteilt, weil der Roman sein NS-Thema letztlich in unethischer Weise behandele; er wolle nämlich, so Antonia Baum, »absolut nichts außer krass sein, und dafür nimmt er sich die krassesten Porno-Zutaten: Nazis, SS-Uniformen, eine schöne jüdische Frau, die Juden

60 Ronya Othmann: Elend ist kein Selbstbedienungsladen. In: *taz*, 17. 9. 2020, S. 17.

verrät, Drogen, das Versprechen von Sex, Grandhotels, Berlin im Krieg – geil.«[61]

Nun könnten das Krasse und das Geile ja durchaus ästhetische Kategorien eigenen Rechts darstellen. Neutral gesprochen, ist damit eine Dimension von Literatur und anderen Künsten aufgerufen, die in Wissenschaft und Kritik oft stiefmütterlich behandelt und ja auch hier sofort disqualifiziert wird: die Dimension des Spektakulären. Bei *Harry Potter*, *Game of Thrones*, dem neuen Bilderbuch-Album oder *Alita – Battle Angel* hat niemand ein Problem damit, dass das Geilfinden (*delectare*, sagt Horaz dazu), die ästhetische Affiziertheit durch Schau- und Wallungswerte, uns für sie einnehmen, deutlich bevor unsere intellektuelle Auseinandersetzung mit ihnen greifen kann. Bei Literatur allerdings, zumal solcher, die schwere Geschichtszeichen verwendet, setzt in solchen Fällen sogleich der Reflex ein, sie ziele allein auf ökonomischen Gewinn und Konsum, und das sei unethisch. Im Grunde lautet der Vorwurf auf Exploitation; die aber ist ästhetisch allenfalls im Gewand des Trash akzeptabel, nicht im Gewand des Midcult. In letzter Instanz geht es also erneut um den hochkulturellen Anspruch. International wiederholte sich diese Debattenstruktur anlässlich von Jeannine Cummins' Roman *American Dirt* (2020); hier ging es darum, ob und mit welchem Recht die Autorin das Schicksal von mittelamerikanischen Flüchtlingen für ihren Bestseller appropriiere.

Ästh-Ethik als neuer Midcult

Das Urteil über den literarischen Text ist in allen diesen Fällen kein rein ästhetisches, sondern ein gemischtes Urteil mit ästhetischen und ethischen Anteilen. Dabei hat sich das interne Verhältnis in den letzten Jahren ziemlich deut-

61 Baum: Nazis, Drogen Grandhotels, l. c.

lich in Richtung Ethik verschoben. Die Tatsache etwa, dass schwere Themen und Zeichen in einen unterhaltsamen Text eingehen, wird nicht mehr vorrangig aus ästhetischer, sondern aus ethischer Perspektive kritisiert. Damit verschiebt sich aber auch das Autoritätsproblem. Für ästhetische Fragen gäbe es akademisch gebildete Fachleute, aber ist wirklich nur deren Stimme relevant (siehe die Diskussion um das ästhetische Regime und seine Ausschlüsse)? Und wem steht eigentlich das ethische Verdikt zu?

Dieser neuralgische Punkt gemischtästhetischer Gegenwartsurteile hat in den letzten Jahren zu den wohl heftigsten öffentlichen Auseinandersetzungen auf dem Gebiet ästhetischer Praxis überhaupt geführt. Stichworte wie Identitätspolitik, Appropriation, Cancel Culture oder, schon etwas älter, Political Correctness deuten an, was hier alles auf dem Spiel steht. Die von Othmann vorgeschlagene Verschiebung vom ›Dürfen‹ zum ›Können‹ löst das Problem keineswegs, zumal sie rein produktionsästhetisch gestellt ist. Die Anschlussfrage lautet ja sofort: Wer kann und darf denn beurteilen, ob der Autor/die Autorin ›kann‹ oder gekonnt hat? Der Appell der politisch engagierten Autorin wäre als Aufforderung zu einer Rückkehr zu rein ästhetischen Urteilen denn auch sicher missverstanden – das genannte ästh-ethische Mischungsverhältnis im Urteil bleibt bestehen.

Zunächst (und mit Kant) würde man ja sagen, das ethische Urteil ist ein allgemeingültiges und steht somit allen zu. Beispielsweise den vielen begeisterten Leserinnen von *Stella* und *American Dirt*, die womöglich bei ihrer Lektüre noch etwas über die Judenverfolgung im Dritten Reich oder die Lebensbedingungen in Guatemala gelernt haben, vielleicht vom Schicksal der Protagonistinnen ergriffen waren und durch die Lektüre jedenfalls nicht ethisch schlechter geworden sind. So einfach ist es aber auch diesmal nicht. Der ethische Vorwurf an *American Dirt* lautet ja insbesondere, die Autorin habe sich die Stimme ihrer Latina-Protagonistin unrechtmäßig angeeignet, um weiße Mittelklasse-amerikanerinnen zu unterhalten. Wer so urteilt, beansprucht für sein Urteil die Autorität einer betroffenen partikularen Gruppe (der Latinas, der Flüchtlinge, der illegalen Immigranten) oder maßt sich, wenn diese keine Stimme erheben (können), womöglich auch nur die Kompetenz an, für diese zu sprechen. »Das Gerede von Autorinnen und Autoren, sie würden mit ihrem Werk ›denen eine Stimme verleihen, die selber keine haben‹«, komme ihm, schreibt Clemens Setz in *Die Bienen und das Unsichtbare* (2020), »in den meisten Fällen so unausstehlich übergriffig und obszön vor.«[62] Schwierig genug die Sache, jedenfalls.

Ein deutlicheres Bild von der Verfasstheit dieser Urteile bekommt man, wenn man ihre Umkehrung betrachtet. Wer das gute alte Midcult-Urteil fällt, müsste im Umkehrschluss ja zufrieden sein, wenn man die angemaßten, ästhetisch unbewältigten schweren Zeichen und Probleme aus den jeweiligen Texten entfernte und stattdessen entweder süffige Unterhaltungsliteratur ohne ›Anspruch‹ (Masscult) oder eben eine ästhetisch anspruchsvolle Hochliteratur produzierte, die sich aufgrund ihrer avancierten Form als solche auswiese, egal welchen Gegenstand sie traktiert (was nicht heißen muss: unabhängig von diesem). Gerade dieser Umkehrschluss funktioniert aber unter den Bedingungen der gegenwärtigen Ästh-Ethik nicht mehr. Es geht den Urteilenden keineswegs darum, dass die ethischen Themen und partikularen Gruppen in den Texten nicht behandelt werden, nein, sie sollen ganz unbedingt behandelt werden, nur eben in der richtigen Weise und von den richtigen Leuten. Das ist es, was man lesen will. Einfach nur ›gute Literatur‹, die allgemeinmenschliche Themen ästhetisch gelungen darbietet, wird aus der Partikularautorität derer, die solche Urteile fällen, selbst partikularisiert, etwa als Literatur für den weißen, bürgerlichen Mainstream.

62 Clemens Setz: *Die Bienen und das Unsichtbare*. Berlin 2020, S. 60.

Das ließ sich an der Enttäuschung über den Nobelpreis für die US-amerikanische Lyrikerin Louise Glück 2020 ablesen. »Unter ästhetischen Gesichtspunkten«, so Christina Dongowski in der *taz*, »lässt sich an der Vergabe des Preises wenig kritisieren«; man verstehe zwar den Impuls, sich »in die ›strenge Schönheit‹ universeller Werte zurückzuziehen«, doch sei diese Gegenwelt halt »schon wieder weiß, westlich, englischsprachig«.[63] Ästhetische Gesichtspunkte geben im Urteil über Glücks Literatur (bzw. über ihre Nobilitierung zur Autorin mit »Weltanspruch«) also nicht den Ausschlag, weil Ästhetik, eine Entscheidung »für das literarische Spiel« (Knipphals),[64] eben als luxuriöser Rückzug und nicht als Ausdruck eines Menschseins im vollen und eigentlichen Sinne (Schiller) verstanden wird. Anders als Würger oder Cummins wird Glück ethisch zwar nichts angelastet, hier spreche immerhin eine jüdische Frau, aber es wäre, so der Tenor vieler Reaktionen, doch deutlich intersektionaler gegangen.

Amy Hungerford hat diese Position in ihrem Kapitel ›On Not Reading DFW‹ ausdrücklich formuliert. Die Yale-Literaturprofessorin verblüffte 2016 die literarische Welt mit der Aussage, keine dicken Bücher mehr lesen zu wollen, ganz besonders nicht die von David Foster Wallace. Sie hatte einer Wallace-Biografie entnommen, dass der Autor mit seinen Studentinnen schlief und überhaupt ein problematisches Verhältnis zu Frauen hatte, und fragte sich daraufhin rhetorisch: »does David Foster Wallace really have anything to say about women, or gender, or sex, or misogyny that's worth attending to?«[65] Die Literaturexpertin will also *Infinite Jest* nicht etwa nicht lesen, weil es sich um schlechte oder unbedeutende Literatur handele, sondern weil es ei-

63 Christina Dongowski: Auf der Suche nach Weltanspruch. In: *taz*, 9.10.2020, S. 3.

64 Dirk Knipphals: Plappern mit Jürgen Habermas. In: *taz*, 14.10.2020, S. 16.

65 Amy Hungerford: *Making Literature Now*. Stanford 2016, S. 149.

nen inhaltlich-ethischen Komplex, einen Kreis von Lebensanschauungen verfehlt, der für sie entscheidend wichtig ist. Nun könnte man mit Tom LeClair einwenden, dass es in *Infinite Jest* »um eine Menge Dinge geht – um Konditionierung, Sucht, Unterhaltung, sämtliche Formen der Monstrosität vom Physiologischen zum Politischen – allerdings nicht in irgendwie wesentlicher Hinsicht um Misogynie«,[66] doch bliebe selbst diese Kritik an der Kritik ja noch im Motivisch-Inhaltlichen stecken – vom ästhetischen Eigenwert des Wallace'schen postironischen Schreibprojektes, das sich für Generationen junger Autoren und Filmerinnen bis heute als »worth attending to« erweist, ist noch gar nicht die Rede. Grob gesagt wird hier ein Œuvre gedisst, weil es zur eigenen politisch-weltanschaulichen Stilgemeinschaft nicht passt, anstatt dass die Literaturwissenschaftlerin es zunächst in seiner Eigenlogik zu entfalten trachtete – was ja Kritik, auch fundamentale, nicht ausschließen, allerdings zugegebenermaßen Zeit und, mit einem Ausdruck Hungerfords, »investment« kosten würde.[67] Dafür wäre sie immerhin ausgebildet, inwieweit sie als Literaturwissenschaftlerin aber besser als andere dafür qualifiziert ist, ethische Urteile über Fragen von Sex und Misogynie zu fällen, wäre zumindest die Frage.

Interessant ist nun, womit sich so eine (in diesem Fall akademisch begründete) Position weiterhin verbindet, nämlich einerseits mit einem anti-akademischen Impuls und andererseits mit einem Bashing von Verfahren der literarischen Moderne. Hungerford argumentiert (mit Rita Felski), dass »in focusing on a work's embeddedness in its cultural and chronological point of origin, ›the critic is absolved of the need to think through her own relationship to the text she is reading.‹«[68] Statt dessen solle man doch zugeben, dass man

66 Tom LeClair: Making Literature Now – Amy Hungerford. In: *Full Stop*, 20.10.2016: www.full-stop.net/2016/10/20/reviews/tomleclair/making-literature-now-amy-hungerford/ (30.3.2021).

67 Hungerford: Making Literature Now, S. 142.

68 Hungerford: Making Literature Now, S. 143.

immer irgendwie werte, und das auch ruhig tun. Hier wird also die literaturwissenschaftliche Analyse des literarischen Kunstwerks und seiner Text-Kontext-Beziehungen zugunsten eines persönlich-wertenden Zugangs abgewertet (»No one knows anything about art«, hieß es in *The Marvelous Mrs. Maisel*). Das Urteil kann sich dann freilich nur aus dem bereits bestehenden Geschmack speisen, und in der Tat scheint Hungerford nicht nur im Falle von DFW, sondern auch sonst immer ziemlich klar, was sie von literarischen Texten erwartet. So bemerkt sie, dass Paul Auster und John Updike zwar Themen behandeln, die sie interessieren, allerdings wird ihr bei der Lektüre schnell klar »that though both of them juggled all the balls that my research questions had in play, they didn't do more than that. The themes went round and round, but insight never landed. [...] their novels didn't teach me anything.«[69] Von Literatur wird also keine ästhetische Ambiguität erwartet, sondern ethisch-didaktische Einsichten, am besten solche, die die Überzeugungen treffen, die man ohnehin schon hat.

Es ist klar, dass, wer schon bei John Updike mit Ambiguitäten Probleme hat, mit den Verfahren der literarischen Moderne nicht glücklich wird. Ausführlich argumentiert Hungerford, dass Wallace seine Kanonisierung überkommenen, aber bei Kritikern angeblich verbreiteten Idealen eines literarischen Modernismus verdanke, Dingen wie »linguistic difficulty, allusive density, formal self-consciousness, a marked individual voice, ambition (manifested in the work's scope, innovation, intensity, allusiveness or sheer size)«. Besonders stört sie die damit verbundene »expectation that readers should work at the reading«, und Gipfel der Arroganz ist ihr der Anspruch, man müsse einen Text womöglich zweimal lesen, um ihn zu verstehen.[70] Kapitel und Buch klingen aus mit einem Lob von – George Eliots *Middlemarch*.

69 Hungerford: Making Literature Now, S. 151.
70 Hungerford: Making Literature Now, S. 157.

Das ist nun wahrlich nicht »ketzerisch«,[71] vielmehr formuliert hier dankenswerterweise mal jemand aus, was längst unausgesprochen gängige Praxis im Umgang mit Kunstdingen ist. Sie werden nicht nur von Fans und Leserinnen und Lesern, sondern immer mehr auch von den Profis selbst aus einer starken Erwartungshaltung heraus beurteilt, in der die Rezipienten immer schon im Voraus wissen, was das Werk ihnen bieten muss, soll es »worth attending to« sein. Darin unterscheiden sich Fantasy-Fans nicht von Fürsprecherinnen minoritärer oder vermeintlich minoritärer Positionen. Diese Haltung verbindet sich zum einen mit einem anti-akademischen, anti-intellektuellen Zug: Man muss die Sachen nicht professionell studieren, um ihre Qualitäten zu erfassen, man vertraue dem subjektiven Urteil, das immer schon weiß oder vielmehr fühlt, was gut, interessant und lehrreich ist und was nicht. Ästhetische Qualitäten im engeren Sinne, von einer spielerischen Ambiguität (Jonglieren mit Themen) bis hin zu den Merkmalen eines komplexeren Kunstwerks stören da letztlich nur, insbesondere wo sie sperrig wirken und die Aufmerksamkeit auf die Textur und damit weg von den Inhalten und didaktischen Aussagen lenken. Deshalb verbindet sich die anti-akademische Position zwanglos mit einer Ästhetik des Populären Realismus, eines International Styles leichter Lesbarkeit, die – wo sie selbstreflexiv wird – zuverlässig mit dem Bashing einer literarischen Avantgardeästhetik einhergeht, obwohl diese schon seit beinahe hundert Jahren keine Dominante im Literaturbetrieb mehr bildet (und in den USA überhaupt noch nie gebildet hat). Stattdessen beruft man sich auf den guten alten Realismus des 19. Jahrhunderts (*Middlemarch*). Den können alle lesen und verstehen, und die Herzensbildung ist gesichert.

Genau diese Argumentationsfiguren findet man mit schöner Regelmäßigkeit in populärrealistischen Mega-

71 Wie sie selbst aber glaubt: »And here is my heretical declaration« (Hungerford: Making Literature Now, S. 149).

sellern mit literarischem Anspruch wieder. »Es verstand sich für mich, daß experimentelle Literatur mit dem Leser experimentiert, und das brauchten weder Hanna noch ich«, erklärt der Ich-Erzähler in Bernhard Schlinks *Der Vorleser* und verteidigt damit seinen Kanon aus Poetischem Realismus und realistischer Nachkriegsliteratur, mit dem er die ehemalige KZ-Wärterin zur humanen Läuterung heranalphabetisiert.[72] Und Karl Ove Knausgårds autofiktionaler Erzähler in *Sterben* ist bereits geläutert, wenn er angesichts seiner emphatischen Betrachtung von Constables Wolkenbildern erklärt: »Ich hatte Kunstgeschichte studiert und war es gewohnt, Kunst zu beschreiben und zu analysieren, schrieb jedoch nie über das einzig Wichtige, nämlich wie man sie erlebte. [...] In den Augen der Gegenwartskunst, also jener Kunst, die für mich im Prinzip die gültige sein sollte, waren die Gefühle, die ein Kunstwerk auslöste, nicht wertvoll.«[73] Die Autoren formulieren hier die eigene Poetologie und rennen damit beim Midcult-Leser offene Türen ein, denn genau das will er ja hören: »No one knows anything about art.« ›Ich muss nicht auf Krampf akademisch-experimentelles Zeug gut finden, ich muss mir auch keine analytischen Kompetenzen draufschaffen, ich kann getrost darauf vertrauen, dass das, was mir gefällt, schon gut ist, und stehe trotzdem nicht unter Trivialitätsverdacht, denn so ungefähr sagen das die Literaturprofessorin und einer, der Kunstgeschichte studiert hat, auch.‹

Viele Sensibilitäten

Ist das jetzt gut oder schlecht? Zunächst wird man vermutlich nüchtern feststellen müssen: es ist. Demokratisch verfasste Überflussgesellschaften ermöglichen einem Großteil

72 Bernhard Schlink: *Der Vorleser* [1995]. Zürich 1997, S. 176.

73 Karl Ove Knausgård: *Sterben* [2009]. München [11]2013, S. 271 f.

der Bevölkerung den Zugang zu Kunst und Literatur, die nötige Freizeit, um diese zu konsumieren, und die Teilhabe an sozialen Medien, um sich darüber zu äußern. Der Markt stellt entsprechende Angebote zur Verfügung, die über Verkaufszahlen, Einschaltquoten und eben soziale Medien stets eng mit der Rezeption rückgekoppelt bleiben – Angebots- und Nachfrageseite halten jeweils gemeinsam die ästhetischen Ikonen unserer Gegenwart hoch. Und (nur) wer die Ikone hochhält, entscheidet auch mit darüber, was sie bedeutet. Es entstehen Stilgemeinschaften normalisierten Spektakels mit je eigenen Erwartungen und Regeln: die Fans von Lady Gaga oder Black Metal, die Fantasy-Addicts und Elena-Ferrante-Fans unterscheiden sich darin kaum von, sagen wir, queerfeministischen Gemeinschaften, den Kookbooks-Leser:innen, dem Volksbühnen-Publikum oder eben jener riesigen internationalen Leserschaft, die sich an dem freut, was andere despektierlich als Midcult bezeichnen.

Das ist, wie im *Miami Punk*-Kongress, zunächst einmal gut. Je mehr Stimmen zu Wort kommen und an den Verhandlungen beteiligt sind, könnte man sagen, desto besser; oder mit den Worten Wolfgang Ullrichs: »je mehr unterschiedliche Kriterien ins Spiel kämen, desto mehr Sensibilitäten prägten sich aus. Und das, was dann letztlich für gut befunden wird, ist es in umfassenderer Weise als bisher.«[74] Die bange Frage ist eben nur, ob überhaupt noch irgendetwas »letztlich für gut befunden wird«, ob die Verhandlungen überhaupt noch auf ein von allen tragbares Ergebnis hinauslaufen, ja ob überhaupt noch eine Einheit des Feldes gegeben ist, beispielsweise dessen, das dann ›die‹ Literatur wäre. Oder ob die Partikularisierung in Stilgemeinschaften solcherart fortschreitet oder fortgeschritten ist, dass eine Einheit der vielen Sensibilitäten »letztlich« von keiner Instanz mehr herzustellen ist.

74 Ullrich: Streitort Museum, l. c.

Robert Musil hat diese Frage angesichts eines Romans der seinerzeit sehr erfolgreichen Heimatkunstautorin Paula Grogger bereits 1926 ganz ernsthaft gestellt. »Heute gibt es in Deutschland eine katholische, eine völkische, eine sozialistische, eine kommunistische Dichtung (nicht als ›Strömung‹, sondern handfest organisiert!), und was durch ungefähr hundertfünfzig Jahre als *die* Dichtung, als die Dichtung der großen und Urmaße gegolten hat, muß sich je nachdem als bürgerliche, liberale oder gar nur freimaurerische Abart bezeichnen lassen.«[75] Kritik gerate dabei an eine Grenze, weil jede einzelne dieser Literaturen – und entsprechend ihre anvisierte Leserschaft – »einen ganzen Block von Lebensanschauungen« voraussetzt. Wenn Musil einwendet, dass »Kritik von Weltanschauungen aber eine ganz andere Aufgabe als Kritik von Dichtungen« sei, dann redet er keineswegs einfach einem ästhetizistischen L'art pour l'art das Wort. Er konstatiert durchaus, dass man durch diesen Befund »einsehen lernen wird, welche Bedeutung der Ideologie in der Dichtung zukommt, und gezwungen wird, kritische Begriffe zu entwickeln, die ihrer Wichtigkeit gerecht werden.« Zugleich registriert er allerdings auch, dass diese partikularen Literaturen sich generell durch »eine Abneigung gegen Kritik« auszeichnen: »Kritik gilt als Zeichen der Zersetzung, man lehnt ein Kunstwerk entweder als artfremd sofort ab oder bejaht es freudig«[76] – Kritik wird von der Stilgemeinschaft sozusagen »in jedem einzelnen Versuch der Ausführung« als Kritik an ihrer ›Weltanschauung‹ aufgefasst und nicht als Kritik an der spezifisch literarischen Verfasstheit des Einzelwerks.

Was damals politisch-weltanschauliche Organisationen regulierten, reguliert inzwischen der Markt – Literaturen mit sehr spezifischen Zielgruppen, die den auf sie zuge-

75 Robert Musil: Bücher und Literatur [1926]. In: R. M.: *Prosa und Stücke, Kleine Prosa, Aphorismen, Autobiographisches, Essays und Reden, Kritik.* Reinbek 1978, S. 1170–1180; S. 1176. Dort auch die folgenden Zitate.
76 Musil: Bücher und Literatur, S. 1177.

schnittenen Produkten mit einem Block von selbstverständlichen Erwartungen begegnen. Diese können weltanschaulicher Art sein, müssen es aber keineswegs, wie die paradigmatischen Szenen im Bereich der Fantastica zeigen. Schon Musil erkennt, dass die »Gläubigkeit« von Stilgemeinschaften (wie der Heimatkunst) interessanterweise »keinen bestimmten Glauben« voraussetzt.[77] Das Zugehörigkeitsgefühl kann von Textmerkmalen getriggert werden, die für sich genommen durchaus im Ästhetischen liegen mögen. Und das Dispositiv der neuen Medien begünstigt solche Partikularisierung, wie gesagt, weiter dadurch, dass Kritik eben auch medial nicht mehr auf traditionelle Gatekeeper-Positionen (Publikationsmöglichkeiten bei großen Zeitungen und Medienanstalten, Universität) angewiesen ist, um gehört zu werden. Die einzelnen Communities können sich untereinander bestens verständigen und tun dies auch. Kritik von außerhalb, das gilt dezidiert auch für positive Kritik (und für wissenschaftliche Forschung sowieso), wird auf den gesamten Block bezogen, der bei Musil noch ›Weltanschauung‹ hieß, und dann abgelehnt oder freudig bejaht nach dem Muster passt uns/passt uns nicht. Und *die eine* Dichtung muss sich je nachdem als Literatur alter weißer privilegierter Cis-Gestalten bezeichnen lassen oder wird selbst als Abweichung partikularisiert, als Young Adult Fiction etwa, als Pop-Literatur oder als Adult Oriented Rock. Wenn sich ein Nobelpreisträger noch auf das große Ganze beruft – Peter Handke: »Ich bin ein Schriftsteller, komme von Tolstoi, ich komme von Homer, ich komme von Cervantes, lasst mich in Frieden«[78] –, dann wirkt das heute auf uns so deplatziert wie einst sein Pilzkopf (›Ich komme von den Beatles‹) auf die Gruppe 47 in Princeton.

77 Musil: Bücher und Literatur, S. 1177.

78 Zit. n. www.faz.net/aktuell/feuilleton/buecher/autoren/peter-handke-empoert-sich-ueber-fragen-zu-stani-i-kritik-16435990.html (30.3.2021).

Anders als in der demokratischen Politik findet sich *in aestheticis* nicht zwangsläufig eine Instanz, die über das entscheidet, was »letztlich für gut befunden wird«. Oder vielleicht eben auch gar nicht so anders: Einige neuere Tendenzen in den westlichen Demokratien gehen ja auch in Richtung unversöhnlich gegeneinanderstehender ›Stilgemeinschaften‹. Kommen wir also noch einmal auf die Form der Urteile zurück, die hier am Werk sind. Das gegenwartsästhetische Urteil, hatten wir gesagt, konstruiert neben seinem Sachbezug zwei Stilgemeinschaften: die eigene, die es ›gettet‹, weil sie über die entsprechende ›Sensibilität‹ verfügt, und die andere, deren Maßstäbe demgegenüber defizitär bleiben. Das verweist darauf, dass es sich bei der Stilgemeinschaft, die man den anderen anmutet, eben um eine »normalisierten Spektakels« (Venus) handelt, um eine also, die bestimmte Normen bereits voraussetzt. Das Spiel der Erkenntniskräfte ist dann nicht mehr absolut frei: Auf Seiten des Inputs dürfen bestimmte Features erwartet werden, für die es bereits mehr oder weniger explizite Begriffe gibt – dennoch oder gerade deshalb stellt sich dann ästhetische Lust ein. Das geschieht etwa, wenn die neue Folge einer Quality-TV-Serie, sagen wir *Game of Thrones*, die Erwartungen des Publikums (hinsichtlich Diegese, Figuren, Plot) erfüllt und gleichzeitig auf überraschende Weise variiert oder ergänzt, oder wenn das neue Album einer Band deren Projekt auf anschlussfähige Weise fortsetzt, oder – für Amy Hungerford – wenn ein Roman Fragen von Gender, Sex und Misogynie auf eine ihr sympathische Weise behandelt und sie dabei noch was lernen kann.

Vermischen wir jetzt aber nicht selbst das Ethische und das Ästhetische auf unzulässige Weise? Ist es wirklich das Gleiche, wenn in *Game of Thrones* die Figur Arya Stark auf interessante Weise entwickelt wird und wenn Probleme, denen People of Color in Ostdeutschland oder eine von den Nazis erpresste Jüdin ausgesetzt sind, auf interessante Weise verhandelt werden (wie in *1000 serpentinen angst* von Olivia Wenzel bzw. in *Stella*)? Nein und ja. Nein, weil im zweiten Fall, schon durch den realistisch-referenziellen Anspruch der Texte, ethische Urteile sehr viel stärker wiegen, im Sinne eines ethisch-ästhetischen Mischurteils wie oben beschrieben. Ja, weil das gemischte Urteil sich eben auch in diesen ethischen Anteilen als von einer Stilgemeinschaft normalisiertes erweist, das jeweils eine andere Stilgemeinschaft entwirft, die es offenbar nicht checkt (sondern »jeden ethischen oder ästhetischen Maßstab verloren zu haben scheint«, wie laut Qualitätsfeuilleton die Buchhändlerinnen und Verleger, die *Stella* mochten). Das Ästhetische wird ethisiert, das Ethische dabei aber, wenn man so will, zugleich ästhetisiert. Damit sinkt die Wahrscheinlichkeit, die Stilgemeinschaften auf einen gemeinsamen Nenner zu bringen – der ja eben nicht im Ästhetischen, sondern im begrifflich formulierbaren Ethischen liegen müsste. Zugleich aber sinkt die Wahrscheinlichkeit, sich von ästhetischen Gebilden zu einem freien Spiel der Erkenntniskräfte anregen zu lassen, das nicht immer schon im Voraus weiß, was wünschenswert, begehrenswert und überhaupt »worth attending to« sein kann (und vor allem auch: was nicht). Und das ist beides eher nicht so gut.

Ästh-Ethik als ästhetischer Streit

Schauen wir ein Beispiel aus der bildenden Kunst an. Auf der Whitney Biennale 2017 in New York präsentiert die amerikanische Malerin Dana Schutz ihr Bild *Open Casket*. Es greift eine Ikone rassistisch motivierter Gewalt auf, das Foto der entsetzlich entstellten Leiche des schwarzen Jugendlichen Emmett Till. Dieser wurde 1955 in Mississippi von zwei weißen Männern zuerst gequält und halbtot geprügelt, dann in den Kopf geschossen und sterbend in einen Fluss geworfen. Auslöser des Gewaltexzesses war, den Zeugenaussagen zufolge, dass Till sich bei der Frau eines

Abb. 15: Bild des ermordeten Emmett Till im Sarg (1955)

seiner Mörder nach dem Erwerb von Süßigkeiten und Limonade mit einer gewissen Anzüglichkeit verabschiedet haben soll. Candy, Softdrinks, Sexualität, Afroamerikaner und ihre Unterdrückung – gewissermaßen Ur-Ingredienzien des Pop. Emmett Tills Mutter hatte auf eine Beisetzung ihres Sohns mit offenem Sargdeckel hingewirkt, um aller Welt die Grausamkeit der Tat vor Augen zu führen. Die aus diesem Anlass entstandenen Fotos im *Chicago Defender* und im *Jet Magazine* waren von immensem Einfluss auf die schwarze Bürgerrechtsbewegung. Der afroamerikanische Schriftsteller John Edgar Wideman, im selben Jahr wie Till geboren, spitzte die Sache 1997 so zu: »Emmett Till had died instead of me«.

2017 löst die Appropriation dieses Bildes durch eine weiße Künstlerin in einem bunten Francis-Bacon-Stil Streit aus. Der Vorwurf ist der bekannte: Sie maße sich dadurch eine Teilhabe an, zu der sie kein Recht habe. Die englische Künstlerin Hannah Black schreibt: »Es ist nicht akzeptabel, wenn eine Weiße schwarzes Leiden in Profit und Spaß

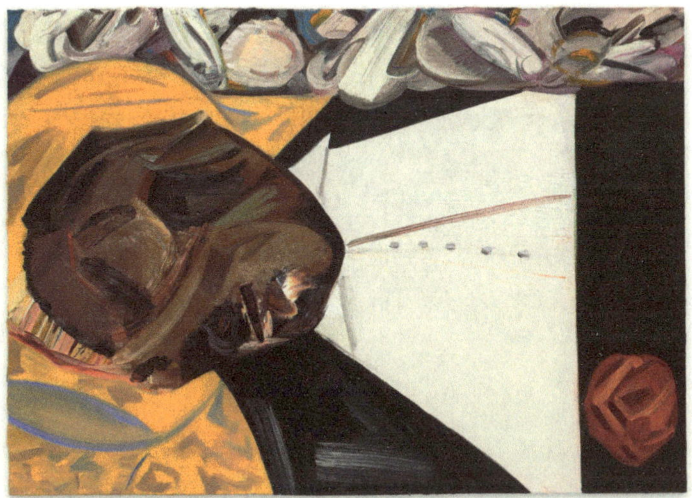

Abb. 16: Dana Schutz: *Open Casket* (2016)

umwandelt, obwohl dies schon lange geschieht und normal erscheint«. Ganz von der Hand weisen lässt sich das nicht. So ergänzt Wolfgang Ullrich:

> Für alle Menschen, die sich Till nahe fühlen, weil sie als Mitglieder derselben Ethnie selbst Erfahrungen von Hass, Diskriminierung, Ohnmacht, Unterdrückung gemacht haben, muss es eine geradezu obszöne Vorstellung sein, dass ein Kunstpublikum sich in einer Ausstellung oder auf einer Messe eine schöne Zeit mit Bildern wie *Open Casket* macht, gar noch begleitet von Champagner, Plaudereien und anderen Lifestyle-Elementen der ›happy few‹. Und da Dana Schutz eine große Nummer in der Kunstwelt ist, liegt es nahe, dass derartiges wirklich passiert.[79]

79 Wolfgang Ullrich: Gegen den Kanon. In: *Pop-Zeitschrift* [Homepage], 19. 1. 2019, https://pop-zeitschrift.de/2019/01/15/gegen-den-kanonvon-wolfgang-ullrich15-01-2019/ (30. 3. 2021).

Abb. 17: Der Künstler Parker Bright während der Whitney-Biennale (2017)

Blacks Forderung ist daher radikal: »Das Gemälde muss weg!« Und ihr Kollege Parker Bright stellt sich bei der Whitney Biennale mit einem *Black Death Spectacle*-T-Shirt vor das Bild, um dieses wenigstens für eine gewisse Zeit zu verdecken.

Aber ist das nicht, so unser demokratischer Reflex, eine höchst problematische Attacke gegen die Autonomie der Kunst und des Ästhetischen, gegen die dadurch verbürgte »hohe Gleichmütigkeit und Freiheit des Geistes«?[80] Und war es nicht just das Projekt der Autonomieästhetik, »einen Ort der Immunität zu schaffen, an dem partikuläre Interessen und Machtgesten keine Rolle spielen und von dem aus sich

80 Schiller: Über die ästhetische Erziehung des Menschen in einer Reihe von Briefen, S. 638.

emanzipatorische Dynamiken entfalten können«?[81] Aber sicher, denken wir. Was aber, lässt sich mit Ullrich weiter fragen, wenn in diesem uns vertrauten Diskurs viele mit ihren Erfahrungen und Sensibilitäten gar nicht repräsentiert oder zugelassen waren – Frauen, Schwarze und andere Nicht-Privilegierte?

> Warum sollten sie sich [...] mit den spezifischen Kriterien der Kunst identifizieren und sie selbst verwenden? Warum sollten sie gar ein Bekenntnis zur Autonomie der Kunst ablegen und sich auf eine Idee berufen, deren Entwicklung weitestgehend ohne sie stattgefunden hat? Was sollen sie mit einer Geschichte anfangen, in der sie fast nie beachtet wurden? Wie sollen sie etwas als emanzipatorisch und therapeutisch empfinden, das sie selbst nur als Exklusion und Missachtung erfahren haben?[82]

Und mehr noch: Angesichts des grausamen Mordes an Emmett Till, eines Todes, der, wie Julia Pelta Feldmann schreibt,

> jene Vergangenheitsbewältigung nicht zu entfachen vermochte, die den Tod von Michael Brown, Philando Castile, Jordan Edwards, Eric Garner, Freddie Gray, Akai Gurley, Trayvon Martin, Laquan McDonald, Tamir Rice, Walter Scott und Alton Sterling hätte verhindern können, scheint es fragwürdig, auf der Unantastbarkeit der Kunst von Weißen zu bestehen. Wir alle würden es vorziehen, wenn Schutz' Hautfarbe irrelevant wäre, aber sie ist es nicht – und sie wird es nicht sein, bis es die von [Hannah] Black nicht auch ist.[83]

81 Ullrich: Gegen den Kanon. l.c.
82 l.c.
83 Julia Pelta Feldman: Censorship Now!! Identitätspolitik, die Zerstörung von Kunst und die Kontroverse um Dana Schutz' *Open Casket*. In:

Aber was nun, wenn jemand in dieser Sache so weit geht wie der amerikanische Musiker Ian P. Svenonius mit seinem Pamphlet *Censorship now!* und proklamiert, die Rede von Freiheit und Autonomie sei nur eine gängige Masche (»a parlor trick«), mit der sich eine Elite von Privilegierten »alle Rechte herausnähmen und ohne Rücksicht auf andere ihre Interessen durchsetzten. Kunst sei daher schon lange keine Waffe der Unterdrückten mehr, sei auch nicht allgemein zugänglich«, sondern verursache sogar »mehr Gewalt als irgendetwas sonst (»Art, in fact, incites more violence than anything else«)«?[84] Zensur, die nach Svenonius nicht *top down* von Staats wegen ausgeübt werden soll, sondern *bottom up* von allen Betroffenen, wäre demnach nicht kunstfern, sondern würde der Kunst vielmehr ihre Kraft zurück geben (»give it its power back«). Really? Weg mit allem, was uns nicht passt? Das würde jede Art von Gegenwartsästhetik entbehrlich machen. Wie wäre es also stattdessen, über das gegenwartsästhetische Potenzial einer solchen Situation nachzudenken, in der die Ästhetik vehement vom Politischen oder Ethischen herausgefordert ist? Vielleicht ließe sich ja sogar sagen, dass der aktivistische Protest und der von ihm ausgelöste Streit unter anderem auch ein legitimes Stimulans für eine Formbetrachtung des Gemäldes darstellen.

Schauen wir also mit dem Kunstkritiker Kolja Reichert noch einmal etwas genauer auf Dana Schutz' Bild. Er kommt zu dem Schluss, dass Schutz, indem sie die Fotoikone offenbar ohne jede weitere medienanalytische oder -historische Auseinandersetzung in ihre eigene malerische Formsprache übersetzt, die Geste von Tills Mutter überschreibe und darin, wenn auch unbeabsichtigt, die historische Gewalt symbolisch wiederhole. Wenn schon Appropriation, so das

Merkur Blog, 19.7.2017, https://www.merkur-zeitschrift.de/2017/07/19/censorship-now/#enref-6246-3 (30.3.2021).

84 Zit. n. Ullrich: Gegen den Kanon, l.c.

Argument, dann doch bitteschön so, dass überzeugende Formkonsequenzen daraus entstehen (das wäre in etwa das Othmann-Argument).[85] Was Reichert für besonders degoutant hält: dass und wie bei der Transformation der Fotovorlage in ein Gemälde ein »die rechte Wange vermatschender Pinselschwung [...] das Gesicht in Malerei verwandelt«. Das ließe sich freilich auch als bildgewordener Selbstzweifel interpretieren; denn dieser Schwung wirkt, findet auch Reichert, »ein bisschen, als hätte sich jemand auf der Bühne zu weit vorgewagt und drehte aus Verlegenheit noch eine Pirouette«. Doch was wäre der Schluss daraus? Dass Schutz ›irgendwie doch‹ ein kluges, aktuelle Identitätsprobleme verhandelndes Bild gemalt hätte? Oder wäre umgekehrt das Unternehmen deshalb besonders abstoßend (›Ich weiß, mein Pinsel weiß, dass das so eigentlich nicht geht, und ich mache es trotzdem, und es ist auch noch bunt‹)?

Erinnern wir uns: Auch Andy Warhol hatte die Rassenunruhen des Jahres 1963 in Birmingham, Alabama im Rahmen der *Death & Disaster*-Serie zum Anlass seiner *Race Riot*-Bilder genommen. Auch diesen Siebdrucken lagen aufsehenerregende Fotografien zugrunde, die Charles Moore für das *Life*- Magazin aufgenommen hatte. Warhol freilich hatte auch bei diesen Bildern, die *prima facie* seine politischsten sind, nicht von seinem coolen *detachment* gelassen und behauptet, dass Moores Fotos ihm nun einmal ob ihrer formalen Darstellungswucht in die Augen gefallen seien. Dana Schutz hingegen bemüht sich um eine menschelnde Rechtfertigung ihrer Arbeit, indem sie auf ihre Identität als Mutter verweist: »Ich weiß nicht, wie es ist, als Schwarzer in Amerika zu leben, aber ich weiß, wie es ist, Mutter zu sein. Emmett war der einzige Sohn seiner Mutter«.[86]

85 Kolja Reichert: Es lebe die Kunst! Nur welche? Und warum? Für einen ästhetischen Streit. In: *FAZ*, 8.5.2017, https://www.faz.net/aktuell/feuilleton/kunst/plaedoyer-fuer-einen-aesthetischen-streit-in-der-kunst-15004578.html (1.2.2021).

86 Sophie Aschenbrenner: Whitney Biennale in New York. Proteste

Abb. 18: Andy Warhol: *Race Riot* (1964)

Identität ist aber zunächst einmal keine ästhetische Kategorie. An die Autorinstanz herangetragen, führt sie ein Abhängigkeitsverhältnis von realer Person und Werk wieder ein, die in den Kunstwissenschaften mit guten Gründen weitgehend verabschiedet wurde. In den Beispielfällen führt das *argumentum ad personam* unter anderem dazu, dass in einigermaßen unappetitlicher Weise die genetischen Anteile der Autor:innen zu Argumenten werden: Cummins ist ›nur‹ zu einem Viertel Latina, Würger führt seinen von den Nazis ermordeten Urgroßvater ins Feld, Schutz ist nicht schwarz, aber immerhin Mutter.

gegen das Bild einer weißen Künstlerin. In: *Monopol. Magazin für Kunst und Leben*, 23. 3. 2017, https://www.monopol-magazin.de/proteste-gegen-das-bild-einer-weissen-kuenstlerin (30. 3. 2021).

THE DOGS' ATTACK IS NEGROES' REWARD

Abb. 19: Charles Moore: Fotos des Civil Rights Movements, Birmingham Alabama, aus dem *Life Magazine*.

Eine Gegenwartsästhetik ist letztlich nicht der Ort, über die Rechtmäßigkeit der ethischen Anteile solcher Urteile zu reflektieren – dies wäre Aufgabe einer Gegenwartsethik. Aber so einfach entziehen, etwa mit Verweis auf den ›Denkraum der Besonnenheit‹ oder Ähnliches, können wir uns der Sache auch wieder nicht. Versuchen wir es also einmal so: Trotz seiner deutlich negativen Bewertung spricht Reichert sich dezidiert gegen die Forderung aus, man müsse *Open Casket* abhängen oder gar zerstören. Er will dies aber nicht durch die These von der Kunstfreiheit begründet sehen, die zwar berechtigt ist, aber im vorliegenden Fall keine wirkliche Lösung bietet. Stattdessen schlägt er vor, die Situation als Chance zur Wahrnehmung zu *ästhetischem* Streit zu nutzen. Das, so Reichert, sei allemal besser als jene zwei Tendenzen, die den Diskurs über Gegenwartskunst derzeit dominieren – und verarmen lassen: »eine defensive Identitätspolitik; und die Übermacht eines Inhaltismus, der zwischen dem, was gezeigt, und der Art, wie es gezeigt wird, zu wenig unterscheidet«.[87] Zumal die identitäre Unversöhnlichkeit, wie sich gezeigt hat, eben auch aus Gemeinschaften kommen kann, die sich selbst zwar als ebenso marginalisiert, unterdrückt und stimmlos begreifen wie anderswo etwa People of Color, deren Kids uns aber dezidiert *not alright* vorkommen – siehe den Sturm aufs Capitol.

In der Tat – wo das Identitäre (schwarz/weiß) und das Anthropologisch-Allgemeine (Mutter/Sohn) den Diskurs unter Berufung auf ein Eigentliches stoppen wollen, wäre eine Besinnung auf das Ästhetische selbst, als das Proprium von Kunst und Literatur, vielleicht in der Lage, einen produktiven Streit um Urteile zu befördern, der sich in gemeinschaftliche Denkbewegungen übersetzen lässt. »Sosehr früher rein kunsttheoretische Diskurse darüber entschieden, was in die Museen Einlass fand, so sehr werden heute politische oder moralische Gründe geltend gemacht, um etwas aus ihnen zu verbannen«,[88] schreibt Ullrich. Er deutet jedoch auch an, wie sich diese Debatte um Identitätspolitik nicht nur perhorreszieren (›Hilfe, die nehmen uns die Kunstfreiheit weg‹), sondern ihrerseits wieder ins ästhetisch Produktive drehen ließe. »No one knows anything about art« – lautete so ähnlich nicht auch der erste Satz von Adornos *Ästhetischer Theorie*? Vielleicht kann, »daß nichts, was die Kunst betrifft, mehr selbstverständlich ist, weder in ihr noch in ihrem Verhältnis zum Ganzen, nicht einmal ihr Existenzrecht«,[89] ja auch eine Chance bedeuten. Was nicht selbstverständlich ist, kann und muss schließlich ausgehandelt werden. Dabei können unbedarft midcultige Stimmen ebenso zu Wort kommen wie Fans, ethische Positionen bestimmter Gruppen ebenso wie professionelle Kritik und spezialwissenschaftliche Analysen. Denn wie gesagt, wo viele Sensibilitäten sich ausprägen, kann am Ende

87 Reichert: Es lebe die Kunst! Nur welche?, l. c.
88 Ullrich: Streitort Museum, l. c.
89 Adorno: *Ästhetische Theorie*, S. 9.

ein besser legitimiertes Ergebnis herauskommen – sofern es gelingt, ein Verfahren zu finden, das die gegeneinander abgeschotteten Stilgemeinschaftspositionen in akzeptabler Weise miteinander vermittelt.

Aus gegenwartsästhetischer Position liegt hier ein Vorschlag nahe: Die Frage, wer *in aestheticis* von welcher Position aus agiert, spricht und urteilt und wer möglicherweise bei dem ganzen Spiel ausgeschlossen wird, könnte mit dem in Verbindung gesetzt werden, was wir mit Kant als Sachanteil des ästhetischen Urteils bezeichnet haben. Damit haben wir oben eher phänomenologisch die Wahrnehmungsfähigkeit für die Materialität und die Texturen des Objekts und formästhetisch eine initiale Ästhetisierung beschrieben, die einen spezifischen Aspekt am Beurteilten beobachtbar macht, indem sie diesen Aspekt gegenüber anderen Aspekten vergrößert. Diese Sensibilität für die Texturen und Syntagmen des ästhetischen Gegenstands ist in unserem Modell mit einer Wahrnehmungsfähigkeit für die kulturellen Paradigmen verbunden, die dadurch aufgerufen werden – hier plädierten wir für eine ästhetisch-kulturpoetische Allianz. Zu diesen kulturellen Paradigmen gehören aber ethische Diskurse unbedingt dazu. Wenn Ästhetik der Ort der intensivsten kulturellen Ausprägung von Sensibilität ist, was wäre dann eine Gegenwartsästhetik, die den ethischen Sensibilitäten der Gegenwart nicht gerecht würde? Die Mixtur aus einem Sachanteil aus Wahrnehmung und Begrifflichkeit, der emotional getönt in eine ergebnisoffene gemeinschaftliche intellektuelle Prozessierung überführt wird, ist das Kernmodell des Ästhetischen mit seiner typischen Mischung aus objektiven und subjektiven Anteilen. Sie führt insbesondere in gegenwartsästhetischen Zusammenhängen nicht selten zu vermischten Empfindungen. Ambivalenz ist im Ästhetischen jedoch eine höchst produktive, wenn nicht sogar die produktivste Form intellektueller Prozessierung. Wo sie in Produktion und Rezeption zum Einsatz kommt, ist das Ergebnis meist ein ganzes Stück komplexer und verdrehter, aber eben auch aufschlussreicher und interessanter als in verhärteten Positionen, die das ästhetische Spiel stillstellen und Eindeutigkeit erzwingen wollen – und zwar in sachlicher und ethischer ebenso wie in ästhetischer Hinsicht.

Um das noch einmal konkret zu machen: Da gibt es jenes keineswegs von der Hand zu weisende identitätspolitische Argument, der Erfolg in Galerien, Museen, in Literatur, bestimmten Sparten der Musik und sogar im Journalismus hänge nicht nur von Kriterien wie »Qualität und Expertise« ab, sondern mitunter eben auch »von den Verbindungen, finanziellen Ressourcen und, natürlich, der Identität ihrer Schöpfer«, beruhe »sie nun auf Hautfarbe, Geschlecht, Religion oder etwas anderem«.[90] Und da gibt es einen globalen Superstar wie Beyoncé, die gemeinsam mit ihrem Partner, dem Rapper Jay-Z, unter dem Namen The Carters einen Clip zum Song *Apeshit* (2018) im Pariser Louvre dreht. Dabei stellen die beiden nicht mehr »nur keine Opfer von Unterdrückung mehr« dar, sondern das Museum öffnet ihnen bereitwilligst seine Tore, nicht zuletzt, weil es sich eine immense PR dadurch erwartet.[91] Beyoncé und Jay-Z begeben sich mit dem Clip, so noch einmal mit Wolfgang Ullrich, in eine gleichberechtigte Position zu »Hauptwerken des westlichen Kunstkanons«, möglicherweise am allerwenigsten aus der Überlegung heraus, »sich nun auch zur Kunst oder gar zur Idee der Autonomie zu bekennen und sich in das Museum als Ort der Kunstgeschichte zu integrieren«, sondern vielmehr auf Augenhöhe mit anderem Spektakulären, das – wie die Mona Lisa – »seinerseits global berühmt ist«.[92] Wie es im konkreten Umgang mit Kunst ja auch historisch eigentlich höchst selten um ihre Autonomie gegangen ist, sondern viel häufiger um ihren ökonomischen Wert oder ihre Qualität für Repräsentationszwecke.

90 Feldman: Censorship Now!!, l. c.
91 Ullrich: Gegen den Kanon, l. c.
92 Ullrich: Gegen den Kanon, l. c.

Schon auf den ersten Seiten dieses Buchs haben wir die Frage gestellt, ob ein Auftritt des Superstars Beyoncé beim Superbowl in puncto Relevanz nicht höher zu gewichten sei als jede Kunstinstallation, und mit ›Relevanz‹ meinten wir den für die Gegenwart bedeutsamen, betont politischen Aspekt ihrer spektakulären, ultrapopulären, an Millionen adressierten und durch und durch marktförmigen Ästhetik. *Apeshit* dreht die Schraube gewissermaßen noch ein Stück weiter, wenn Jay-Z im Louvre davon rappt, wie er einen Auftritt beim Superbowl ablehnt (aus Solidarität mit dem Black Rights-Aktivisten Colin Kaepernick) – nicht er brauche die NFL, sondern umgekehrt. Diese Behauptung populärkultureller Maximalrelevanz wird mit dem Auftritt an diesem zugleich exklusiven und populären Ort des Kunstkanons noch einmal überstiegen.

In den Lyrics von *Apeshit* wird durchaus mit teuren Uhren und fetten Autos angegeben, wie es der Topik des Rap entspricht. Ist das also »Siegerkunst«,[93] was uns Beyoncé und Jay-Z vorführen, neofeudales Blingbling, ein Zurück vor die Sphäre der Kunst als Bewährungsstätte menschlicher Freiheit? Auf den ersten Blick und aus Sicht einer traditionellen Ästhetik mag es so scheinen; doch eine Gegenwartsästhetik, die Spektakularität, kulturindustrielle Produktion, marktförmige Rückkopplung oder die Adressierung von Stilgemeinschaften nicht als Ausschlusskriterien, sondern als einzubeziehende Faktoren, ja als basale ästhetische Ingredienzien begreift, eröffnet hier einen anderen Weg. Sie kann *Apeshit* ästhetisch lesbar machen, was in diesem Fall beginnen könnte mit einer Differenz: Während die Rapper in den klassischen Bling-Bling-Videos mit ihren teuren Autos, teurem Schmuck, Markenartikeln und willigen ›Bitches‹ angeben, Dingen, die ihnen gehören, weil sie reich sind, präsentieren sich The Carters hier vor Bildern, die ihnen nie gehören werden – das Wohlgefallen an ihnen

93 Vgl. Wolfgang Ullrich: *Siegerkunst. Neuer Adel, teure Lust*. Berlin 2016.

ist also offenkundig anderer Art (um das Wort ›interesselos‹ mal zu vermeiden). Dies öffnet den Raum unter anderem für eine anspielungsreiche und subtile Auseinandersetzung mit der kulturellen Repräsentation von Blackness auf den Bildern, die im Louvre hängen, und zudem für eine selbstbewusste, geradezu feudale Inszenierung, eine Markierung der Position jener Individuen, die in der Genese des Begriffs autonomer, universalmenschlicher Kunst lange Zeit nicht vorgesehen waren.[94] Mit der ägyptischen Skulptur kommen überdies Fragen nach den afrikanischen Ursprüngen europäischer Kultur, aber auch nach Raubkunst ins Spiel.

Auch eine zweite paradigmatische Linie kommt dabei zum Abschluss: »Going apeshit« knüpft auch an die Wendung »going gorillas« aus dem Song *Ni**as in Paris* an, den Jay-Z und Kanye West, zwei der erfolgreichsten Rapper der Nuller Jahre, 2011 zusammen einspielten (»Going gorillas, I don't even know what that means – No one knows what it means, but it's provocative«). Dort ging es genregemäß (allein) um Bling, Sex, machistisches Gehabe und andere ›Unkultur‹ der ›Ni**as‹ im Modus des Bragging; und die Differenz zur Kultiviertheit von Paris, das dabei im Wesentlichen durch den Eiffelturm und ein Luxushotel repräsentiert wird, sollte das Provokationspotenzial erhöhen (»Pardon my French but I'm in France«). Entsprechend konnte hier die (weibliche) Parodie *B*tches in Bookshops* von Annabelle Quezada und La Shea Delaney (2012) greifen, die u.a. einen Möchtergern-Lover rauswerfen, weil er nicht mal ›Marcel Proust‹ richtig aussprechen kann.[95] 2013 bringt Jay-Z dann *Picasso Baby* heraus, ein Video, das wie *Apeshit* einen typischen Rap-Song mit einem Kunst-Umfeld kombiniert. In den Lyrics geht es noch ums Haben, wobei teure Kunst assonierend mit den rap-typischen Luxusgütern kombiniert wird (»I wanna

94 Vgl. Simon Gikandi: *Slavery and the Culture of Taste*. Princeton/Oxford 2011.

95 Vgl. Präauer: *Das Glück ist eine Bohne*, S. 260–263 (»Biester im Buchladen«).

Abb. 20: The Carters (Beyoncé & Jay-Z). Aus dem Videoclip *Apeshit* (2018)

Rothko, no I wanna brothel«). Die nicht-besitzbare Gioconda im Louvre muss entsprechend substituiert werden: »Sleeping every night next to Mona Lisa / The modern day version / With better features«. Das dazu produzierte »Performance Art Video« (Regie: Mark Romanek) aber inszeniert Jay-Z aufwändig in einer White Cube-Kunstumgebung als »Hip Hop Artist«, wobei entsprechend ›artsy‹ Prominenz, von Marina Abramović und George Condo über Jim Jarmusch bis hin zu Galeristinnen und Kunstprofessoren, sich mit Rap und Street Art Performern mischt – in beiderseitiger Sympathie. Hier geht es nicht mehr um neureiche Vereinnahmung von Kunst als Signatur von ökonomischem Erfolg (wie noch in den Lyrics), sondern um kulturelle Augenhöhe: ›Wir sind doch alle erfolgreiche Künstlerinnen und Künstler.‹ Im *Apeshit*-Video schließlich zeigt man sich über die prollige Provokation ebenso hinausgewachsen wie über den Nachholbedarf an europäischer Bildung und jede Form des ›Wir wollen aber auch‹, denn nunmehr präsentiert sich der Louvre, als Summe dieser Bildung, auf der Höhe der Musiker, nicht umgekehrt. Und der Anteil der Unter-

Abb. 21: Cover der amrikanischen *Vogue* (Sept. 2018). Foto: Tyler Mitchell

30-Jährigen, die das ehrwürdige Museum besuchten, stieg nach dem Video um über 50 Prozent.

Mit dem Coverfoto von Beyoncé, das der junge afroamerikanische Fotokünstler Tyler Mitchell im Jahr des *Apeshit*-Videos für die amerikanische Vogue aufgenommen hat, kommt noch eine weitere Komponente hinzu. Beyoncé ist im September 2018 weder die erste Afroamerikanerin auf dem Cover der US-*Vogue*, noch ist sie selbst dort zum ersten Mal zu sehen. Mitchell aber ist der erste Afroamerikaner in der 126-jährigen Verlagsgeschichte der US-*Vogue*, der das

Coverfoto schießen durfte. Beyoncé, der die bildkünstlerische Leitung übertragen war, hatte den 23-jährigen eigens dafür ausgewählt. Modefotografie, die auf dem Cover der großen Magazine landet, ist eine Form der »Bildproduktion«, wie Niklas Maak schreibt, »die wirklich gesellschaftliche Realitäten herstellt und viel mehr prägt als das Kunst, Werbung und Mode« tun.[96] Nach wie vor ist diese Art der Bildproduktion fest in der Hand weißer Fotograf:innen, und so ist die Tatsache, dass Beyoncé von einem schwarzen Fotografen für das Cover der *Vogue* abgelichtet wird, schon für sich genommen ein Politikum. Aber auch, dass sie gemäß Mitchells Stilideal einer *Black Visual Utopia* als Ikone glamouröser, lässiger Afroamerikanität fungiert, die sich abhebt von den allgegenwärtigen düsteren Bildwelten der Riots, Diskriminierung und Armut sowie von grellen Exotisierungen wie Gangsta und Blingbling, verändert die »Aufteilung des Sinnlichen« (Rancière). Es zeigt, wie sehr sich in die Wahrnehmungsfähigkeit für die Materialität und die Texturen des Objekts stets auch gesellschaftliche und politische Realien mischen (und in der umgekehrten Richtung funktioniert diese ästhetische Demokratie selbstverständlich auch). 2019 wurde eines der Beyoncé-Fotos Mitchells in die ständige Sammlung der Smithsonian National Portrait Gallery aufgenommen. Tyler Mitchell fotografiert Anfang 2021 dann auch die erste schwarze US-Vizepräsidentin Kamala Harris – einmal mehr fürs Cover der *Vogue*. Harris präsentiert sich dafür in schwarzen Converse-Chucks und auch sonst eher casual, woraufhin online sogleich ein präsidialeres Cover nachgereicht wird. Und während die einen die Ausleuchtung des Fotos bemäkeln, das die Haut der Vizepräsidentin hell wirken lässt – sogar der Vorwurf des White-Washing wird erhoben – feiern andere die Lässigkeit der VP und die subtilen Farbcode-Anspielungen auf die Alpha Kappa Alpha Sorority an der Howard University, die

96 Niklas Maak: Nie wieder Opfer!, S. 33.

erste afroamerikanische Schwesternschaft an einer amerikanischen Hochschule, die nicht zuletzt auch von Toni Morrison als kulturelle Ikone hochgehalten wurde.

Es ist die ästhetische Überzeugungskraft der Bilder, die die hier angedeuteten Umwertungen unabweisbar macht, nicht umgekehrt. Die Bilder illustrieren nicht einfach historisch-sachliche Entwicklungen oder ethisch-politische Positionen und lassen sich daher auch nicht auf solche reduzieren. Sie arbeiten ganz zweifellos an einer gegenwartsadäquaten »Aufteilung des Sinnlichen«, doch bleibt diese Arbeit durchweg dynamisch, auch im Sinne kulturpoetischer Verhandlungen (*negotiations*). Vor allem aber bleibt sie konstitutiv ambig; im Vergleich der Bilder des Videos zu denen des Louvre, des Titelfotos der *Vogue* zur Tradition der Modefotografie, aber auch mit dem Import von Topoi des Rap und der amerikanischen Showkultur wird ein Spiel zwischen Sinnlichkeit, Diskursivität, reinen und gemischten Gefühlen in Gang gesetzt, das sich nicht so ohne weiteres stillstellen lässt. Das ist Ästhetik.

5 Anthropozän

»Unter allem drunter: Terra, erschöpft.«
(Joshua Groß: Die Zauberberg-Bubble)

Ästhetik im Anthropozän

Es wird wärmer, die Biodiversität nimmt dramatisch ab, in der Gegenwartsliteratur treten die Meere über die Ufer oder ziehen sich auf rätselhafte Weise zurück.[1] Ursache dafür, daran kann aufgrund der Faktenlage kein Zweifel sein: der moderne Mensch. Durch das massive Verbrennen fossiler Energieträger hat er das Klima auf bedrohliche Weise verändert. Seine Existenzweise ist mit Emissionen und der jahrhundertelangen Haltbarkeit bzw. Nichtabbaubarkeit petrochemisch erzeugter Kunststoffe in den Gesteinsformationen der Erde markiert – für alle Ewigkeit, möchte man sagen. Was von uns Modernen bleiben wird, sind für eine gewisse Zeit vielleicht Ereignisse wie die Deklaration der Menschenrechte und die Französische Revolution oder auch Gegenstände wie Kants Kritiken, James Joyce' *Ulysses* oder das *White Album* der Beatles. Bleiben wird aber vor allem, was der Mensch in den letzten knapp 200 Jahren in die Steine geschrieben hat. Hier zeigt sich ein »clash of scales«,[2] in dem sich die »kurze Menschenzeit« und die »Tiefenzeit der Erdgeschichte« (*deep history*) bzw. eine *deep future* (möglicherweise ohne den Menschen) miteinander verstricken.[3] Naturgeschichte, so der indische Historiker

1 Roman Ehrlich: *Malé*. Frankfurt a. M. 2020. Juan S. Guse: *Miami Punk*.

2 Timothy Clark: *Ecocriticism at the Edge. The Anthropocene as a Threshold Concept*. London/New York 2015.

3 Eva Horn, Hannes Bergthaller: *Anthropozän zur Einführung*. Hamburg 2019, S. 126 f.

Dipesh Chakrabarty, deren Zyklen man stets für weit ausladender, deren Tempo man für viel zu langsam gehalten hat, um Bedeutung für die menschliche Lebenswelt, und -wirklichkeit zu gewinnen, überschreibt die Humangeschichte – und umgekehrt.[4] Denn einerseits wird die Menschheit in den ökologischen Szenarien der Gegenwart als eine Kraft imaginiert, wie sie früher Naturgewalten oder -katastrophen vorbehalten war; andererseits kann der Mensch diesen globalen Wandel aber nur unter dem Menetekel seines eigenen Verschwindens imaginieren.

Was sich auftut, ist eine »›tiefe Zukunft‹, die die Horizonte modernen Zukunftsmanagements radikal überschreitet.«[5] Das Anthropozän, so der erdgeschichtliche Terminus, mit dem dieses Phänomen seit der Intervention des Meteorologen und Nobelpreisträgers für Chemie Paul J. Crutzen und des Meeresbiologen Eugene F. Stoermer firmiert, fordert unsere Konzepte menschengemachter Gegenwart und Zukunft ebenso radikal heraus wie die Auffassungen von Naturästhetik. Ja, unsere Vorstellungs- bzw. Darstellungsfähigkeit überhaupt sind angesichts dieser Entwicklungen auf radikal neue Weise gefragt, da man etwa Phänomene wie den Klimawandel selbst ja nicht sehen kann: »Man erfährt die globale Erwärmung nie als solche«, schreibt der amerikanische Literatur- und Kulturwissenschaftler Timothy Morton, »nirgends in der langen Liste von Wetterereignissen – die mit ansteigender globaler Erwärmung noch viel länger werden wird – findet man die globale Erwärmung selbst«. Dennoch ist der Klimawandel real. Seine Nichtlokalisierbarkeit hängt mit seiner Ubiquität zusammen. »Man kann ihm nicht entkommen, egal wohin man sich auch begibt auf der Erde.«[6]

4 Dipesh Chakrabarty: The Climate of History. Four Theses. In: *Critical Inquiry* 35 (Winter 2009), S. 197–222.

5 Horn/Bergthaller: *Anthropozän*, S. 18.

6 Timothy Morton: *Hyperobjects. Philosophy and Ecology after the End of the World*. Minneapolis/London 2013, S. 48 (»You are never directly

Für den Bereich der Sachurteile und der Klimapolitik haben sich daher griffige Formeln als wichtig erwiesen, um das Thema der Erderwärmung dauerhaft in der allgemeinen Wahrnehmung und im politischen Diskurs zu verankern. Etwa in Form eines Zwei- bzw. 1,5 Grad-Ziels, mit dem man anstrebt, die globale Erwärmung gegenüber dem Niveau vor Beginn der Industrialisierung auf entsprechende Grad Celsius zu begrenzen und dadurch ökologisch desaströse Konsequenzen doch noch zu vermeiden. Auch die Biodiversitätsforschung streitet derzeit um eine Formel für die rasant zunehmenden Artenverluste, einen politisch operationalisierbaren Zahlen-Grenzwert, jenseits dessen der Artenreichtum des Planeten unwiederbringlich geschädigt wäre.

Daneben sind auch plakative Bilder von Bedeutung wie diejenigen der Waldbrände in Kalifornien im Herbst 2020. Angesichts derer war (wie immer wieder bei solchen Bildern) zu lesen, dass nun, da sich die klimainduzierte Katastrophe auch auf dem Territorium einer der reichsten Industrienationen ereigne, wirklich auch noch den Letzten klarwerden müsse, dass es keinen sicheren Ort mehr vor der globalen Erwärmung und ihren Konsequenzen gebe. Einmal abgesehen davon, dass zumindest fraglich ist, ob die Überfülle solcher Bilder wie rauchende Fabrikschlote, Plastikmüll am Meeresufer, spielende Kinder auf Müllhalden oder traurig kuschelnde Eisbären auf schmelzenden Eisschollen wirklich zum Handeln motiviert oder nicht auch in gewisser Hinsicht desensibilisiert, kalmiert oder lähmt, sind die Layerverschiebungen interessant, in denen solch eine bildliche Verhandlung geschieht.

Appelliert der WWF im Jahr 2007 noch mit den angesprochenen traurig-niedlichen Eisbären in prekärer Lage,

experiencing global warming as such, nowhere in the long list of weather events – which will increase as global warming takes off – will you find global warming. It never stops sticking to you, no matter where you move on Earth«).

Abb. 22: Anzeigenkampagne des WWF (2007)

so entwirft der Fotograf Marc Paeps 2008 eine drastische Alternative dazu. Auf seinem Bild, mit dem er im Auftrag der Vereinigung Friends of the Earth die belgische Regierung zu einer strengeren Klimagesetzgebung auffordert, schreitet ein gehäuteter Eisbär übers Packeis. Die Optik changiert zwischen plastinierter Leiche und Zombie. Man kann dies als Verschiebung der Personifikationsmuster lesen. Der Eisbär, eigentlich das größte an Land lebende Raubtier, wird zu einem Kuscheltier verkleinert, dann als Alter Ego des Menschen aufgerichtet, das seine eigene Haut seltsamerweise wie eine Jagdtrophäe trägt. Man kann in diesem Stilwandel auch mit Henning Arnecke die Abkehr von einer »Ästhetisierung von Machtlosigkeit« sehen, für die Cuteness immer auch steht. Dann läge ein Bruch mit dem »Akt einer Er*nied*rigung« vor, der, wie Hannah Zipfel mit Blick auf die Etymologie des Worts betont, immer auch in der *Nied*lichkeit schlummert.[7] Anschaulich wird

7 Henning Arnecke: Niemand kann mehr behaupten, der Klimawandel

Abb. 23: Anzeigenkampagne der Friends of the Earth (2008). Foto: Marc Paeps

das auch in der Ikonisierung der schwedischen Klimaaktivistin Greta Thunberg. Diese tritt, wie Arnecke argumentiert, trotz ihrer Kindlichkeit und ihrer Zöpfe eben nicht als niedliche, sondern als ausgesprochen ernste und strenge junge Frau auf, die »kein flehendes ›Please help the world!‹« piepst, sondern den Teilnehmer:innen der Weltklimakonferenz die Leviten liest (»How dare you!«) und ihnen gegenüber die eigentliche Handlungsmacht reklamiert: »The real power belongs to the people«. Dennoch verfällt die Berichterstattung über Greta Thunberg immer wieder in »alte Muster«, etwa wenn sie als Jugendliche gezeigt wird, die trotzig »in gelber Winterjacke mit einem Schild einsam vor dem Parlament sitzt – eine Machtverschiebung stellt man sich anders vor,« was dann von

hätte etwas Niedliches. Skizzen einer visuellen Kommunikation zwischen ökonomischer Reizsetzung und politischem Agenda-Setting. In: Birgit Richard/Niklas von Reischach/Hannah Zipfel (Hg.): *#cute. Inseln der Glückseligkeit?* Bielefeld: Kerber 2020, S. 44–47; S. 44; Hannah Zipfel: Unheimlich niedlich?, S. 66.

Politikerseite rasch die bekannten ›das ist eine Sache für Profis‹-Reaktionen triggert.[8]

Spezielle Ästhetiken stecken also überall in der bildlichen Verhandlung des Anthropozäns. Allerdings nicht nur in Form appellativer Zuspitzung (was eher in den Bereich ethischer Urteile gehört), sondern stets auch in jenem der Ästhetik eigentümlichen Modus der vorbehaltlichen Abwägung, der Aushandlung subjektiver Register, des ›Gettens‹, d. i. des gefühlsmäßigen, oft auch ambivalenten Interesses an Sachverhalten. Nur ist die Sache beim Thema Anthropozän nicht so einfach. Denn mitunter entsteht der Eindruck, dass es angesichts der Sachlage um die Gefühle des Individuums überhaupt nicht mehr gehe; dass vielmehr das Ins-Zentrum-Rücken des Subjekts mit seinen sensitiv-gefühlmäßigen Layern, wie es zentral mit dem Anliegen der Ästhetik verknüpft ist, in seiner anthropozentrischen Struktur eher Teil des Problems als Teil der Lösung sei. Komplementär erweist sich der Problemdruck durch die apokalyptischen Umweltszenarien als nicht unbedingt förderlich für ästhetisch befriedigende Konzepte. Spitz bemerkt etwa Eva Horn, dass der Begriff ›Anthropozän‹ »im Kunstbetrieb derzeit inflationär benutzt wird«, ja »zu einem Schlagwort« geworden ist, »das wenig mehr signalisieren soll als Aktualität und politische Relevanz«[9] – allerdings wären auf vergleichbare Formen der Selbstnobilitierung (mit Verlaub) auch Theorien zu prüfen, die deklarieren, dass nun, im Anthropozän, die Grundlagen des Politischen, die Ästhetik oder »allen voran das Verhältnis von Natur und Kultur [...] völlig neu gedacht werden« müssten.[10]

Klar ist: die Erwartungen an die Adresse der Kunst, sie müsse »das abstrakte Konzept ›Anthropozän‹ *denk-* und *wahrnehmbar* machen«, Bewusstsein schaffen für ein »Gefühl von Dringlichkeit« oder sogar »neue Instrumentarien

8 Arnecke: Niemand kann mehr behaupten, S. 46.

9 Horn/Bergthaller: *Anthropozän*, S. 17, 117.

10 Horn/Bergthaller: *Anthropozän*, S. 117.

des Denkens zur Verfügung stellen«, sind in ihrem Anspruch an eine »gesellschaftliche Innovationskraft« des Ästhetischen nicht selten überzogen.[11] Wenn das Ästhetische etwas leisten kann, dann nicht als Umschlagplatz virulenter Themen, sondern in seiner Spezialkompetenz für Formen und durch sie ausgelöste Anschlusskommunikation. »Auf dem Gebiet ökologischer Arbeiten«, schreibt der Philosoph Wolfgang Welsch, »findet man ein bisschen zu häufig gute Gesinnung und Eindeutigkeit, während Kunst doch immer der Ungewissheit, Ambiguität und Irritation bedarf«.[12] Sehr weit über diese Forderung hinaus führt der Weg einer Ästhetik des Anthropozäns allerdings bislang meist nicht.

Plastik

Nehmen wir zum Beispiel die in diesem Zusammenhang diskutierte Arbeit der US-amerikanischen Künstlerin Tara Donovan *Untitled (Plastic Cups)* aus dem Jahr 2006. Mehr als eine Million übereinander gestapelter Plastikbecher formen darin eine »wabernde Wolke«,[13] man könnte auch sagen, ein wogendes Meer. Für Timothy Morton liegt die Lesart dieser Form auf der Hand. Sie mache ein Skalenproblem sichtbar zwischen den Handlungen jedes einzelnen und einer Gesamtheit, als die der Mensch für ökologische Katastrophen verantwortlich sei. »Donovan spielt mit einem verwirrenden Phänomen; nämlich dem Umstand, dass die menschliche Fähigkeit, Skalen zu berechnen, außerge-

11 Horn/Bergthaller: *Anthropozän*, S. 117 f.
12 Wolfgang Welsch: »Art Adressing the Anthropocene«. In: *Contemporary Aesthetics* 18 (2020), https://contempaesthetics.org/2020/02/18/art-addressing-the-anthropocene/?hilite=%27anthropocene%27#FN7 (30.3.2021) (»In the field of ecological works one finds just too much good intention and definiteness, whereas art always requires uncertainty, ambiguity and irritation«).
13 Morton: *Hyperobjects*, S. 114 (»billowing cloud«).

Abb. 24: Tara Donovan: *Untitled* (Plastic Cups) (2006)

wöhnliche Größeneinheiten erzeugt, die ebenso real sind, ebenso existieren wie ein einzelner Plastikbecher, aber die eine Dimension einnehmen, die viel weniger greifbar (oder völlig unbegreifbar) für die alltägliche menschliche Wahrnehmung ist«.[14] So weit, so pädagogisch. Noch ein bisschen dramatischer gesagt, gehe es darum, »hervorzuheben, was uns die Becher über ihren unmittelbaren Gebrauch hinaus zu sagen haben: etwas für Menschen Unaussprechliches.«[15]

14 Morton: *Hyperobjects*, S. 114 (»Donovan plays with the disorienting way in which the human ability to calculate scale evokes strange entities that exist as much as a single plastic cup, but that occupy a dimension that is less available (or wholly unavailable) to mundane human perception«).
15 Morton: *Hyperobjects*, S. 114 (»to highlight the way the cups are ›saying‹ something beyond their human use: something unspeakable for a human«).

Unaussprechliches? Das hört sich im Bereich moderner wie gegenwärtiger Kunst immer ganz brauchbar an (Lyotards Erhabenes!). Es wäre freilich darüber nachzudenken, ob die offensichtliche Schönheit eines Meers aus Plastik dem Auge des Betrachters nicht irritierenderweise auch schmeichelt, ob seine Erhabenheit ihn ob dieses Anschwellens zu einer Naturgewalt oder einer geologischen Macht nicht sogar mit einem merkwürdigen Stolz erfüllen kann? Vor diesem Hintergrund wird immer auch Kritik am Terminus ›Anthropozän‹ geübt, suggeriert er doch eine gewisse Zwangsläufigkeit, als menschliche Gattung dort zu landen, wo man eben gelandet ist, eine Unausweichlichkeit der Verhältnisse. Beides ist mindestens unpolitisch.[16] So fürchterlich *unspeakable* ist das, was hier mithilfe der Kunst beschworen wird, dann ja auch eigentlich nicht, entsetzlich vielleicht, aber jedenfalls nicht weiter kompliziert. ›Wenn ihr so weitermacht‹, sagt die Installation nach Timothy Mortons Lesart, ›dann bestehen die Meere irgendwann aus schierem Plastik. Schaut Euch also mal diese – in ihrer Serialität, immensen Größe und sanften Bewegtheit aisthetisch nicht reizlose – Bescherung an, wenn es nämlich vollends soweit ist, werdet ihr nichts mehr zu bestaunen haben, das findet dann ohne Euch statt.‹ An Imaginationen einer endzeitlichen »Welt ohne uns« in ihrer posthumanen Schönheit herrscht kein Mangel.[17]

Der Begriff, den Morton für solche Darstellungen geprägt hat, ist der des »Hyperobjekts«: »Dinge, die im Ver-

16 Vgl. Christophe Bonneuil, Jean-Baptiste Fressoz: *The Shock of the Anthropocene. The Earth, History and Us*. London/New York 2016. Anthropocene, Capitalocene, Chthulhucene. Donna Haraway in conversation with Martha Kenney. In: Heather Davis/Etienne Turpin (Hg.): *Art in the Anthropocene. Encounters Among Aesthetics, Politics, Environments, Epistemologies*. London 2015, S. 255–270; S. 259.

17 Alan Weismann: *Die Welt ohne uns: Reise in eine unbevölkerte Erde*. München 2009. Vgl. auch Anna Lowenhaupt Tsing: *Der Pilz am Rande der Welt. Über das Leben in den Ruinen des Kapitalismus*. Aus dem amerikanischen Englisch von Dirk Höfer. Berlin 2019.

hältnis zu den Dimensionen und der Wahrnehmungsfähigkeit des Menschen (zu) massiv ausgedehnt sind in zeitlicher wie räumlicher Hinsicht«. Wie die Plastikflut, die alles überschwemmt und jede individuelle Existenz überdauert, möglicherweise auch die der menschlichen Spezies. »Als Hyperobjekt könnte man also Stoffe aus menschlicher Herstellung mit extrem langer Haltbarkeit bzw. Nichtabbaubarkeit verstehen, wie Styropor oder Plastiktüten.«[18] Entscheidend für Morton ist, dass diese Gegenstände »nicht stationär« sind, »mit anderen Worten, jede ›lokale Manifestation‹ eines Hyperobjekts ist nicht wirklich das Hyperobjekt«. Darüber hinaus sind sie auf gewisse Weise »*viskos,* was heißt, dass sie haften bleiben an Wesen, die mit ihnen zu tun haben.« Sie sind überall, und wir werden sie nicht mehr los. Aber was heißt schon *wir*? Für Morton ist das Hyperobjekt Manifest einer »objektorientierten Ontologie« (*object-oriented-ontology*), d.h. einer »einzigartigen Form von Realismus und nicht-anthropozentrischem Denken«, was schlicht bedeutet: »Hyperobjekte sind real, unabhängig davon, ob jemand sie näher beachtet. Hyperobjekte machen Schluss mit der Möglichkeit, sich irgendwie ›transzendental‹ aus der physikalischen Realität herauszuwinden.«[19] Adieu Ästhetik, würde das dann wohl heißen, wenn man diese als dezidiert nicht am Sachurteil orientierte, die sensitiven Verstrickungen und Gefühlslagen des Menschen fokussierende Unternehmung denkt. Wobei natürlich ihre kommunikative Kraft und ihre spezifische Form der Erkenntnis gerade aus dieser

18 Morton: *Hyperobjects*, S. 1 (»things that are massively distributed in time and space relative to humans«; »A hyperobject could be the very long-lasting product of direct human manufacture, such as Styrofoam or plastic bags«).

19 Morton: *Hyperobjects*, S. 1 f. (»in other words, any ›local manifestation‹ of a hyperobject is not directly the hyperobject«; »unique form of realism and nonanthropocentric thinking«; »*viscous*, which means that they ›stick‹ to beings that are involved with them« »Hyperobjects are real whether or not someone is thinking of them. [...] Hyperobjects end the possibility of transcendental leaps ›outside‹ physical reality«).

Offenheit resultieren: aus ihrer Zurückhaltung in Bezug auf Sachurteile und der Freude daran, dem Prozess nachzugehen, der von einer sinnlichen Lust-/Unlustempfindung an Sachverhalten zu deren kognitiver und diskursiver Prozessierung führt. Braucht's das eigentlich alles noch, fragen Theorien des Anthropozäns, oder kann das angesichts der aktuellen *we're fucked*-Stimmung weg?

Nun, um mal eine Nummer kleiner anzusetzen: Was ihre Form betrifft, ihre jedes menschliche Maß übersteigende Dimension, sind Hyperobjekte eigentlich auf einem klassischen Terrain des Ästhetischen angesiedelt, nämlich in der Tradition des Erhabenen. Dort geht es laut Kant um Gegenstände, die »der Form nach [...] zweckwidrig für unsere Urteilskraft, unangemessen unserm Darstellungsvermögen, und gleichsam gewalttätig für die Einbildungskraft erscheinen«. Mit dem Schönen hat das Erhabene bei Kant allerdings gemein, dass es »kein Sinnes- noch ein logischbestimmendes, sondern ein Reflexionsurteil voraussetzt«, also »für sich selbst gefällt« oder vielleicht besser: auf irgendwie stimulierende Weise entsetzt. Anders als beim Schönen handelt es sich beim Erhabenen um eine »negative Lust«, die »nur indirekt entspringt, nämlich so daß sie durch das Gefühl einer augenblicklichen Hemmung der Lebenskräfte und darauf sogleich folgenden desto stärkern Ergießung derselben erzeugt wird«. (KdU, §23) Kant meint das aber nicht als wohligen Schauder, sondern gibt dieser Bewegung eine Wendung in den Bereich menschlicher Autonomie und Vernunft. Naturkräfte, die uns in ihrer schieren Dimension oder Gewalt auszulöschen scheinen, provozieren und aktivieren die Vernunft, die Fähigkeit zu autonomen Urteilen und vor allem zu Handlungen, durch die das Subjekt sich aus der Natur heraushebt. »Das Niederschlagende wird dabei zum Anlasser eines Prozesses der Selbstbewusstwerdung des Ichs als intelligibler Größe«.[20] In dieser Form ist das ein

20 Hartmut Böhme: Natürlich/Natur. In: *Ästhetische Grundbegriffe*.

klarer Fall eines Sprungs aus der schieren Physikalität. Weder als Distanzierung von den allgegenwärtigen physischen Bedrohungen noch als menschliche Ermächtigungsfigur steht ein solcher Move bei Ecocritics derzeit besonders hoch im Kurs. Vielmehr wird jener »bürgerliche Stolz«, der aus Kants Variante des Erhabenen spricht, ein Stolz, der »jenseits des vernünftigen Selbstbewusstseins keine Instanz anerkennt, vor der es sich zu verneigen gelte«,[21] geradezu als Indiz für die Überheblichkeit gewertet, sich als menschliche Intelligenz über die Bedingungen und Limitierungen der Natur zu erheben.

Es ist wohl dieser Hintergrund, das Ästhetische als Vehikel bürgerlicher Verfeinerung und des Genusses und das Erhabene als Figur einer rationalen Ermächtigung über alle Bedrohungen zu lesen, der Theoretikern wie Morton nahelegt, mit seinem Hyperobjekt ein ontologisches Szenario zu bevorzugen, in dem es nur um die Sache geht und nicht mehr darum, wie diese auf den sensitiv-emotionalen Apparat wirkt und wie dies gedanklich prozessiert und vernünftig verhandelt werden kann. Und doch greift Morton selbst ständig auf das Register des Ästhetischen zurück. Die »walls of feedback« etwa, die The Velvet Underground mit ihrem Song *Heroin* in die Popgeschichte einführen, oder die »Oceans of Sound« einer Drone-Doom-Band wie Sunn O))) sind für ihn nichts anderes als »Sound als Hyperobjekt, ein Sound, vor dem es kein Entkommen gibt, wie klebriger soundförmiger Latex. Er verletzt mich. Eine seltsam masochistische Dimension ästhetischer Erfahrung tut sich auf […], ein ästhetischer Uterus, der jeden meiner Versuche des Entkommens, der Transzendenz verhindert«.[22] Morton bezieht diese dröhnend viszerale, viskos unausweichliche Er-

Historisches Wörterbuch in sieben Bänden. Hg. von Karlheinz Barck. Bd. 4. Stuttgart/ Weimar 2010, S. 432–498; S. 489.

21 Böhme: Natürlich/Natur, S. 489.

22 Morton: *Hyperobjects*, S. 30, 192 (»sound as hyperobject, a sound from which I can't escape, a viscous sonic latex. It hurts me. A strange

fahrung also direkt aus der Ästhetik der Popkultur (warum auch nicht, in Sachen immersiver Ästhetiken ist man dort immer schon ziemlich weit vorne gewesen). Nur sind eben The Velvet Underground gleich mit ihrem ersten Album mit dem von Andy Warhol gestalteten Bananen-Cover zu einer Ikone der Schnittstelle von Pop, Kunst, Warenförmigkeit und Rebellion geworden. Und der Name der Band Sunn O))) huldigt der Bild-/Wortmarke ihres bevorzugten Verstärkerherstellers, der 2002 eingestellten Kultmarke Sunn, die unter anderem für Jimi Hendrix und Pete Townshend das Equipment geliefert hat. Diese kraftvollen Verstärker, die eigens für die Beschallung sehr großer Hallen entwickelt wurden, haben in der Tat viel zu leisten, wenn Sunn O))) bei ihren Konzerten in schwarzen Mönchskutten, eingehüllt in Nebelschwaden, auf der Bühne stehen und mit ihrem Publikum ein schmerzhaft intensives Soundritual feiern. Hier wird keineswegs Ontologie ohne Formbetrachtung, ohne Ästhetik betrieben; zu beobachten ist vielmehr das poptypische Verhalten einer Stilgemeinschaft normalisierten Spektakels (Venus) auf der Basis hochgetriebener Qualia.

Auch was eine strukturelle Referenz von Mortons Hyperobjekt anbelangt, wird man in der Tradition des Erhabenen fündig, allerdings in der vorkantischen Variante, wie sie Edmund Burke in seiner *Enquiry into the Origin of our Ideas of the Sublime and the Beautiful* (1757) formuliert. Das Erhabenheit auslösende Phänomen – Burkes Katalog umfasst u. a. *light*, *blackness*, *darkness*, *loudness* – verursacht einen Schrecken (*terror*), der einschüchternd und disziplinierend wirkt und somit göttliche wie weltliche Autoritäten als Sicherheitsgaranten stärkt. Keine *power* ohne *dread* und *terror*;[23] das ist

masochistic dimension of aesthetic experience opens up […] an aesthetic uterus that subtends even my supposed acts of transcendence«).

23 Edmund Burke: *Philosophische Untersuchung über den Ursprung unserer Ideen vom Erhabenen und Schönen*. Übers. von Friedrich Bassenge. Hamburg 1989. Abschnitt »Macht«, S. 102: »Kurz: wo immer wir Stärke finden und in welchem Lichte wir Macht betrachten: wir werden überall

Abb. 25: Sunn O)))

eine eher konservative, noch nicht von bürgerlichem Stolz oder Emanzipationsgedanken geprägte Variante des Erhabenen. Eine Analogie lässt sich hier freilich weniger zum Drone-Doom-Sound von Sunn O))) ziehen als zu Mortons Ontologie in ihrer Fixierung auf die physikalische Realität der ökologischen Krise, die jedes Interesse an deren lebensweltlicher Aushandlung sofort unter den Verdacht des *transcendental leaps* stellt. Die ökologischen Sachurteile mögen noch so eindeutig sein – fürs Ästhetische bleiben Unsicherheit, gemischte Gefühle, Ambiguitäten und Irritationen konstitutiv.

So ist die stoffliche Erkundung, die Tara Donovans Plastikbecher-Installation vornimmt, mehr als nur die eindimensional-pädagogische Bebilderung der ökologischen Wahrheit, dass zu viel Plastik produziert wird. Da ist zunächst einmal

das Erhabene im Gefolge des Schreckens […] finden.« (»In short, wheresoever we find strength, and in what light soever we look upon power we shall all along observe the sublime the concomitant of terror«.)

das Phänomen des Stapelns, an dem die Arbeit interessiert ist: »Ich fing an mit Plastikbechern zu arbeiten und kam dabei immer wieder auf ihre offensichtlichste Eigenschaft zurück, die man darin sehen kann, wie sie verpackt sind: ihre Stapelbarkeit. Und dann ging es darum, dass sie sich auch horizontal in unterschiedlichen Höhen zusammenstellen lassen und wie man damit diese Ebene bauen kann – eine sich wellende, verpixelte Landschaft; aber das Ganze würde immer ein Plastikbecher bleiben; auch wenn das aus Millionen Teilen zusammengesetzt ist. Es ging tatsächlich darum, wie einfach man sie stapeln kann, um diese Art von Entdeckung.«[24] Die Form des Stockpiling schmeichelt dem menschlichen Auge, und es ließe sich überlegen, ob es in Donovans Arbeit weniger um die »malleability«,[25] also die Formbarkeit des Plastiks geht, wie Morton schreibt, sondern um dessen *ability*, die Morphologie einer *mall* zu reflektieren.[26] Bereits Arnold Gehlen konstatierte eine »unmittelbare Freude aller Menschen an symmetrischen, regelmäßigen und spektralfarbigen Gebilden«. Das sei nichts anderes als der »funktionslos gewordene, entmachtete Rest« einer »uralten Auslöserwirkung«, der aufgrund seiner Funktionslosigkeit »über die ganze Breite des ›befreiten‹ optischen Feldes hinweg in unendlicher Mannigfaltigkeit sich öffnen kann«.[27] In der

24 Lauren Christensen: Tara Donovan, A Sculptor who Finds Beauty in the Mundane. In: *New York Times*, 20. 9. 2018, https://www.nytimes.com/2018/09/20/books/tara-donovan-fieldwork.html (30. 3. 2021). (»I started working with plastic cups and kept coming back to the obvious nature of how they're packaged, and that I could stack them in this horizontal orientation where they would crest at varying heights and it would create this plane – an undulating, pixelated landscape – but it would still remain a cup, despite its being composed of a million parts. It was really about the simplicity of being able to stack them. It's more about that kind of discovery«.)

25 Morton: *Hyperobjects*, S. 114.

26 Vgl. dazu Heinz Drügh: *Ästhetik des Supermarkts*. Konstanz 2015.

27 Arnold Gehlen: Über einige Kategorien des entlastenden, zumal des ästhetischen Verhaltens [1950]. In: A. G.: *Studien zur Anthropologie und Soziologie*. Hg. von Friedrich Fürstenberg und Heinz Maus. Neuwied/Berlin 1963, S. 64–78; S. 69.

Philosophie des Geldes identifiziert Georg Simmel zwei »Formulierungen tiefster Wesensrichtungen«: eine eher »individualistisch-spontane« und eine mit dem »Symbol des Rhythmisch-Symmetrischen«.[28] Auch wenn diese Opposition für die Symmetrie das funktionale Moment des Schematischen und Berechenbaren vorsieht: »die innere Ausgeglichenheit und äußere Geschlossenheit, die Harmonie der Teile und Berechenbarkeit ihrer Schicksale verleiht allen symmetrisch-systematischen Organisationen eine Anziehung«. Es geht also um nichts anderes als jenen »ästhetischen Reiz«, der von allen »symmetrisch-systematischen Organisationen« ausgeht: Durch sie »sollen die individuellen Zufälligkeiten des Daseins eine Einheit und Durchsichtigkeit erhalten«.[29] »Die symmetrisch-rhythmische Gestaltung bietet sich so als die erste und einfachste dar, mit der der Verstand den Stoff des Lebens gleichsam stilisiert, beherrschbar und assimilierbar macht«, oder auch: »Die Symmetrie ist der erste Kraftbeweis des Rationalismus, mit dem er uns von der Sinnlosigkeit der Dinge erlöst«.[30]

Vor diesem Hintergrund stellen sich die dargestellten Versuche, eine regelrechte Ästhetik des Anthropozän auszuflaggen, nicht nur rundheraus als Vereinnahmung der Kunst zur Steigerung der Sensibilität für gesellschaftlich brennende Fragen, sondern auch als schreckliche, wenngleich offenbar vielfach willkommene Vereinfachung dar. Ein Gefühl wie ›das checkt ja wirklich jede:r‹ lässt sich jedenfalls in Mortons Lesart von Donovans Arbeit nicht ganz verscheuchen; und es taucht die Frage auf, ob es dafür wirklich noch Kunst, ob es Ästhetik braucht. Die Problematik scheint ja im Bereich des Politischen und des Sachurteils gut aufgehoben.

28 Georg Simmel: Philosophie des Geldes. In: G. S.: *Gesamtausgabe*. Hg. von Otthein Rammstedt. Bd. 6. Hg. von David Frisby und Klaus Christian Köhncke. Frankfurt a. M. 1989, S. 687.

29 Simmel: Philosophie des Geldes, S. 688.

30 Simmel: Philosophie des Geldes, S. 681 f.

Es bleibt daher im Sinne einer Ästhetik, die sich immer auch als Erkundung unseres intellektuellen Lust-Unlust-Empfindens begreift und darum weiß, dass wir in unterschiedliche mediale Oberflächen eingelassen sind, über die wechselhafte Faszination des Materials Plastik nachzudenken. Dafür ist ein Blick in Roland Barthes' Essay über »Plastik« aus den *Mythen des Alltags* aufschlussreich, auch wenn oder vielleicht gerade weil ihm Ende der 1950er Jahre die ökologische Problematik noch nicht vor Augen steht. Die »alchimistische Substanz« fasziniert Barthes. Plastik sei im Wortsinne »ein wunderbarer Stoff: Ein Wunder ist immer eine plötzliche Transformation der Natur. Von diesem Staunen bleibt das Plastik durch und durch geprägt.« Dieses »ständige Erstaunen« über die Flexibilität und Vielseitigkeit des Plastiks, über seine Fähigkeit, nahezu alle Formen anzunehmen, über seine »Allgegenwart«, ist aus seiner Sicht ein freudiges, weil der Mensch am »Ausmaß dieser Verwandlungen seine Macht ermißt.«[31] Wer hier nur ›Hilfe, Anthropozentrismus!‹ ruft, verkennt, dass es bei der Erkundung der Macht eines Materials durchaus auch um die Frage geht, *warum* es solche Ubiquität gewonnen hat.

Als künstlerische Antwort auf diese Überlegungen lassen sich die Korallenriffe der Schwestern Margaret und Christine Wertheim begreifen. Diese sind (als *collective art*, unter Beteiligung von mehr als 8000 Mitwirkenden) aus einem Material gehäkelt, das neben Wolle und Baumwolle aus Plastiktüten, Videotapes, Frischhaltefolie und Vinyl hergestellt ist.[32] Im Fall des sogenannten *Crochet Coral Reef: Toxic Seas* (2016) wird daraus ein wucherndes Gebilde in giftig bunten Farben – wohingegen die realen Korallen des

31 Roland Barthes: Plastik. In: *Mythen des Alltags* [1957]. Vollständige Ausgabe. Aus dem Französischen von Horst Brühmann. Berlin 2010, S. 223–225; S. 223 f.

32 Donna Haraway: *Unruhig bleiben. Die Verwandtschaft der Arten im Chthuluzän*. Aus dem Englischen von Karin Harrasser. Frankfurt a. M. 2018, S. 109.

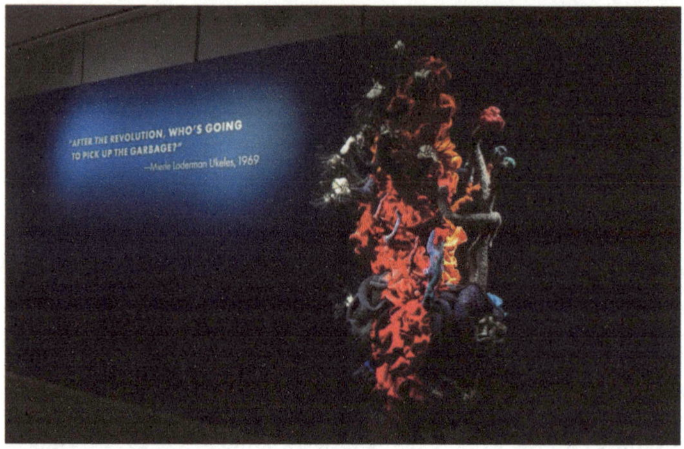

Abb. 26: Margaret und Christine Wertheim: *Crochet Coral Reef: Toxic Seas* (2016)

Great Barrier Reefs durch die Erwärmung des Meers nicht nur dezimiert, sondern durch dessen Übersäuerung auch gebleicht werden.

»Es ist eine unglaubliche Schönheit in diesen Arbeiten«, schreibt Donna Haraway, »so etwas wie die Möglichkeit, von einer heimgesuchten Vergangenheit aus eine Zukunft zu erkunden. Es ist ebenso schön wie grausig; ich denke, dass sie [die Wertheims] ganz bewusst mit diesen vielfachen Modalitäten arbeiten.«[33] *Multiple modalities*: Es geht also einmal mehr um den ästhetischen Modus der vermischten Empfindung, nicht um ein Schönes, das die Harmonie der Schöpfung spiegelt, nicht um ein Erhabenes, und zwar weder um eines, das den Menschen einem unausweichlichen Schicksal unterwirft (Burke), noch um eines, das dem Subjekt den rein intellektuellen Weg aus seiner Naturverfallenheit aufweist (Kant). Es geht um ein giftig Schönes, das auf ebenso

33 Haraway: Anthropocene, Capitalocene, Chthulhucene, S. 265 (»There is amazing beauty to these pieces, a kind of inhabiting the possibility of a future out of a haunted past. It's beautiful and ugly; I think they are deliberately working with these multiple modalities«).

irritierende wie faszinierende und stimulierende Weise in den Zivilisationsmüll verstrickt bleibt. Mit Haraway lässt sich fordern, »dass wir nicht einfach klein beigeben sollen im Sinne dieses techno-tragischen Narrativs vom selbstfabrizierten endgültigen Tod im Anthropozän, sondern dass wir die Wirklichkeit exzessiven Massensterbens bewohnen, sie zu reparieren lernen, vielleicht sogar wieder zum Blühen zu bringen, ohne das alles zu leugnen«.[34] Das mag sich ein bisschen nach California Dreaming anhören, aber im Kern geht es eben darum, Ästhetik auch und gerade angesichts drängender ökologischer Probleme nicht zu einer Bebilderung von etwas per Sachurteil sicher Gewusstem oder moralisch Vorgeschriebenem zu degradieren, sondern *in aestheticis* tastend, Irritationen nicht ausweichend, unsicher und fragend zu bleiben.

So eröffnet auch Tara Donovans Arbeit bei genauerem Hinsehen ein materialgeschichtliches Bewusstsein für die Alltäglichkeit, Gewöhnlichkeit und Billigkeit von Plastik. »Ich fing also zunächst an, mit massenproduzierten Materialien zu arbeiten«, informiert sie, »weil sie das waren, was mir als armer Kunststudentin zu Verfügung stand – sie waren halt billig.«[35] Während ein »Luxusobjekt« laut Barthes »immer erdhaft« sei, »stets auf kostbare Weise an seinen mineralischen oder animalischen Ursprung« erinnere, gehe Plastik »ganz in seinem Gebrauch auf.«[36] Tara Donovans Installation ist also auch als eine Art Würdigung oder letzte Feier eines modernen Materials zu verstehen, mit dem sich nicht zuletzt ein politisches Partizipationsversprechen ver-

34 Haraway: Anthropocene, Capitalocene, Chthulhucene, S. 268 (»that we don't give in to the techno-tragic story of self-made final death of the Anthropocene, but that we do inhabit the realities of excess mass death so as to learn to repair, and maybe even flourish without denial«).

35 Zit. n. Christensen: Tara Donovan (»I started out working with mass-produced materials, because they were what was accessible to me as a poor art student — they were cheap«.).

36 Barthes: *Mythen des Alltags*, S. 225.

Abb. 27: Horten-Einkaufstüte (Gestaltung: Egon Eiermann)

bunden hatte. Plastik und die aus ihm geformten Objekte, schreibt Barthes, bargen ebenso für den Alltag wie für die Künste das Versprechen, die »Hierarchie der Substanzen« abzuschaffen.[37] Bis weit in die Nachkriegszeit galt Plastik – man glaubt es kaum mehr – als umweltfreundliches Material, das demokratisch, weil nicht exklusiv und dazu noch kulturneutral war, weil es Anklang in den verschiedensten Regionen der Welt fand. Etwa die Plastiktüte: ein just historisch gewordenes Objekt, wurde sie doch im Jahr 2020 aufgrund ihrer verheerenden Ökobilanz vom bundesdeutschen Parlament verboten; das Ende einer rasanten Geschichte, denn erst 1961 waren in Deutschland die ersten Plastiktüten ausgegeben worden – vom Kaufhaus Horten, deren modernistisches Verner Panton-Design auf eine Idee des Architekten und Gestalters Egon Eiermann zurückging. Oder nehmen wir die von Günter Fruhtrunk gestaltete Aldi Nord-Tüte, die bis 2018 in Gebrauch war.

37 Barthes: *Mythen des Alltags*, S. 225. Vgl. Monika Wagner: Vom Ende der materialgerechten Form. Kunst im Plastikzeitalter. In: Barbara Naumann/Thomas Strässle/Caroline Torra-Mattenklott (Hg.): *Stoffe. Zur Geschichte der Materialität in Künsten und Wissenschaften*. Zürich 2006, S. 229–246.

Abb. 28: Tüten von Aldi-Nord (Gestaltung: Günter Fruhtrunk) und Aldi-Süd

Die Exklusivität von Kunst wurde allein schon dadurch konterkariert, dass hier die Grenze zwischen konkreter Kunst und Gebrauchsgrafik unklar wurde. Und wenn Discounterkunden ihre Tüten durch die Stadt trugen, bildeten sie, kaum zu übersehen, eine konsumnahe Stilgemeinschaft mit einer eigenen Ästhetik. »Der Weichplastik-Pop«, schreibt Niklas Maak, »machte vormals exklusive Genüsse erschwinglich und versprach ein buntes Leben und Ferien für alle. Noch heute kann man am Plastik- und Schaumstoffgehalt [...] eine soziale Positionierung vornehmen: In den Spielzeug- und Möbelläden der teuren Innenstädte dominieren Holz- und Naturstoffe – je weiter man sich vom ökonomischen Machtzentrum an die Ränder der Stadt vorarbeitet, desto mehr [...] Billigplastik gibt es in den Läden zu entdecken«.[38]

Dass Donovan »den ökologisch toxischen Plastikbecher in die Figur eines faszinierend schönen schimmernden

38 Niklas Maak: Im Kunstfaserland. Pastell und Neon, Schaumstoff und Drohnen: Was bedeutet die neue Katastrophen-Ästhetik, die gerade in Kunst und Literatur entsteht? In: *FAS*, 21. 6. 2020, S. 41.

Abb. 29: Tara Donovan: *Untitled* (2014)

Natur-Dings rück-überführt«,[39] wie Eva Horn schreibt, wäre also in seiner Dialektik genauer zu durchdenken. »Ich suche immer nach bestimmten physikalischen Eigenschaften des Materials, die sich auch außerhalb seiner selbst aktivieren lassen. Transparenz und Reflektivität sind etwa wichtig, weil diese Eigenschaften auf Licht reagieren, und sie können verstärkt oder gedämpft werden, je nachdem, welche Bedingungen in einem Raum herrschen,« führt Tara Donovan aus. »In diesen Materialien verborgen sind diese flüchtigen Farben, Blau-, Grün- und Gelbtöne, die sich selbst zum Ausdruck bringen«.[40] Welcher Sinn läge in einer

39 Horn/Bergthaller: *Anthropozän*, S. 132.

40 Zit. Nach Christensen: Tara Donovan. (»I'm always looking for certain physical traits that can somehow be activated outside of the material itself. Transparency and reflectivity are important, because those traits respond to light, and they can be amplified or subdued according to the conditions in the space. Within these materials there are these fugitive colors, blues and greens and yellows, that pronounce themselves.«)

Abb. 30: Glasfaser-Lampe (1970er Jahre)

solchen Schönheit, einem solchen Farbenspiel, wenn es lediglich dazu da wäre, die *large scale problems* des Anthropozän auf angenehme Weise zu untermalen? Alles ganz schrecklich, aber eigentlich doch ganz schön? Wo bliebe in dieser Materialanmutung der menschliche Fußabdruck, um den es doch im Anthropozän grundsätzlich geht? Wo bliebe die Immersion, das Gefühl der Unausweichlichkeit, das, um ein anderes Bauprogramm als das von Donovans fleißiger Bastelei ins Spiel zu bringen, per *Virtual Reality* womöglich noch viel eindrucksvoller zu vermitteln wäre?

Das Farbspiel ihrer Arbeiten, das Tara Donovan so wichtig ist, strahlt indessen auch eine gewisse Retro-Seligkeit aus, die im Kontrast zu den von Theoretiker:innen wie Horn oder Morton eingeforderten Allegorien für die schwerdarstellbaren bis unfassbaren Zustände im Anthropozän steht und durchaus befremdlich anmuten kann. So erinnert die Arbeit *Untitled* (2014) mit ihrem Gesteck aus (einmal mehr toxischen) Plastikstrohhalmen mehr noch als an die

Abb. 31: Tara Donovan: *Untitled* (2011)

Abb. 32: Verner Panton: Wohnlandschaft Visiona 0 (1968)

Morphologie spektakulärer Eiskristalle an ein niedliches Schneehäschen aus Plüsch – mit den bekannten Konnotationen der Cuteness wie Creepyness, Unterwerfung und Aggressivität. Oder an jene Glasfaser-Retrolampen aus den

Abb. 33: Discokugeln

70er Jahren mit ihrem bunten Farbspiel in den Faserspitzen, Boten einer Zeit, die man noch hoffnungsvoll *space age* nannte.

Nicht viel anders liegt der Fall bei *Untitled* (2011), einer fraktal wuchernden Installation aus der Polyesterfolie Mylar, die mehr noch als an eine elektronenmikroskopische Aufnahme von Bakterienkulturen an jene experimentellen Wohnlandschaften erinnert, die der dänische Stargestalter Verner Panton, Pionier des Pop Art-Designs, in den 1960er und 70er Jahren, finanzkräftig unterstützt vom Chemiekonzern Bayer, vorzugsweise aus deren Kunstfaser Dralon gestaltete, um ihr eine heimelige Anmutung zu verschaffen (wobei die Morphologie von Donovans Mylarbällen auch an eine Assemblage aus Discokugeln erinnert).

Eine gegenwartsästhetische Erkundung nimmt solche materialgeschichtlichen und -semiotischen wie stilistisch-formalen Aspekte in den Blick und legt weder die Moderne in toto einfach zu den Akten noch die Konsumsphäre mit ihren ästhetischen Implikationen, und auch nicht deren Bedeutung für die Vergemeinschaftung. So argumentiert die amerikanische Philosophin Jane Bennett, dass es bei aller auf der Hand liegenden ökologischen Kritik an der Warenkultur stets auch geboten sei, deren Potenziale zu beachten. Das hat zunächst einen pragmatischen Grund: Es ist, so Bennett, »schlicht unmöglich sich heute eine kapitalistische oder auch nichtkapitalistische Wirtschaft vorzustellen, in der nicht auch die Warenform eine Rolle spielt.«[41] Bennett zieht daraus die Konsequenz, lieber genauer nach Aspekten in der Warenkultur zu fragen, die ebenso ästhetisch wie ethisch von Belang seien. Bennett sieht in der Tat »ein ethisches Potenzial« in der Warenform, und zwar ausgelöst durch »eine Ästhetik vibrierender Beweglichkeit mit stets möglichen Ausbrüchen von Lebendigkeit, die jederzeit die Ordnung [der Perzeption] über den Haufen werfen können, eine Ordnung, in der Menschen als geradezu unvergleichlich höher eingestuft werden als Tiere, Pflanzen oder Mineralien«.[42]

Wenn sich also Gegenwartsästhetik stets für das spezifische Gemisch aus dem Sachanteil des ästhetischen Urteils – den materialen, in der Objekthaftigkeit gebundenen Eigenschaften – und im engeren Sinne ästhetischen Aspekten interessiert, also der spezifischen Mischung aus subjektiv-sinnlicher Affizierung und deren begrifflicher Prozessierung, dann lässt sich das sehr gut auf das von Bennett vorgeschlagene »enchantment« beziehen – etwa auf ein »Kunststoffwunder«, von dem Marion Poschmanns Gedicht »Kunststoff« aus dem Band *Nimbus* (2020) erzählt.[43] ›Er-

41 Jane Bennett: *The Enchantment of Modern Life. Attachments, Crossings, and Ethics*. Princeton 2001, S. 113 (»for there is no vision of capitalist or noncapitalist economy today that does not include some role for the commodity form«).

42 Bennett: *The Enchantment of Modern Life*, S. 114 (»an aesthetic of vibrant mobility, of the ever-present possibility of bursts of vitality that violate an order ranking humans incomparably higher that animals, vegetables, and minerals«).

43 Marion Poschmann: Kunststoffwunder. In: M. P.: *Nimbus*. Gedichte. Berlin 2020, S. 44f.

zählt‹ ist hier der angemessene Begriff, denn Poschmann, die laut der Jury des Bremer Literaturpreises »mit großem Formbewusstsein die Tradition der Naturlyrik in das Zeitalter von Klimawandel und Artensterben«[44] überführt, entwirft in diesem Gedicht ein Narrativ. In diesem tritt die Kunststoffwelt der 1970er Jahre stimulierend und befreiend, geradezu als alles veränderndes »Kunststoffwunder« an die Stelle einer religiös (»Votivkerzen, Schluckbildchen, Wettersegen«) oder von muffigeren Konsumwünschen geprägten Lebenswelt – versinnbildlicht im »ersten eigenen Teppich«, der nicht etwa ein Vlies ist, sondern dessen »Länge mal Breite« ein »Verlies« bildet. Nun aber dringen

> neue Geräusche ins Zimmer,
> die sich zu Gebilden formten,
> zum quietschenden Drehverschluss eines Cremetiegels,
> zum schmatzend entspannenden Bauch einer
> Shampooflasche,
> zum knackenden Deckel auf einem Schälchen
> Heringssalat.

Die Tanten der lyrischen Sprecherin, die Heldinnen des Gedichts, stehen inmitten dieser Aisthetik »ganz anders dar«, »anders im Raum«, »locker wie Schäume, Vliese und Flocken« (jetzt also doch »Vliese«, im Konsumkontext fällt dieser Begriff meist im Zusammenhang mit Einwegwindeln, auch dies Wegwerfware, auch dies eine massive Erleichterung der Haushaltsführung mit Kindern). Im Detail erinnert sich der Text auch an ein anderes berühmtes Versprechen der Werbeindustrie, das beim Spülen, von wegen Viskosität, Glanz ganz ohne Abtrocknen verhieß (Pril hieß die Marke, die mit den bunten Blumen, Flower-Power):

44 »Naturlyrik im Zeitalter des Artensterbens«. In: *Boersenblatt*, 16.11.2020, https://www.boersenblatt.net/news/preise-und-auszeichnungen/naturlyrik-im-zeitalter-des-artensterbens-154979 (30.3.2021).

Abb. 34: Strand von Langeoog (Januar 2017)

> wenn von glänzenden Tellern das Wasser leicht abfloß
> wie Seide, sie fühlten sich selbst seidig, waren
> jetzt enger verbunden mit ihrer Umgebung, als hätte
> Verseifung stattgefunden, Vulkanisierung, Bestrahlung.
> Meine Tanten bevorzugten lebenslang Kleider
> von Delmod: Nylon, Polyester, Polyamid.

Die Tanten werden durch die Einwirkung der Kunststoffe auch körperlich zu jemand anders; auch dies eine Form von Viskosität. Die lyrische Sprecherin begrüßt indes in den entsprechenden Objekten ihre Weggefährten und Geschwister – in einer eigentümlichen Mischung aus Gewohnheit, Selbstverständlichkeit und Verwunderung:

> Ich habe mich sofort daran gewöhnt.
> Seltsam, daß Dinge wie Haarspray mit mir zusammen
> Zur Welt kamen. Meine Kindheit jene der Tetrapaks,
> Plastiktüten und Kühltruhen [...].

Und das Schlussbild? Guess what! »Letztens erst trieben / im Müllstrudel Tausende Überraschungseikapseln / mit Spielzeug gefüllt an den Strand von Langeoog.« Die Über-

Abb. 35: Mika Rottenberg: *Spaghetti Blockchain* (2019) (Videostill)

raschungseiflut auf Langeoog hat es wirklich gegeben. Im Januar 2017 wurden dort Hunderttausende solcher mit Spielzeug gefüllter Kapseln angespült. Sie stammten aus einem havarierten Schiffscontainer. Eine gemischte Empfindung, ob man will oder nicht, ein Müllstrudel ebenso wie eine nicht nur Kindergemüter entzückende Gabe, Ökokatastrophe und quietschbunter Spaß teilen sich auf durchaus herausfordernde Weise ein Bild. Dabei lässt sich auch an Mika Rottenbergs »social surrealism« denken, die künstlerische Erkundung unseres aisthetischen Entanglements in die nicht selten aus wabbligem, brutzelndem, knisterndem und klackerndem Kunststoff bestehende »Physis der Welt«, die sie in ihrer Videoarbeit *Spaghetti Blockchain* (2019) anhand von wabbligem Silikon, geschmolzenen Marshmallows, brutzelndem Schaum – und eben: klackernden bunten Plastikkugeln vornimmt.[45]

Die Herausforderung liegt eben darin, die Sache gegenwartsästhetisch scharf zu stellen und dabei: (1) kultur-

45 https://www.sprengel-museum.de/ausstellungen/archiv/mika-rottenberg (12. 3. 2021). Für den Hinweis auf Mika Rottenberg danken wir Tarika Johar.

poetisch die unterschiedlichsten materialgebundenen Erzählungen zu rekonstruieren, die Formbarkeit von Körpern und Existenzen durch Stoffe wie die Hoffnungen und Ängste, die sich in der Geschichte bestimmter Materialien manifestieren. Darin findet sich (2) immer schon der Übergang zur Sensitivität der wahrnehmenden Instanz, zur Nuanciertheit des gedanklichen Urteils über das Wahrgenommene und zur Frage seiner angemessenen formalen und sprachlichen Prozessierung, womit (3) auch die Frage einer im Urteil entworfenen Allgemeinheit einer Stilgemeinschaft auftaucht.

Wunderbäume des Kapitalozäns

In dieser Hinsicht liefert auch Leif Randts Roman *Allegro Pastell* – wohl eher kein Gegenstand, der von sich aus sehr stark dafür appelliert, unter dem Terminus ›Ästhetik im Anthropozän‹ wahrgenommen zu werden – einen aufschlussreichen Beitrag zur Frage, was es heißt, in einer modernen Überflussgesellschaft mit dem Anthropozän konfrontiert zu sein. In erster Linie freilich steht dieser Text für eine Provokation. Denn der kapitalistische, von Wohlstand geprägte Lebensstil (»für die allergrößte Zahl von Menschen auf diesem Planeten gibt es weniger Hunger, Krankheiten sind in vielen Gebieten auf dem Rückzug und das Problem heftiger Armut ist zurückgegangen«) und die Konsumsphäre (»die Ausbeutung der Erde für die Warenproduktion«) gelten als Hauptursachen für die ökologische Situation der Gegenwart[46] – bilden bei Randt aber einen ziemlich unhinterfragt wirkenden Background der Romandiegese. »Kapitalozän« ist der Name, der für die Situation

46 Haraway: Anthropocene, Capitalocene, Chthulhucene, S. 256 (»for the great bulk of people on this planet now hunger is actually less, disease is in retreat in many areas, and acute global poverty is reduced«; »the resourcing of the earth for commodity production«).

des Planeten möglicherweise prägnanter wäre als Anthropozän, meint Haraway.[47]

Ohne sich weiter um Szenarien wie die genannten zu scheren, nimmt sich Tanja Arnheim, die Protagonistin von *Allegro Pastell*, an ihrem Geburtstag vor: »Es wird darum gehen, das neue Alter zu ästhetisieren. Und mit dreißig geht es vielleicht sogar darum, eine ganze Dekade zu ästhetisieren. Das ist durchaus attraktiv. Stell dir vor, vor dir liegen deine Dreißiger und du weißt, dass Du keine Kinder willst. What a playground!« (AP, 63). Ein Begriff wie Solidarität komme ihr, wie ihr Freund Jerome feststellt, nur dann über die Lippen, *»wenn du auf xtc bist. Dann aber immer«*. Tränenlachsmiley. Zuvor hatte Tanja an ihn getextet, er solle *»aus Solidarität mit deinem druffen Girlfriend unweit der S-Bahn-Station Sonnenallee«* (AP, 38) mal einen Apfelwein trinken in seinem hessischen Provinznest. Wenn Jerome sich vornimmt, an der »energetischen Verbesserung des gesamten Planeten Erde« mitzuwirken, dann ist damit nicht etwa die Rede von Energiesparkonzepten, sondern von Tanjas und seinem »leicht pathetischen Sex«, den er nicht nur als gut »für ihren Geist und ihren Körper« befindet, sondern gleich in planetarischen Dimensionen bewertet (AP, 24). Ist das nicht eine eigentümliche, ebenso gehemmte wie in der Sprache eines Kalküls vorgetragene Variante jenes leidenschaftlichen »Überschwangs« der Liebe, der mittels unzähliger Romane, Filme und Popsongs in unserer Kultur immer noch als »Verausgabung« kodiert ist?[48] Wenn Jerome sich sonst Gedanken um sein Dasein macht, geschieht das eher unter der Prämisse, sich unter »keinen Umständen [...] mit Vergangenheit und Zukunft [zu] befassen,« hielten diese doch »vorwiegend Schmerz bereit« (AP, 107) – freilich keinen, der mit einer wie auch immer umweltbedingten *deep*

47 Haraway: *Unruhig bleiben*, S. 70–75.

48 Barthes: *Fragmente einer Sprache der Liebe*, S. 224 f.

history oder *future* zu tun hätte, sondern mit Tanja als immer noch geliebter Verflossener. »Die Gegenwart jedoch« besteht für Jerome aus »enormer Helligkeit, beruflichem Erfolg und erstaunlichen Euphorieschüben beim Joggen« (AP, 107). »Das Lob eines Auftraggebers, eine zugewandte Kurznachricht, ein Wodka Red Bull – all das waren Auslöser von Hochgefühlen, aber brauchte es diese Auslöser überhaupt? Jerome wollte Freude nunmehr als eine stetige Option begreifen« (AP, 109).

Das ist nun ganz in den Spuren Eckhart Tolles formuliert, eines Verfassers spiritueller Bestseller wie *Jetzt! Die Kraft der Gegenwart*. *Allegro Pastell* belässt solche Gedankenrede nicht nur bei seiner Hauptfigur, sondern setzt sie gleich auch noch als Motto über den ganzen Roman: »*Einige spirituelle Lehren sagen, dass aller Schmerz letztendlich eine Illusion ist, und das ist wahr.*« (AP, 7) Gerade die Negation von Schmerz aber war lange ein No-Go auf dem Terrain der Ästhetik. In Adornos *Ästhetischer Theorie* hatte es etwa geheißen, das Kunstwerk sei die »Kraft der Negativität« in einer unversöhnten Welt und könne nur dann ›wahr‹ genannt werden, wenn es diese als zerrissene und antagonistische in Erscheinung bringt.[49] Mehr noch: »das Unversöhnte« sei durch die Kunst »zu bezeugen und gleichzeitig tendenziell zu versöhnen«,[50] insbesondere mit Blick auf eine im Modus der Nichtidentität gedachten Natur: »Um des Glücks willen wird dem Glück abgesagt.«[51] In der Hypostasierung des Schmerzes zum Signum echter Kunst sind sich die Ästhetik des 20. Jahrhunderts, der Midcult und auch große Teile eines neuen, ästh-ethischen Midcults einig.

Es ist also fast unvermeidlich, dass Randts Provokationen Kritik triggern. So schreibt Ekkehard Knörer, das »Einverständnis auch der impliziten Instanzen mit dem

49 Adorno: *Ästhetische Theorie*, S. 26.
50 Adorno: *Ästhetische Theorie*, S. 251.
51 Adorno: *Ästhetische Theorie*, S. 26.

Erzähl(t)en« sei bei Randt schlichtweg »komplett«.[52] Aber stimmt das? Aufschlussreich an Randts Form der Affirmation ist doch vielmehr, dass er ein Milieu vorführt, in dem sich Apolitisches problemlos mit dem ›richtigen‹ ökologischen Denken verbindet und selbst Themen wie Nachhaltigkeit oder Diagnosen über das Anthropozän in Verbindung mit einer Stilkomponente prozessiert werden. Was, wenn das eher der Realität entspräche als Szenarien radikalen Verzichts? Was, wenn die Gegenwärtigkeit der Literatur wie der ästhetischen Theorie hieße, so etwas in seinen Ambivalenzen zu denken und zu erkunden, statt es fastenpredigerhaft beiseite zu wünschen?

»Jeromes Vater«, dessen Familienname Daimler ironisch leuchtet, »fand, dass die Autoindustrie fraglos eine der problematischeren Industrien war«, sogar »in der Popmusik gehe es sicher *ressourcenschonender* zu als bei Automobilen« (wer hätte je das Gegenteil behauptet?), und zusammenfassend befindet er an die Adresse seines Sohns: »*Es ist jedenfalls löblich, dass du dir kein eigenes Auto kaufst. Du machst den Planeten damit nicht schlechter.*« (AP, 45) Immerhin bekommt Jerome bei »Jenny Köhler's Electric Rental« – allein der Name! – bereits »Treuerabatt«. In diesem Autoverleih arbeiten »ausschließlich junge Frauen«; alle homosexuell und im Kunstbetrieb unterwegs, wie Jerome feststellt. In ihren »weiten, ölverschmierten Uniformen« (AP, 15) verkörpern sie eine Reminiszenz an das *carbon age*, was offenbar auch Kunden von clean-schicken Elektroautos als Stilzitat zu schätzen wissen.

Mit einer Ästhetik solcher Mikroentscheidungen und den daraus resultierenden Styles führt Randts Roman das vor, was die Soziologin Eva Illouz »Emodities« nennt: die grundsätzliche Verknüpfung von Gefühlen und persönlichen und

52 Ekkehard Knörer: Notizen. In: *Cargo – Zeitschrift für Film, Medien und Kultur*, 10.3.2020, https://www.cargo-film.de/notizen-2020/ (15.3.2021).

politischen Einstellungen mit dem Markt.[53] Axel Honneth, als legitimer Erbe der Frankfurter Schule, bekommt bei dieser »steilen These« das Gruseln, weil es in einer solchen »Totalintegration kapitalistischer Gesellschaften« schlicht kein unentfremdetes Außen, keine Authentizität mehr gebe. Das hieße doch, so Honneth, »dass wir bereits jetzt in der grausigen Welt des Michel Houellebecq leben«.[54] Aber hieße es das tatsächlich?

Bei Kunst in ihrer Rolle als Anwältin einer unterdrückten, unentfremdeten Natur driften Ambition und Produzentenstolz auf der einen, phänomenologische Genauigkeit und diskursives Anregungspotenzial auf der anderen Seite auseinander. Gegenwartsästhetik geht es deshalb im Zusammenhang mit dem Anthropozän vorrangig um zwei Aspekte: erstens sichtbar zu machen, in welchen ästhetischen Formen mit welcher Spezifik und welcher Stoßrichtung die ökologische Situation des Planeten verhandelt wird (ohne sich auf ein Vorrecht der Kunst zu kaprizieren, die Natur zum Sprechen zu bringen); zweitens der Vorstellung entgegenzuarbeiten, menschliche Subjekte hätten ab jetzt vor Hyperobjekten zu erstarren. Denn an irgendwen richten sich diese ganzen Darstellungen doch. Jedes Narrativ, jede Form legt implizit auch die Frage nahe, an wen es mit welcher Intention adressiert ist – »a kind of inhabiting the possibility of a future out of a haunted past« (Haraway). Dafür ist es aber zunächst einmal wichtig, die Komplexität der Verhandlungen, die mannigfaltigen Affären sichtbar zu machen, die wir mit der Welt, mit Materialien und Rohstoffen und auch mit der Natur haben, in der Kunst, aber auch in Popkultur und Alltagsästhetik.

Die etwas umständliche und nicht ohne Ironie dargestellte Sorgfalt, die die Figuren in *Allegro Pastell* bei der

53 Eva Illouz: Einleitung – Gefühle als Waren. In: *Wa(h)re Gefühle. Authentizität im Konsumkapitalismus*. Hg. von Eva Illouz. Berlin 2018, S. 13–51; S. 23.

54 Axel Honneth: Vorwort. In: *Wa(h)re Gefühle*, S. 7–12; S. 11.

Abb. 36: David Fincher: *Seven* (1995)

Herstellung des Ästhetischen bemühen, will stets auch die impliziten Anführungszeichen des Pop sichtbar machen, in denen sich, wie Susan Sontag wusste, mitunter eben auch Momente einer »psychopathology of affluence« artikulieren. So hängt am Rückspiegel des gemieteten Tesla ein »grüner Duftbaum, bedruckt mit der blumig geschwungenen Unterschrift von Jenny Köhler. Jerome dachte gar nicht erst daran, den Duftbaum aus seinem Sichtfeld zu entfernen«, weil er sich schmeichelt, »Dinge exakt so zu nutzen, wie sie ihm angeboten wurden.« (AP, 15) Der Duft- oder Wunderbaum mit der Jennysignatur wirkt in dem schicken Wagen wie eine Reminiszenz an einen Normcore, mit dessen Ästhetik Jerome häufiger kokettiert. Über den Nutzen von Duft- oder Wunderbäumen informiert Wikipedia in reinster Leif Randt-Prosa: »Der Wunderbaum ist ein Einweg-Riechstoffverbreiter in Form der Silhouette eines abstrakten Nadelbaumes für den Gebrauch in Kraftfahrzeugen. Grundsätzlich zielen die sogenannten Lufterfrischer auf eine Erhöhung des Wohlbefindens durch die Abgabe von Duftstoffen ab. Sie sind in verschiedenen Duftrichtungen erhältlich; die beliebtesten sind die Duftnoten Vanillearoma, Sportfrische, Neuwagen und Grüner Apfel.«[55] In der Popkultur freilich – etwa in Heinz Strunks Roman *Der goldene Handschuh* (2016) oder in David

55 https://de.wikipedia.org/wiki/Wunder-Baum (11.3.2021).

Finchers Film *Seven* (1995) – haben Duftbäume in ganz anderer Hinsicht Karriere gemacht: als Mittel, um allfälligen Verwesungsgeruch zu kaschieren. Man darf diese Assoziation des Duftbaums aus dem popkulturellen Paradigma getrost auch bei Leif Randt mitlesen.

Quallen

»Und dennoch sagt der viel, der ›Qualle‹ sagt«
(Monika Rinck: Ballade des äusseren Lebens (HvH))

Das ästhetische Komplementärunternehmen zu Randt ist Joshua Groß' Roman *Flexen in Miami*. Gegenwart wird hier zu einer »Extremgegenwart« hochgetrieben, »diese verseuchte Selbstverständlichkeit, die wir Gegenwart nennen«, »umgeben von Dekadenz und Neonlichtern« (FM, 92, 26), schriller als Pastell. Tesla fährt man dort aber selbstverständlich auch; das Modell des empfindsamen Rapstars Jellyfish P leuchtet in stylishem Lila. »Ich spüre, dass eine Schönheit existiert, weil alles so edgy ist«,[56] schreibt Joshua Groß in der Essaysammlung *Mindstate Malibu*. »Das ist so edgy an der Gegenwart: sie ist abgeschmiert, aber kurz vorm Explodieren«, findet auch Jellyfish P (FM, 161). Für Joshua, der mit einem Romanprojekt als Stipendiat auf Kosten einer merkwürdigen Stiftung in Miami lebt und von einer Drohne mit Nahrung, Bargeld und Drogen versorgt wird, bildet die materielle Situation »ohne Geldsorgen und Fremdaufträge« die Basis für eine immer leicht surreal angehauchte »auratische Phänomenologie«, in deren Vollzug er, wie er formuliert, »knietief in Erscheinungen watend« unterwegs ist (FM, 26). Diese Aisthesis lässt weitere Epitheta zur *edginess* hinzutreten: »Das führt dazu, dass sich

56 Groß: Die Zauberberg-Bubble, S. 305.

das Leben plötzlich so edgy, verstiegen, verkeilt, anstrengend und geil anfühlt. Die Parameter der Steigerungsideologie bleiben trotzdem gültig. Unter allem drunter: Terra, erschöpft.«[57] Das erschöpfte Substrat gerät auch dann nicht in Vergessenheit, wenn von *edgy* auf *cute* umgestellt wird. So schließt der Protagonist einen niedlichen Swimmingpool-Reinigungsroboter – dessen Kindchenschema-Physiognomie an Stars wie R2-D2 oder BB-8 aus dem *Star Wars*-Universum denken lässt – in sein Herz, birgt ihn, der zuvor putzend über den Schwimmbadboden gerobbt ist, in eine Decke und bringt ihn in seine Hotelsuite. Den Roboter anschließend in einer *Free Willy*-Aktion in Freiheit zu setzen, kreiert einen tierfilmhaft emotionalen Moment: »Ich hielt den Reinigungsroboter in den Händen, spürte sein Gewicht, seine elegante Oberfläche. Und dann, bevor der Regen wieder einsetzte, ließ ich ihn frei. Ich stellte ihn auf dem Sand ab und startete das Säuberungsprogramm im Energiesparmodus. Das stimmte mich schwermütig. Kurz fuhr der Reinigungsroboter im Kreis, überfordert vielleicht, aber dann verschwand er zielstrebig im dunklen Meer.« (FM, 177 f.) Das ist als Bild bestrickend: präzise und schräg, witzig und traurig zugleich; ein Säuberungsprogramm für Meer und Erde im Energiesparmodus – und nebenbei eine Reminiszenz an Donna Haraway, der zufolge Cyborgs oder Hunde eh die besseren Gefährten sind als Menschen.[58]

Es geht bei Groß um eine akzelerationistisch angehauchte, vor allem aber phänomenologisch und gegenwartsästhetisch genaue Affäre mit einer ebenso erschöpften wie hypernervösen Gegenwartskultur, die von den Diagnosen des Anthropozän und der ökologischen Krisen geprägt ist.

57 Groß: Die Zauberberg-Bubble, S. 306.

58 Donna Haraway: Ein Manifest für Cyborgs. In: D.H.: *Die Neuerfindung der Natur. Primaten, Cyborgs und Frauen*. Aus dem Englischen von Fred Wolf. Frankfurt a. M. 1995. Donna Haraway: *Das Manifest für Gefährten. Wenn Spezies sich begegnen – Hunde, Menschen und signifikante Andersartigkeit*. Aus dem Englischen von Jennifer Sophia Theodor. Berlin 2016.

Aus Mischungsverhältnissen wie »edgy, verstiegen, verkeilt, anstrengend und geil« wird das neue Beautiful. Da sind sie wieder, die »Schichtungsverhältnisse der Gegenwart«:[59] »It's beautiful and ugly« (Haraway). Eine solche Haltung ist nicht nur ästhetisch überzeugender, sie ist auch intellektuell aufschlussreicher als Erhabenheitsgesten, die in Bezug auf den *Mindstate Malibu* und das Anthropozän natürlich auch immer wieder einmal im Raum stehen: »In nur wenigen Generationen erschöpft die Menschheit Reservoirs fossiler Brennstoffe, die über hunderte Milliarden Jahre generiert worden sind« schreiben Crutzen und Stroemer.[60] Diesen Gedanken greift Armen Avanessian in seinem Buch *Miamification* auf, wenn er die Überforderung durch eine »zeitliche Asymmetrie« diagnostiziert, »die man früher erhaben genannt hätte und die heute nur noch *too much* ist. *Hey, neighbor, did you realize you just sent 300 million years of earth time into the air, isn't that sublime?*«.[61] Erhaben war früher, jetzt ist es einfach ›too much‹ – ›edgy‹, ›verstiegen‹ und ›verkeilt‹. »Eine vorübergehende Erhabenheit« verspürt auch Jellyfish P in *Flexen in Miami*; allerdings bei einer denkbar alltäglichen Tätigkeit, der Entkalkung eines Wasserkochers: »Ich schütte diese saure Flüssigkeit rein und schaue zu, wie sich winzige Blasen auf dem Edelstahlboden bilden und wie sich der Kalk zusehends auflöst. [...] Und mein Bewusstsein ist dabei telepathisch mit dem Kalk verbunden.« (FM, 172 f.) Das Erhabene freilich – soviel ist klar, und die Frankfurter Literaturwissenschaftlerin Tanja Wischnewski hat das gut auf den Punkt gebracht – das Erhabene lässt sich nicht vollständig entkalken.

59 Groß: Die Zauberberg-Bubble, S. 306.
60 Paul J. Crutzen, Eugene F. Stoermer: ›The Anthropocene‹. In: *GBP Newsletter* 41, May 2000, S. 17 f. (»In a few generations mankind is exhausting the fossil fuels that were generated over several hundred million years«), http://www.igbp.net/download/18.316f18321323470177580001401/1376383088452/NL41.pdf (11. 3. 2021).
61 Avanessian: *Miamification*, S. 14.

Die Prätention, der Entfremdung mit den Mitteln der Ästhetik zu begegnen, jener vielgehegte Traum ästhetischer Theorie des 20. Jahrhunderts, wird von der Miamification-Fraktion als »kulturkritische Seichtigkeit« und »einfältige Nostalgie« abgetan.[62] Lieber ins Extrem gehen. Nur dort lasse sich noch von so etwas wie ›Echtheit‹ oder ›Authentizität‹ sprechen: »Ich sah die glitschigen Palmwedel glitzern [...]; und das Chlor schmeckte so falsch und manipuliert und hochgezüchtet, obwohl alles in dieser verfickten Nacht so verfickt echt war.« (FM, 142 f.) »Eine miamihaft erhitzte Mischung«[63] aus Neon-Plastik-Leuchtfarben, Pink und Pastelltönen bildet die farbliche Codierung dieser erzählten Welt: »ein neonfarbener Glast hing über der Stadt«; der »nächtliche Himmel glomm in phosphoreszierendem Lila wie ein Organismus, der sich ausweitete und zusammenzog«, oder tiefrot, »als hätte er ein Aneurysma«, »Cumuluswolken, die lila glühten« (FM, 82, 93, 8, 31). Es sind also vor allem Wolkenformationen, mit denen der Farbcode dieses heißen, künstlichen, kranken, giftigen und dennoch faszinierenden Miami in der Romanwelt markiert wird. Ausgehend vom Wolkenmotiv entfaltet sich dann auch das mäandernd assoziative Erzählen des Romans.

Da ist, wie gesagt, zunächst der Cloudrap, benannt nach seiner Herkunft aus dem Cloudcomputing, mit seinem bevorzugten Kunstmittel des Autotune, einem Tool zum Kaschieren von Tonunsicherheiten bei Sängern, das sich längst von dieser Gebrauchsfunktion zu einem ästhetischen Mittel in Sachen Künstlichkeit und wackliger, aber irgendwie auch selbstbewusst vorgetragener Unsicherheit emanzipiert hat. Seine Technik stammt freilich ganz woanders her: aus dem Herzen des *carbon age*. Die Rede ist von Algorithmen der Sonarerkundung geologischer Untergründe bei der Suche nach Ölressourcen. Ein Ingenieur namens Andy

62 Avanessian: *Miamification*, S. 55 f.
63 Maak: Im Kunstfaserland.

Hildebrand hat diese Technologie im Auftrag des Ölgiganten Exxon entwickelt und erst später als Gründer der Firma Antares Audio Technologies zur heute bekannten Form von Autotune weiterentwickelt.[64]

Weiter wäre da das Spiel *Cloud Control*, eine merkwürdige Mischung aus Ego-Shooter und Ökokontemplation, in dem durch die Beobachtung realer Wolkenformationen sogenannte Karmapunkte generiert werden. Strukturell geht es in diesem Game um Hybridisierung und unendliche Prokreation. Es ist bevölkert mit Avataren der spielenden Personen sowie mit solchen ihrer Kontakte in sozialen Netzwerken. Alles voller Kopien. Schon auf der ersten Seite des Romans verdächtigt Joshua seine Küche, »nur eine Kopie zu sein«. Beim Surfen im Internet bleibt sein Blick »bei einem GIF hängen«, das zeigt, »wie sich der Planet Erde klont«, und »der Himmel« – er nun wieder – sieht aus »wie eine Karaokeversion seiner selbst« (FM, 7, 10, 12). Cicerone durch die Welt von *Cloud Control* ist eine »Kompassqualle« (FM, 179). Tentakuläre Wesen gelten schon seit dem 18. Jahrhundert, seit den Studien des Naturforschers Johann Friedrich Blumenbach über die Epigenesis, den Bildungstrieb bzw. die Selbstergänzung oder -fortzeugung beschädigter Meerespolypen, als Prototypen autopoetischer Reproduktion. Auch in den Namen des Rappers Jellyfish P haben sich Quallen eingeschrieben; er trägt ihn als Reminiszenz an die traumatische Begegnung mit einer Seewespe, einer Würfelquallenart, deren Gift ihn als Kind fast das Leben gekostet hätte. Und kombiniert man bei Google die Begriffe ›Jellyfish‹ und ›Cloud‹, dann wird eine unübersehbare Menge in Neon bis Pastell irisierender Jellyfish Clouds emittiert, Wolken, die wie Quallen aussehen.

Mit diesem assoziativen Mix bleibt Joshua Groß' Erzählweise in viele Richtungen tastend, unternimmt Erkundun-

64 Isaac Castella McDonald: Late stage capitalist aesthetics: Autotune and human augmentation. Term Card Check, 11.5.2020, https://www.tcs.cam.ac.uk/late-stage-capitalist-aesthetics-autotune-and-human-augmentation/ (30.3.2021).

Abb. 37: Svetlana Kazina: Jellyfish Cloud

gen auf eine Art, die nach wie vor fasziniert und neugierig und vor allem: nicht durch Sachurteile vorentschieden ist – eine Ästhetik durchaus im Sinne Haraways: »Ich will nicht-euklidisch gekräuselte Geschichten, gespickt mit Tentakeln für waghalsiges Durcheinander. Nachhaltiges sich Kümmern verlangt nach Figuren der Sanierung, die ebenso waghalsig sind wie Fun, verlangt danach, dass wir in dem Gefühl arbeiten, spielen und leben, gemeinsam mit allen anderen sterblichen Kreaturen gefährdet zu sein; und nicht zuletzt: dass wir nicht kapitulieren vor dieser techno-tragischen Story des selbstfabrizierten, endgültigen Todes im Anthropozän«.[65] Solche Erzählweisen machen denn auch nicht mit Büßermiene einen Bogen um die Popkultur. Warum die Ood aus Doctor Who für sie immer wieder so prä-

65 Haraway: Anthropocene, Capitalocene, Chthulhucene, S. 268 (»I want non-Euclidean ruffled tales, studded with tentacles for risky tangling. Ongoing caring requires that we work with figures of re-mediation that are risky and also fun, that we work, play, live, die, that we are at risk with and as mortal critters, that we don't give in to the techno-tragic story of self-made final death of the Anthropocene.«).

gend gewesen seien, fragt sich Donna Haraway, und antwortet selbst: »weil ihre Gesichter tentakulär sind.« »Doctor Who ist Fun und taugt zum Nachdenken«, stimmt ihre Gesprächspartnerin zu. Das beißt sich nicht mit der Tatsache, dass wir – woran Haraway keinen Zweifel lässt – »in einer Realität des exzessiven Massensterbens leben«.[66] »Tentakulär denken«, wie das bei Haraway heißt, meint immer auch: mehr Kommunikationskanäle zu öffnen, nicht zuletzt auch die zu den »Stimmen der Ausgeschlossenen«: eine »Demokratie« des »vitalen Materialismus.«[67]

So ist auch Joshuas Freundin Claire, die als Meeresbiologin »über die gepunktete Wurzelmundqualle« forscht (»genauer gesagt über die verblüffende Fähigkeit der Qualle, sich klonen zu können«, FM, 71), bei ihren Studien stets mit Indikatoren der Gefährdung maritimer Ökosysteme konfrontiert, mit »Plastikschrott, Temperaturunterschieden und Sauerstoffwerten« (FM, 86). Quallen, eine Gattung, die bereits um ein Zigfaches länger auf der Erde existiert als der Mensch, sind aber vielleicht gar keine so furchtbar bemitleidenswerten Kreaturen. Vielleicht ist sogar das Gegenteil der Fall und sie erweisen sich als die eigentlichen Anthropozän-Gewinnler. Auf diesem Gedanken beruht eine Arbeit der Künstlergruppe Rimini Protokoll mit dem Titel *win < > win* (2017). Darin sehen sich zuvor ahnungslose Betrachter:innen plötzlich face-to-face riesigen, in einem Wasserbecken pulsierenden Quallen gegenüber, während sie per Kopfhörer darüber informiert werden, was die gegenwärtigen ökologischen Alarmzeichen eigentlich für Quallen bedeuten. Erwärmung der Meere? Ein Problem für

66 Haraway: Anthropocene, Capitalocene, Chthulhucene, S. 268 (»because their faces are tentacular«; »Doctor Who is fun and it's good to think with«; »inhabit the realities of excess mass death«).

67 Vgl. Haraway: Unruhig bleiben, S. 47–84. Jane Bennett: *Vibrant Matter. A Political Ecology of Things*. Durham/London 2010, S. 104. Einige Anregungen zu diesem Themenkomplex verdanken wir Hannah Zipfel und Philipp Ohnesorge.

Abb. 38: Rimini Protokoll: *win < > win* (2017)

alles, was atmet, für Quallen aber geradezu eine Wohltat. Plastikschrott? Schlimm einzig für die Fressfeinde der Quallen. Überfischung der Meere? Dito, denn Quallen fischt ja keiner, außer ihren Feinden. Schon gibt es regelrechte Quallenplagen. Eine der Geschichten in der Arbeit von Rimini Protokoll erzählt davon, wie ein riesiger Quallenschwarm ein Atomkraftwerk im Schwedischen Oskarshamn dadurch lahmgelegt hat, dass er schlicht das Kühlwassersystem verstopfte. »Wir fabrizieren da gerade einen wirklich schönen Ort für die absolute Regentschaft unserer kommenden Herren aus Gallerte.«[68]

So steht man auch in *Flexen in Miami* vor dieser heißen, irren, faszinierenden, großartigen und traurigen Gegenwart. Waren haptische Gesten früher oft ein Verlegenheitszeichen, etwa wenn man an einer Hutkrempe herumdrückte, so drückt man hier mal »vergnügt«, mal »immer nervöser« und geradezu »manisch« auf »Luftpolsterfolie« herum (FM, 150, 162). Luftpolsterfolie ist nicht nur ein schnödes

68 Oliver Wainwright: Eco Visionaires Review – the salt flats will die and the jellyfish will rise. In: *The Guardian*, 21. 11. 2019, https://www.rimini-protokoll.de/website/de/text/eco-visionaries-review-the-salt-flats-will-die-and-the-jellyfish-shall-rise (31. 3. 2021) (»We're creating a nice place for our new gelatinous overlords to reign supreme«).

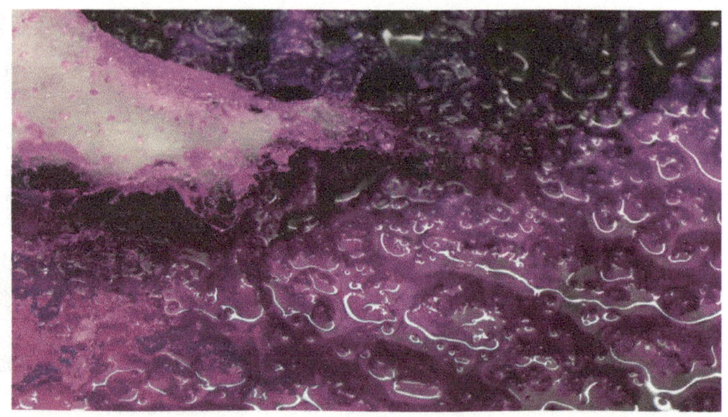

Abb. 39–45: Mika Rottenberg: *Spaghetti Blockchain* (2019) (Videostills)

Play

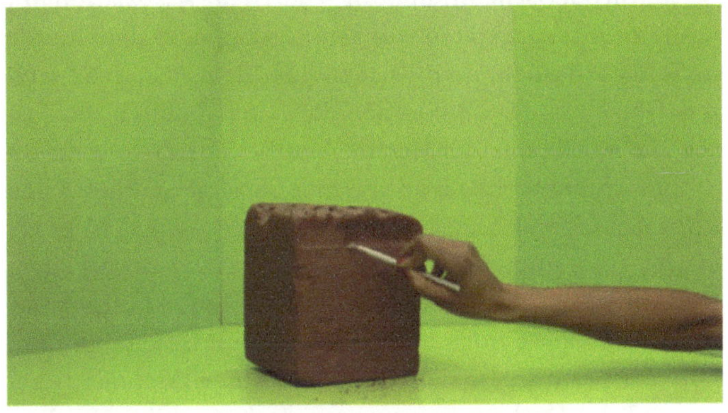

Verpackungsmaterial, sondern auch ein Star im Universum von ASMR (Autonomous Sensory Meridian Response). Das sind meist via YouTube distribuierte, extrem erfolgreiche Clips, in denen akustische, visuelle oder haptische Sinnesreize (oder besonders gern deren synästhetische Mischung) als »Trigger« wohlig kribbelnder Körpererfahrungen, sogenannter »Tingles«, angeboten werden. Das findet sich auch bei Mika Rottenberg in der angesprochenen Arbeit *Spaghetti Blockchain* mit all ihrem giftigbunten Brutzeln, Knistern, Wabbeln, Schmatzen und Schmelzen. Rottenberg stellt die ASMR-Bezüge aisthetisch aus und markiert sie zugleich für die kulturpoetische Erkundung – durch die Assoziation mit uralten Kulturpraktiken wie dem Gesang oder dem Ritzen in Tonoberflächen, dem Kochen oder dem Ackerbau; letztere freilich in ihrer modernen Form und dadurch auch assoziiert mit Ikonen der Hochtechnologie.[69]

Einfach nur wohlig ist das Ganze bei allem aisthetischen Appeal bei Rottenberg jedoch ebenso wenig wie in *Flexen in Miami*. Stets geht es um Gefühlsmixturen. Denn bei allem haptisch-akustischen Lustgewinn durch die Luftpolsterfolie bleibt diese doch auch – Plastik, und damit ein Signum des petrochemischen Zeitalters. Umwickelt mit ihr ist die tägliche Drohnenlieferung an Joshua, »kiloweise Bio-Haferflocken, Geld und eine Taucherbrille (?)«. Und auch in Joshua Groß' Miami hängen Wunderbäume in den Autos. Sie riechen »wie zwei Jahre alte Zuckerwatte« (FM, 11, 64).

69 Mika Rottenberg: *Spaghetti Blockchain* (2019). Museum of Contemporary Art Chicago, https://mcachicago.org/Exhibitions/2019/Mika-Rottenberg-Easypieces/Described-Media/Spaghetti-Blockchain (12. 2. 2021).

6 Digitalisierung

Die Riesenmaschine

Das Internet, die Riesenmaschine, ist das Hard- und Software gewordene Dispositiv der Postmoderne, das wuchernde Rhizom, die allgemeine zentrumslose Vernetzung. Es ist die *new machine*, die Wunschmaschine, der *texte générale*, und seit dem Web 2.0 können wir uns nicht mehr nur mit ihm verbinden, sondern wir können alle an ihm mitschreiben. Zweifellos verändern unser täglicher Aufenthalt im Netz, seine permanente Zugänglichkeit über mobile Endgeräte und die Rückkopplung unserer Aktivitäten über die sozialen Medien auch unsere ästhetischen Sensibilitäten, selbst wenn das weder in den Künsten noch in den Ästhetiken bereits überall angekommen ist. Die ›Automatische Literaturkritik‹, eine Erfindung im Umfeld des Weblogs *Die Riesenmaschine*, vergibt an literarische Erzähltexte immerhin einen Punkt für »Text spielt in einer Welt, in der es das Internet gibt«.[1]

Was ist anders in einer Welt, in der es das Internet gibt? Man kann es grob und exemplarisch an zwei disparaten Reaktionen ablesen, die sich in einem einig sind: Irgendwann in den späten 1990er Jahren, als das Netz für alle zugänglich wurde, hat sich etwas radikal verändert; die plötzliche »enorme Vervielfältigung der kulturellen Möglichkeiten« bildet den Kern einer neuen »Kultur der Digitalität« (Stalder). Während jedoch ein Musikkritiker wie Simon Reynolds beklagt, seither sei im Grunde nichts Neues mehr

1 Automatische Literaturkritik Preis, https://docs.google.com/document/d/1CvANIOEDGGTiMWfvI_rCcBTJPZZrloc70-FH6Z5DpGM/edit# (30.3.2021).

im Pop passiert, erklärt eine netzaffine Autorin wie Kathrin Passig ganz im Gegenteil, vor diesem Moment sei die Welt im Grunde langweilig gewesen.[2] Ein bestimmender Faktor für beide ist sicher die Omnipräsenz, Simultaneität und schwellenlose Zugänglichkeit der Archive, die Verfügbarkeit von allem und jedem jederzeit und überall. Sie erzeugt eine Art neuen Historismus. In der Definition Herbert Schnädelbachs verbindet sich im Historismus die Allverfügbarkeit, »die wertfreie Stoff- und Faktenhuberei ohne Unterscheidung zwischen Wichtigem und Unwichtigem«, mit einer relativistischen Position, »die mit dem Hinweis auf das historische Bedingtsein und die Variabilität aller kulturellen Phänomene absolute Geltungsansprüche – seien sie wissenschaftlicher, normativer oder ästhetischer Art – zurückweist.«[3] Nebenordnung großer Datenmengen ohne klares Wertungssystem – das ist auf das 19. Jahrhundert gemünzt, trifft aber ziemlich genau auch die postmoderne Situation. Im interaktiven Web 2.0 ist dieses ganze Material nun aber nicht mehr bloß rezeptiv zugänglich, sondern es steht allen als Spielmaterial zur Verfügung. Während Reynolds beklagt, dass von da an nur noch bekanntes Material zitiert, kuratiert und kombiniert wird, freut Passig sich über die unendliche Welt der Recherche- und Spielmöglichkeiten, die sich da auf einmal auftut.

Je nach Position bilden sich denn auch neue ästhetische Praktiken und Vorlieben aus, von digitaler Konzeptliteratur bis zu hauntologischer oder post-digitaler Musik, die unter Stilbegriffen wie *microwave*, *sinecore* oder *glitch* eine »aesthetics of failure« in Szene setzt;[4] Vergleichbares fin-

2 Felix Stalder: *Kultur der Digitalität*. Berlin 2016, S. 10. Vgl. Reynolds: *Retromania*. Passig äußerte die zitierte Auffassung bei ihrer Poetik-Dozentur in Münster im Herbst 2019.

3 Herbert Schnädelbach: *Philosophie in Deutschland 1831–1933*. Frankfurt a. M. 1983, S. 51 f.

4 Kim Cascone: The aesthetics of failure. Post-digital-tendencies in contemporary computer music. In: *Computer Music Journal*, 24. 2. 2002, S. 12–18.

det sich auch in der bildenden Kunst unter dem Terminus *Post-Internet Art*, wobei das Präfix »Post« natürlich irreführend ist – »das Gegenteil ist der Fall.«[5] Anderes wird durch Google, YouTube und Spotify dagegen obsolet, zum Beispiel das exklusive Spezialistentum der Pop-Experten, die katalogisch ausgestellte Kennerschaft, die noch für die Pop-Literatur der 1990er Jahre charakteristisch war. Mit Pop-Wissen lässt sich keine nachhaltige Distinktion mehr einfahren, seit, mit den Worten Michael Bracewells, »everybody knows everything«, weil alles nur noch einen Mausklick entfernt ist.[6] Und statt Trivia bloß zu wissen, kann man sie jetzt eben sogar bearbeiten und weiterversenden. Bilder, Texte, Soundschnipsel, Filmchen und diverse Hybridformen – wenn sie genügend Aufmerksamkeit bekommen, verbreiten sie sich viral, z. B. als Memes, und machen dabei Transformationen durch. Dabei werden sie den jeweiligen ästhetischen Normen der Stilgemeinschaften im Netz unterworfen und angeglichen, in deren Kommunikation sie auftauchen. Hier greifen *a fortiori* die Gesetze serieller, rückgekoppelter Spektakularität, die das synchrone Kunstwerk (Clover) charakterisiert, aber auch sämtliche Formen populärer Appropriation und intertextueller Bezugnahme.

Im Ringen um Aufmerksamkeit werden gerade auch im Netz die Positionen zugespitzt oder skandalisiert, die ästhetischen Qualia hochgetrieben. Dazu eignet sich nicht jegliches Ausgangsmaterial gleich gut. »Im Internet ist die rote Fläche eines abstrakten Künstlers wie Barnett Newman nun einmal nur eine rote Fläche, von Tiefenwirkung ist hier nichts zu erkennen. Ein Gladiator von Gérome dagegen oder eine schmachtende Nymphe von Bouguereau kann wegen der lebensnahen malerischen Wiedergabe auf dem

5 Stalder: *Digitalität*, S. 20.

6 So Michael Bracewell in seinem Vortrag ›Germany Is Your America‹ auf der Pop-III-Tagung im Oktober 2014 am IFK Wien.

Abb. 46: William-Adolphe Bouguereaus: *La jeunesse de Bacchus* (1884)

Bildschirm bewundert werden«,[7] bemerkt etwa Merlijn Schoonenboom. In seiner Studie *Was ist schön?* zeichnet er am Popularitätsboom der akademischen Malerei William-Adolphe Bouguereaus charakteristische Veränderungen nach, die die Netzkultur im aktuellen Kunstgeschmack hervorbringt. Bouguereaus gefällige, gegenständliche und leicht erotisierte Ölgemälde (z. B. *Nymphes et Satyre*, 1873, oder *La jeunesse de Bacchus*, 1884) gehören inzwischen in den Museen, die welche besitzen, zu den Publikumsmagneten. Sie verbreiten sich in unterschiedlichsten Bearbeitungen im Netz und haben es in Form aufwändiger Tattoos bis auf den Körper David Beckhams geschafft. Kurz: eine vermeintlich obsolete Akademiemalerei des 19. Jahrhunderts, die lange Zeit kunstgeschichtlich als wenig satisfaktionsfähig galt, weist verblüffenderweise eine erstaunliche Affinität zu den digitalen Medien auf.

»Genau dieselben Eigenschaften, wegen derer man dem Maler nach 1900 den Zugang zur Domäne der hohen Kunst

7 Merlijn Schoonenboom: *Was ist schön? Wie unser Geschmack sich wandelt*. Aus dem Niederländischen von Marlene Müller-Haas. Berlin 2018, S. 203.

Abb. 47: Instagram Account Alksko (Alexey Kondakov) (Dezember 2020)

verweigerte, machen ihn in der populären Bildkultur wieder brauchbar.« Dazu zählen das Üppig-Repräsentative, »das Schwelgerische, das in der Populärkultur inzwischen mit einiger Ironie als ›Bling-Bling‹ bezeichnet wird«,[8] aber auch die Anschlussfähigkeit des Figurenarsenals dieser Malerei an die Vorstellungswelten der Fantasy und die Softerotik seiner weiblichen Akte.

Generell kann man feststellen, dass mit der Abwertung von Materialität, Farbauftrag, Pinselstrich und dergleichen Faktoren, die im Netz nicht recht zur Geltung kommen, das Sujet und damit die realistische Malerei wieder an Bedeutung gewinnen, schon weil gegenständliche Bilder viel besser memifizierbar sind als abstrakte. Hier entsteht ein neuer Zeitgeschmack, ein neues ästhetisches Empfinden, das die Nachfrage bestimmt, aber auch die Kunstgeschichte neu sortiert. Was die traditionellen ästhetischen Kategorien betrifft, so findet hier eine Wiederaufwertung des

8 Schoonenboom: *Was ist schön?*, S. 204.

Schönen gegenüber dem Erhabenen statt, die die Ästhetik des 20. Jahrhundert geradezu auf den Kopf stellt. Sie wird zum Teil geradezu aggressiv didaktisch betrieben, etwa in *The Beauty Project* der Designer:innen Sagmeister & Walsh mit Ausstellungen in bedeutenden Kunstgewerbemuseen.[9] Als Nebengeräusch erklingen dabei gelegentlich auch wieder die anti-avantgardistischen und anti-akademischen Untertöne, die wir aus der Midcult-Diskussion kennen: »Nach dem albtraumhaften Umweg des 20. Jahrhunderts kehrt die Kunst wieder zu ihren Ursprüngen zurück«, behauptet etwa der Sammler und Kunstaktivist Fred Ross,[10] und sein Namensvetter, der schon Ende der 1990er Jahre verstorbene »Kitschonkel« Bob Ross mit seiner therapeutischen TV-Malshow *The Art of Painting*, die auf YouTube Rekorde bricht, ist laut *The Atlantic* zum berühmtesten Künstler der USA avanciert, inklusive eigenem Museum im Bundesstaat Indiana. Sein Name wird häufiger gegoogelt als Andy Warhol.

»Auch in der Kunstwelt«, schreibt Hanno Rauterberg, »ist es deutlich zu spüren, die Zeit der Dauerprovokateure und schlimmen Tabubrecher scheint auszulaufen.«[11] Parallelen zum populären Realismus in narrativen Formaten (Roman, Film, TV-Serie) liegen nahe, nicht nur, aber insbesondere zu den Welten der Fantasy. Auch Tolkiens geschlossene Diegese im *Lord of the Rings* erwies sich ja ein halbes Jahrhundert nach ihrer Entstehung unvorhergesehenermaßen als ideale literarische Vorlage für die Programmierung von Computerspielwelten – mit dem *Ulysses* oder *Les Champs Magnetiques* ließ sich im neuen Dispositiv dagegen deutlich weniger anfangen. Selbst in der Musikästhetik mag man

9 Vgl. Stefan Sagmeister/Jessica Walsh: *Beauty*. London/New York 2018.

10 Zit. n. Schoonenboom: *Was ist schön?*, S. 188f.

11 Hanno Rauterberg: Bob Ross. Die allerschönste Einschlafhilfe. In: *Die Zeit*, Nr. 3/2021, 14.1.2021, https://www.zeit.de/2021/03/bob-ross-usa-fernsehen-kunst-kunsttherapie/komplettansicht (abgerufen am 16.3.2021).

Abb. 48: Bob Ross: *The Art of Painting*

etwas Ähnliches bemerken, wenn digital sozialisierte Hörerinnen den ›flachen‹ Sound von mp3-Files bevorzugen, obwohl dessen Klangspektrum gegenüber Vinyl-Aufnahmen erheblich beschnitten ist.

Nun sind wir keine Experten für digitale Kunst und Musik oder Computerspiele, auch ist dies nicht der Ort für Spezialästhetiken – an denen, etwa für die digitalen Bildkulturen, ja längst produktiv gearbeitet wird. Die Prinzipien unserer Gegenwartsästhetik greifen jedoch ganz ausdrücklich auch hier. Das lässt sich noch einmal an der Wiederentdeckung Bouguereaus zeigen: Um welchen Bildtyp handelt es sich bei seinen nackten Nymphen, Göttinnen und Allegorien denn? Als realistische akademische Malerei vor der Moderne gehören sie, sollte man meinen, zu Typ 1, wie wir ihn in Kapitel II mit Jochen Venus entwickelt haben. Spätestens in dem Moment jedoch, wo sie ins Digitalpopuläre Eingang finden, stimmt das eben nicht mehr. Es ist nicht die Kraft ihrer referenziellen Darstellung, sondern umgekehrt ihre Eignung für die populären Bildkulturen, der sie ihre Renaissance verdanken. Sie machen Spaß, sie werden nachgefragt und mal campy, mal naiv rezipiert, verbreitet und memifiziert. Was sie ursprünglich darstellen, wird demgegenüber sekundär oder besser: es wird im populären Gebrauch laufend umcodiert, und zwar ohne dass es noch jemand für nötig hielte oder auch bloß für interessant befände, auf die Aussage des Originals zurückzukommen. Das ist das, was Apologeten wie Fred Ross übersehen: Bei der vermeintlichen Rückkehr des Realismus in unsere(r) Gegenwart hat sich dessen Modus radikal verändert – seine Erzeugnisse mögen prima facie aussehen wie Realismus des 19. Jahrhunderts, tatsächlich sind sie aber vom Typ 3 (Donald Duck). Sie folgen einem Regime rückgekoppelten Spektakels.

Wenn sich aber unser Realismus verändert hat, dann ist das ein deutliches Zeichen dafür, dass es auch bei einer digitalen Ästhetik nicht einfach um die Anpassung ästhetischer Kategorien an ein paar neue Medien geht, sondern dass die Verschiebungen im Medialen den Status unserer Wirklichkeit insgesamt betreffen.

Augmentierte Wirklichkeit

> HC Ich bin hier in der Wirklichkeit und es ist mir sehr, sehr wichtig, in dieser agieren zu können. (MP, 558)

Sommer 2016, die Welt spielt Pokémon Go; überall sieht man junge Menschen durch die Landschaft wandeln und dabei auf ihre Mobilgeräte starren. Das Foto zeigt einen Familienausflug im Allgäu. Auf dem Weg erscheint ein Pokémon, zu dem Oma sich umzudrehen scheint, und lässt sich per Handykamera fotografieren. Im gleichen Urlaub verirrte sich eines der japanischen Digitalmonster sogar

Abb. 49: Ein Evoli im Allgäu

in unsere Ferienwohnung, was zu einer ontologischen Debatte führte: War da nun wirklich ein Bisasam in unserem Zimmer oder nicht? Und was heißt hier ›wirklich‹?

Pokémon Go ist ein Spiel, das mit erweiterter oder augmentierter Realität (*augmented reality*) arbeitet, definiert als »interaktiv erfahrene realweltliche Umgebung, in der die realweltlichen Objekte durch computergenerierte sinnlich wahrnehmbare Informationen angereichert (*enhanced*) werden«.[12] Augmentierte Realität transzendiert auf diese Weise die Zweiteilung von realer und virtueller Wirklichkeit und verwandelt sie in ein Kontinuum. Wo digital generierte Erfahrungen Teil unserer Welt werden oder wo umgekehrt Objekte und Informationen aus der nicht-virtuellen Welt erfahrbarer Teil einer digital erzeugten virtuellen Wirklich-

12 »Augmented reality (AR) is an interactive experience of a real-world environment where the objects that reside in the real world are enhanced by computer-generated perceptual information« (https://en.wikipedia.org/wiki/Augmented_reality).

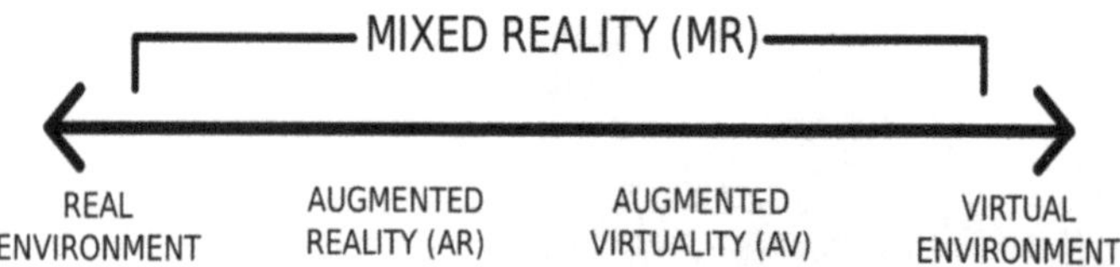

Abb. 50: Grafik aus Milgram/Kishino

keit werden (*augmented virtuality*), bewohnen wir hybride Räume, deren Erfahrung sich aus analogen und digitalen Daten zugleich speist. Wer sich auf sein Navi verlässt, muss sich beispielsweise in so einer gemischten Realität orientieren, um im Analogen anzukommen, von dessen eigentümlicher Struktur er oder sie nicht mehr viel wissen muss. Dabei handelt es sich ausdrücklich um sinnliche Erfahrung, also Aisthesis.

Die Definitionen, mit denen hier gearbeitet wird, stammen sämtlich aus der Informatik, weshalb das Digitale stets Teil der Sache ist. Genau genommen müssen virtuelle Welten aber nicht computergeneriert sein, auch Roman- und Filmdiegesen sind ja virtuell. In welcher Realität befinde ich mich, wenn ich *Krieg und Frieden* lese oder *Lord of the Rings* im Kino sehe? Das *real environment* wäre in diesem Fall ja bloß mein ruhender Körper auf einem Sessel, nicht anders als wenn ich am PC sitze oder auf mein Smartphone gucke. Was aber für den Bewegungsapparat zutreffen mag, tut es nicht für das zentrale Nervensystem oder jedenfalls das von ihm erzeugte Bewusstsein: das befindet sich zu gleicher Zeit in einem wie auch immer fiktiven Salon im St. Petersburg zur Zeit Napoleons, im Auenland, beim Wolfstatzensammeln in Kalimdor oder im schriftlichen Gespräch mit Twitterfreundinnen. Und es gibt in dieser Situation ja ebenso körperliche Reaktionen (strahlende Augen, Schwitzen, Herzklopfen, Lachen, Ekel) auf virtuelle Reize (AR), wie ich umgekehrt zumindest beim Gamen und Chatten mit realweltlichen Bewegungen den virtuellen Raum verändere

(AV). Die Dichotomie zwischen realer und virtueller Umgebung geht also mitten durch die Person; wir selbst sind hier das »interreality system«,[13] oder mit einem Vers von Père Ubu: »Linked to our machines our eyes are beaming.«

In der klassischen Auffassung sind unsere Werkzeuge noch Verlängerungen unserer Körperfunktionen und Sinne in die Welt hinein. Dabei ist der Kern der autonomen Person noch intakt. Im Zeitalter von Computer und Smartphone reichen wir jedoch nicht nur in zuvor unbekannte virtuelle Sphären hinein, sondern umgekehrt auch diese Sphären in uns. »Die Maschinen des späten 20. Jahrhunderts haben die Unterschiede zwischen Natürlichem und Künstlichem, Geist und Körper, dem, was sich selbst entwickelt, und dem, was von außen designt wird, und manch anderes verunklart, womit wir sonst zwischen Organismen und Maschinen unterscheiden konnten. Unsere Maschinen sind bestürzend lebendig und wir selbst erschreckend träge.«[14] Als Deleuze/Guattari'sche Wunschmaschinen oder Haraway'sche Cyborgs haben wir Teil an der Mixed Reality und sie an uns. In den technisierten Dispositiven westlich geprägter Überflussgesellschaften *ist* diese chiastische Verschränkung von realer und virtueller Welt längst unsere – augmentierte – Wirklichkeit.

Das hat, wie man sich denken kann, nachhaltige Auswirkungen auf den Bereich der Gegenwartsästhetik. Die ständige Verfügbarkeit von Mobilgeräten, die uns digital sowohl

13 »›[I]nterreality system‹ refers to a virtual reality system coupled with its real-world counterpart« (https://en.wikipedia.org/wiki/Mixed_reality#Augmented_virtuality (31.3.2021).

14 Donna Haraway: A Cyborg Manifesto. Science, technology and socialist feminism in the late twentieth century [1985]. In: *The Cybercultures Reader*. Hg. von David Bell und Barbara M. Kennedy. London/New York 2000, S. 291–324; S. 293 f. (»Late twentieth-century machines have made thoroughly ambiguous the difference between natural and artificial, mind and body, self-developing and externally designed, and many other distinctions that used to apply to organisms and machines. Our machines are disturbingly lively, and we ourselves frighteningly inert.«).

Abb. 51: Mona Lisa (2012)

an soziale Mediennetzwerke anschließen als auch über eine Fotofunktion verfügen, verändert beispielsweise die Ästhetik der Landschaft, die Funktion von Museen, ja den Tourismus insgesamt. Die Welt wird ästhetisch interessant nach Maßgabe der Bilder und insbesondere der Selfies, die sich in ihr an ausgewählten Stellen (Selfie Spots) machen lassen; und dieses ästhetische Interesse ist rückgekoppelt mit der Zustimmung, die die Bilder dann nahezu synchron im sozialen Netzwerk, auf Instagram, Facebook oder Twitter einfahren.

All diese Prozesse sind zweifellos immer auch ökonomisch markiert. Aber heißt das, dass ihre Text- und Bildpraktiken als bloße »Konsumentenparadiese« hinreichend charakterisiert sind, in denen sich die Masse vermeintlich »kostenlos«, tatsächlich aber zum ausschließlichen Nutzen der Big Four – Google, Amazon, Facebook und Apple – »mit Textchen, Bildchen, Filmchen und so weiter« füttern lässt?[15] Das wäre ganz in der Linie von Althussers Ideolo-

15 Das Geschäft mit den Meinungen. Joseph Vogl über die Macht

gie, Gramscis kultureller Hegemonie, Debords Spektakel und Horkheimer/Adornos Kulturindustrie gedacht: bunte, einlullende, im Grunde aber unterdrückende Gleichschaltung. Aber wird da nicht die gemeinschaftsstiftende Seite der ganzen Sache schlicht übersehen? Die Tatsache, dass es in der sozialen Zirkulation von Bildern und Texten neben der tendenziell postdemokratischen Seite auch den Aspekt der Konvergenzkultur gibt, in der viele an der Gestaltung der augmentierten Realitäten mitbauen, sowie den Aspekt der ›Commons‹, in dem »die in der Moderne weitgehend getrennten Sphären des Ökonomischen, Sozialen und Ethischen«[16] zusammengeführt werden?

In jedem Fall modifiziert sich das Ästhetische: Im Zeitalter des Digitalen erwartet etwa niemand mehr von Natur- und Landschaftsaufnahmen, vielleicht von Fotografie insgesamt, eine unverfälschte Wirklichkeitswiedergabe – die verwackelten und schlecht belichteten Bilder der Diaabende des 20. Jahrhunderts, die rein von der Referenz lebten, sind passé. Auch hier haben wir es also mit jener Zunahme des Ästhetischen selbst zu tun, die unsere Gegenwart charakterisiert: Erwartet werden geile, krasse, weirde, lustige oder cute, jedenfalls aber ästhetisch überzeugende Fotos. »Das offensichtlich digital manipulierte Foto erscheint [dabei] nie ganz artifiziell, weil der Glaube an den natürlichen Referenten der analogen Fotografie fortbesteht, und das analoge Foto erscheint nie mehr ganz glaubwürdig, weil der Verdacht einer digitalen Manipulation ihm etwas Artifizielles gibt.«[17] Das ist die genannte

der Plattformen. Gespräch mit Julia Encke und Harald Staun. In: *FAS*, 14.3.2021, S.33, https://www.faz.net/aktuell/feuilleton/debatten/plattformkapitalismus-joseph-vogl-ueber-kapital-und-ressentiment-17241098.html (16.3.2021).

16 Stalder: *Kultur der Digitalität*, S.14f., 71.

17 Lars Mextorf: Der gebrochene Vertrag. Zu den Folgen der Digitalisierung für die analoge Fotografie. In: *Denkprozesse der Fotografie*. Hg. von Martin Deppner und Thomas Abel. Bielefeld 2010, S.358–368; S.361.

chiastische Verschränkung, die Mischwirklichkeit, nunmehr als Eigenschaft eines Mediums.

Eine vergleichbare Entwicklung gibt es auch beim Autotune. Die Technik wurde zunächst zur Nachbesserung von Gesangs- und Instrumentalaufnahmen, also zur Simulation eingesetzt – heute ist sie in zahlreichen Musikrichtungen in Form offensichtlich verfremdeter Stimmen omnipräsent. Sie definiert damit einen Stand aktueller musikalischer Ästhetik auf dem Territorium der Mixed Reality. Simon Reynolds erkennt darin sogar die von ihm lange vermisste *new machine*, die die Gegenwartsmusik endlich wieder auf die Zukunft hin öffnen könnte. Aber vielleicht lag der Fehler der Retromania-Diagnose ohnehin darin, die Musik der 2000er Jahre nur als Simulation älterer Vorbilder wie Soul und Post-Punk (miss-) zu verstehen und nicht als etwas Neues, das durch die technischen Möglichkeiten des Internets erst hervorgebracht wurde. Denn die eigentliche Neue Maschine ist wie gesagt das Internet selbst, und seine von Reynolds und Fisher beklagte Funktion, riesige Archivbestände auf Knopfdruck verfügbar zu halten, hat daran wesentlichen Anteil.

Man kann den Paradigmenwechsel, den die Ästhetik durch die Digitalisierung erfährt, womöglich auch daran ablesen, dass der Verdacht des Halbseidenen, der Täuschung und des schönen Scheins heute eher das vermeintlich Echte und Authentische trifft als das offenkundig Artifizielle, Virtuelle und Bearbeitete. Auch wenn die Nachfrage nach Authentizität zweifellos ungebrochen ist, definiert das, was sie bedient (grobkörnige Schwarzweißfotos, verwackelte Handkamera, Lo-Fi), doch nur noch einen Pol im Mixed-Reality-Kontinuum. So auch in der Literatur: Im Midcult-Bereich bewegt man sich erstaunlich häufig noch in agrarnahen und in weiten Zügen vor-industriellen Diegesen, denen ein irgendwie Manufactum-hafter Ruch des besonders Echten und Kernigen anhaftet. Darin lässt sich noch das ferne Echo einer gut lesbaren Hochliteratur aus Romantik und Realismus vernehmen, deren Muster, an denen sich der Populäre Realismus orientiert, ja noch in vorindustriellen und jedenfalls vordigitalen Zeiten entstanden sind. Im Fantasy-Bereich können genau solche Welten dann ganz ohne schlechtes Gewissen, weil eben auch ohne Referenzbehauptung, als virtuelle konstruiert werden. Eine gegenwartsrelevante Literatur wird jedoch die augmentierte Realität als solche wahrnehmen und als ästhetische Herausforderung behandeln.

Auf(er)stehen in Miami

Als Armen Avanessian in Miami mit Jetlag erwacht, weiß er nicht, welche Zeit es ist und wo er sich befindet – aber sein Smartphone weiß es.[18] Zugleich ist sein Ich durch die sozial-mediale Vernetzung über das Gerät »virtuell an vielen anderen Orten« präsent, denn im Zeitalter digitaler Medien gilt: »*Ich ist nie einfach hier und jetzt.*«[19] Der Bezug zu Hegels berühmtem Zettel aus der *Phänomenologie des Geistes* ist deutlich.

> Auf die Frage: *was ist das Jetzt?* antworten wir also zum Beispiel: *das Jetzt ist die Nacht.* Um die Wahrheit dieser sinnlichen Gewißheit zu prüfen, ist ein einfacher Versuch hinreichend. Wir schreiben diese Wahrheit auf; eine Wahrheit kann durch Aufschreiben nicht verlieren; ebenso wenig dadurch, daß wir sie aufbewahren. Sehen wir *jetzt, diesen Mittag*, die aufgeschriebene Wahrheit wieder an, so werden wir sagen müssen, daß sie schal geworden ist.[20]

18 Avanessian: *Miamification*, S. 13.
19 Avanessian: *Miamification*, S. 9.
20 Georg Wilhelm Friedrich Hegel: Phänomenologie des Geistes [1807]. In: G. W. F. Hegel: *Werke*. Hg. von Eva Moldenhauer und Karl Markus Michels, Bd. 3. Frankfurt a. M. 1970, S. 84.

Aus texttheoretischer Perspektive liegt hier der Einwand nahe, dass Hegel der sinnlichen Gewissheit offenbar mehr traut, als er eigentlich will; denn dass *»jetzt diesen Mittag«* ist, hat er ja offenkundig der Aisthesis entnommen und nicht seinem Zettel. Ein Medium brauchte er dazu gar nicht, und so bekommt er denn bei seinem kleinen Experiment auch nicht die Wahrheit des Textes, sondern eine von diesem völlig unabhängige. Das *»hier und jetzt«* Avanessians ist dagegen durch digitale Medien geradezu definiert und eben partiell auch als Wirklichkeit in diesen Medien lokalisiert, genauer: im Raum der sozialen Medien. Aber sind Medien nicht immer sozial, und sei es, wie ja auch Avanessians iPhone oder Tao Lins iPad, als Medien der Selbstkonstitution? Insofern »ist natürlich auch dein ›Ich‹ ›heute‹ immer schon früher, später und überhaupt zwischen verschiedenen Zeiten hin- und hergerissen.«[21] Das ist nicht mehr Baudrillards Simulakrum, das ist Augmented Reality.

Derselbe qualitative Sprung vollzieht sich in Juan S. Guses *Miami Punk* zwischen den alten Games und denen, die eine der Hauptfiguren, die Programmiererin Robin entwirft. Spieldiegesen als zweite oder alternative Welten bezeichnen dabei bereits eine vergangene Epoche: Man besucht »die Überreste von *Second Life*« (SL) und bespielt nostalgisch die alten *Counter-Strike*-Maps (CS). SL, eine Online-Infrastruktur, die Anfang der 2010er Jahre ihre Hochphase hatte, hatte ein Bekannter des Erzählers »für etwa zwei bis drei Jahre gespielt u. [darin] als Immobilienmakler resp. DJ eine angenehme Obere-Mittelschicht-Onlineexistenz geführt.« SL ist also noch ein klassisches Simulakrum, eine Welt wie unsere, als Alternativangebot zu dieser entwickelt und vermarktet, damit man sie für bestimmte Zeiten bewohnen kann. »Man sah den Gebäuden, Statuen u. öfftl. Gartenanlagen die Zehntausenden Arbeitsstunden u. die

21 Avanessian: *Miamification*, S. 9.

utopischen Visionen an.« (MP, 61) Nun aber, nachdem die User das Interesse verloren haben, liegt alles gespenstisch verlassen da. Trifft man Figuren, so hält man sie automatisch für Non Playing Charakters.

Das CS-Turnier, zu dem die Deutschen nach Miami reisen, gilt ganz ausdrücklich der Verabschiedung der obsoleten Version 1.6 des Shooters aus dem Jahre 2000. CS 1.6 ist selbst bereits ein Ergebnis partizipatorischer Konvergenzkultur (es entstand als Modifikation von *Half Life* durch Hobbyprogrammierer) und war »über zehn Jahre lang eines der populärsten und meistgespielten Online-Actionspiele und das meistgespielte Spiel im E-Sport« gewesen,[22] galt jedoch mit der Einführung des Nachfolgers *Counter Strike: Global Offensive* (2012) »auf einmal als veraltet u. rückständig u. war binnen weniger Monate kommerziell u. sportlich tot«, was die verbleibenden passionierten Spieler zu nerdigen »Romantikern u. Theoretikern« werden lässt (MP, 41). Im Verlaufe des Turniers stellt sich denn auch hier das Unheimliche ein: Seltsame Glitches irritieren den Spielverlauf. Da taucht z. B. plötzlich eine fünfte Geisel in einem Raum auf und will dem Avatar aus ihrem sinnlos gewordenen Büroleben erzählen. Das ist durchaus unheimlich im Todorov'schen bzw. romantischen Sinne, denn der ontologische Status der Figur (ist sie Teil der Wirklichkeit oder nur eingebildet?) ist in den wenigen Sekunden ihres Erscheinens durchaus unklar, bevor der kurz abgelenkte Spieler vom Gegner ausgelöscht wird – bzw. sein Avatar, denn die Realität, in der sich hier die Ontologiefrage stellt, ist ja eine virtuelle. Im Glitch aber verselbständigt sich diese zweite, virtuelle Realität gegenüber ihrer programmierten Simulakrizität und entwickelt ein Eigenleben, das ihre vermeintlich abgetrennte Sphäre auf eine Mixed Reality hin transzendiert wie das Unheimliche im romantischen Text die Alltagswirklichkeit.

22 https://de.wikipedia.org/wiki/Counter-Strike (31.3.2021).

Diese Mischung der Sphären ist in den Spielen Robins dann Programm. Schon das Rollenspiel *M.E.R.K.W.Ü.R.-D.I.G.E. D.I.N.G.E. I.N.C.*, das sie sich als Kind ausdenkt, ist so angelegt, dass »die Fiktion des Spiels den Alltag der Spielenden infiltrieren würde. Ihre Freunde übernahmen hier nicht die Rollen irgendwelcher fiktiver Charaktere, sondern spielten sich selbst: Schülerinnen auf einer Grundschule in West Little River, an der auf einmal merkwürdige Dinge geschehen sollten« (MP, 79 f.). Robins spätere Games, auf deren Darstellung der Roman einigen Raum verwendet, greifen dann auf die Speicher der (sozialen) Medien der Spielerinnen zu und nehmen damit Änderungen an ihrem Leben und ihrer Identität vor. Eins der Spiele heißt *Robin* und trägt entsprechend autofiktionale Züge: Man spielt einen (allerdings männlichen) Spielentwickler dieses Namens und wird gezwungen, selbst ein komplexes Spiel-im-Spiel zu programmieren. Dabei werden die im Kern romantischen Muster der Quest und der Heldenreise, die zahlreiche Games prägen, explizit verlassen: »Es gibt in *Robin* keine Metaphysik des Suchens, Findens, weil das Spiel keinen Wert darauf legt, die Reise angenehm zu gestalten.« (MP, 86) Diesen Abschied von den trivialen und letztlich konservativen Narrativen von Verlust und Wiedergewinnung der Identität (bzw. vom verlorenen Paradies) propagiert bereits Donna Haraway in ihren Cyborg-Texten: »The cyborg would not recognize the Garden of Eden.«[23]

In der Romangegenwart arbeitet Robin in einem finanzierten Projekt an ihrem Opus magnum *Das Elend der Welt*, das technisch auf »einer Kombination aus Malware und prozeduraler Synthese« beruhen soll (MP, 90). Prozedurale Synthese ermöglicht die Erzeugung von »Texturen, virtuellen Welten, 3D-Objekten und sogar Musik in Echtzeit und während der Ausführung des Computerprogramms, ohne dass diese Inhalte vor der Benutzung vom Entwickler fest

23 Haraway: A Cyborg Manifesto, S. 293.

angelegt und in ihrer endgültigen Form an den Nutzer weitergegeben werden.«[24] Das Spiel verändert also im eigenen Verlauf die digitale Umgebung, in der es gespielt wird, und damit nicht nur die eigene Diegese, sondern – hier kommt die Malware ins Spiel – auch die reale technisch-mediale Ausstattung und damit die Umwelt und das Leben der Spielenden selbst. Im erfolgreichen Antragssschreiben an den »Entwicklungsfonds *Auferstehung Miami*« heißt es dazu:

> Anstatt, dass der Spieler in der Illusion lebt, auf sich ewig verzweigenden Pfaden zu wandeln, obwohl er in Wirklichkeit nur den vorgefertigten […] Erzählbrotkrumen folgt, soll sich in *Das Elend der Welt* eine Geschichte entfalten, die sich nicht aus der Deutungshoheit der Studios speist, sondern aus den Biografien der Spielenden selbst.

Hier ist erneut der Unterschied zur Postmoderne markiert, für die Borges' *El jardín de senderos que se bifurcan* (1941) ein Basistext war, und damit der Abschied sowohl vom Simulakrum (»Illusion«) als auch vom romantischen Immer-nach-Hause (die Brotkrumen aus *Hänsel und Gretel*). Dies bedeute nichts anderes, heißt es im Antrag weiter, »als dass das jeweilige Programm kontinuierlich in die Zukunft blickt, um den unterhaltsamsten und anregendsten Erlebnisverlauf zu planen.« (MP, 209) Damit ist zum einen die nach vorn gerichtete Offenheit benannt, auf die es auch Haraway ankommt. Zum anderen wird aber auch formuliert, nach welchen Kriterien diese Zukunft als gelingende zu bestimmen wäre: Unterhaltung und Anregung nämlich, und die gehören beide zweifellos der Sphäre des Ästhetischen an. Das ästhetische Urteil bestimmt die marktförmige Auswahl der Angebote: das ist die kapitalistische Option. Nun bleibt das Antragsschreiben allerdings auch im fiktiven Setting des Romans ein Werbetext – schon der Titel des beworbenen Spiels mit seiner An-

24 https://de.wikipedia.org/wiki/Prozedurale_Synthese (31.3.2021).

spielung auf Bourdieu lässt uns ahnen, dass es sich am Ende ganz so einfach und positiv wohl nicht verhalten wird.

Technisch vergleichbar ist auch die Musca-App konzipiert, die die Protagonistin in Berit Glanz' Roman *Pixeltänzer* (2019) mit ihrem Team in einem Startup-Tech-Bus entwickelt: »Dieses Spiel ist nur zu gewinnen, wenn viele Handys im Raum sind, die ihre Bluetooth-Schnittstellen offen haben [...], mit dem Starten des Spiels speichert die App auf fünfunddreißig Prozent des Handyspeicherplatzes verschiedenste Fliegenbilder.« Interessanterweise tauchen hier dieselben Diskurse wieder auf wie in *Miami Punk*: Nostalgie, die nicht mehr strukturrelevant ist, und Marktwirtschaft, die nolens volens das Prinzip ist, das die Zukunftsanschlüsse regelt, sobald diese einigermaßen offen sind. Mitarbeiter Johannes gibt dem Spiel einen 1980er-Retro-Look, obwohl die Protagonistin vorgibt, »an Nostalgie ausgerichtete Sehnsucht ganz grundsätzlich nicht« zu verstehen.[25] Und am Ende wird die vermeintlich subversive App dann sogar ausgezeichnet: »Wir wollten etwas nicht zu Verkaufendes schaffen, und diese Jury hat es trotzdem geschafft, daraus ein Produkt zu produzieren, sogar eine recht solide Marketingstrategie, wenn ich ehrlich bin. Alles ist Ware, alles kann man verkaufen, und ich schwanke zwischen Traurigkeit und Aufregung hin und her.«[26] Wo die Entwickler:innen mit sperriger Avantgarde schockieren wollten, erkennt die Jury die vielversprechende *new machine*.

Das Spiel *Cloud Control* in Joshua Groß' Roman *Flexen in Miami* (2020) setzt diese Tendenz konsequent fort, es könnte geradezu von Robin sein. Hier muss bereits der Avatar so heißen wie der Spieler, und das Spiel greift ständig auf die Daten des Eigenen zurück, wodurch auf unkontrollierbare Weise eine komplexe, auf den Spieler zugeschnittene autofiktionale Diegese entsteht:

25 Berit Glanz: *Pixeltänzer*. Frankfurt a. M. 2019, S. 222 f.

26 Glanz: *Pixeltänzer*, S. 229.

> die welt ist komplett offen und alles ist zugänglich. aber die welt verändert sich ständig. es ist so: cc greift auf die sozialen netzwerke und die mailaccounts der spieler zu und generiert daraus die welt. es gibt also spams die so aussehen wie unsere freunde in real life oder bekanntschaften von tinder oder facebook oder instagram oder etc. das ist ziemlich creepy und belastend weil die halt auch oft sachen sagen die sie wirklich sagen oder irgendwas über einen wissen was dann wirklich unheimlich ist. [...] also es ist gar nicht leicht spams von anderen avataren zu unterscheiden vor allem wenn deine real life freunde auch cc zocken weil ihre avatare oder die spams von ihnen dann ständig in deiner umgebung auftauchen. (FM, 16)

In der Tat entfaltet sich durch *Cloud Control* innerhalb des Romans eine Art Paralleluniversum mit autonomen und zum Teil bedrohlichen Zügen, das bei den Spielenden Zustände zwischen Faszination und Paranoia auslöst, die sich »in real life« fortsetzen. In der ästhetische Kategorie ›creepy‹ ist aber auch der Reiz des Games formuliert. Es wird sogar der Verdacht geäußert, bestimmte Stars seien eigentlich dem Spiel entsprungen. Vor allem der Rapper Jellyfish P erweist sich als affin. Zu seiner Persona gehört ja der Initiations-Mythos eines Quallenbisses in der Kindheit (wie in Superhelden-Backstorys, etwa der von Spiderman). Als er durch die Ich-Figur Joshua (!) *Cloud Control* kennenlernt, ist er als einziger in der Lage, die unbekannte Sprache der Kompassqualle zu verstehen, die eigentlich Joshuas Begleittier innerhalb der Spieldiegese war, und ihren Anweisungen zu folgen.

»Miami« (oder auch »Malibu«) wird in diesen Gegenwartstexten also zur Chiffre für die aktive Besiedelung der augmentierten Realität. *Flexen in Miami* entwirft seine Diegese konsequent als eine solche unauflösbare Verschränkung analoger und digitaler/virtueller Wirklichkeit – kein

Wunder, dass mit Jellyfish P hier eine Rap-Persona im Mittelpunkt steht. Weil unsere technischen Geräte inzwischen über Sinnesorgane verfügen (Mikros, Kameras etc.), werden Daten der Außenwelt ins Digitale eingespeist, und das Digitale bestimmt wirkmächtig das Leben in der analogen Welt. Joshua und Claire werden ein Paar, weil sie im Umfeld eines Basketballspiels der Miami Heat zufällig gemeinsam in den Fokus der Kiss-Cam geraten; das Auftauchen des eigenen Digital-Livebilds im Videowürfel bewirkt den analogen ersten Kuss (FM, 28). Die realweltliche Versorgung wird vom Internet der Dinge besorgt, was freilich Intelligence voraussetzt, wie bei den Drohnen oder beim sprechenden Kühlschrank, der in einer Aufwachszene die Rolle von Avanessians iPhone spielt (»Woher weißt du, dass ich in Fort Lauderdale bin?« / »Ich bin dein Kühlschrank, vergiss das nicht.«, FM, 146). Die Glitches, von denen schon im ersten Romansatz die Rede ist, sind, wie die Gamification der Berufswelt in *Miami Punk* (Alligatorringen oder Pizzalieferung mit Bezug auf *Snow Crash*), ebenfalls Hinweise auf die Präsenz des einen Modus im jeweils anderen. Wie das Ende zu lesen ist – Jellyfish P verschwindet beinah im Game, während Joshua die objektförmigen Manifestationen (Baby, Tapes des neuen Albums, Produktionsmittel, schließlich noch den Kühlschrank) an sich zieht – wäre zu diskutieren.

Bei der digital veränderten Wirklichkeit, die diese drei Romane thematisieren, handelt es sich jedenfalls weder um ein Simulakrum, das als verselbständigtes Zeichen das Bezeichnete ersetzt, noch um eine vollständig virtuelle zweite Welt, die sich als (bewohnbare, bespielbare) Parallelwelt mit der unseren praktisch nicht berührt. Vielmehr liegt ihnen besagte Mixed Reality zugrunde, in der das (digitale) Medium, der Text, gar nicht mehr als Virtualität gedacht wird (die entweder mehr oder weniger gut auf Realität referiert oder sich als Alternativwelt von der unseren löst), sondern als etwas Eigenständiges, das – wie die Social Media – auch analog wirkmächtig ist: als (unsere!) Realität. »Freunde sind

Friends«, um es mit Fraktus zu sagen, und umgekehrt; oder wie Daniel Hornuff kürzlich auf Twitter bemerkte: »Wer ›Präsenz‹ auf physische Anwesenheit reduziert, übersieht, dass Geistesgegenwart in nahezu jedem Medium Ausdruck finden kann.«[27]

Eine solche Auflösung der Grenze zwischen analog-realer und digital-virtueller Welt ist aber letztlich nur vollständig, wenn die Augmented Reality auch in der Lage ist, realweltliche Objekte, also gewissermaßen »sinnliche Gewißheit« im Hier und Jetzt zu konstituieren. Es stellt sich sozusagen das Problem der Physics Engine, nur umgekehrt. Geht es bei dieser darum, Dingen der virtuellen Welt objekthafte Eigenschaften wie Undurchlässigkeit oder Gewicht zu verleihen, die der Avatar erfährt, geht es jetzt um den Nachweis des Virtuellen als Objekt des Realen. In *Flexen in Miami* wäre das etwa die Suche nach dem Impaktglas. Mit seinem Fund wäre die Existenz jener virtuellen Welt erwiesen, die der Rapper Jellyfish P um seine Persona und seine Musik erschafft, zunächst im medialen Raum, den er, von Drogenkonsum gesteigert, mit seinen Fans bewohnt, was sich dann mit fortschreitender Romanhandlung immer mehr in *Cloud Control* verlagert. Ein solcher Beweis in der analogen Welt, gelänge er denn, würde allerdings sofort wieder im Digitalen viral gehen (»Und dann?«, wollte ich wissen. / »Dann streamen wir es«, sagte Jellyfish P, »und erzählen allen, was los ist.«, FM, 141).

tanja-arnheim.space

In Randts *Allegro Pastell* entsteht der Riss zwischen den beiden Hauptfiguren Jerome Daimler und Tanja Arnheim keineswegs im alltäglichen Umgang des Paares miteinander, sondern in dem Moment, als Jerome ihr seinen Entwurf

27 Daniel Hornuff auf Twitter, 7. 11. 2020.

ihrer Homepage präsentiert, den *»tanja-arnheim.space«*. Tanja ist nicht etwa irritiert, weil er sie falsch repräsentieren würde, sondern im Gegenteil; Tanja: *»Ich glaube, ich finde es ziemlich gut … […] Und jetzt trifft es mich irgendwie, dass du mich so genau lesen kannst.«* (AP, 87 f.) Im virtuellen Raum, den Jerome programmiert, wird sein Bild von ihr zu einem Teil ihrer öffentlichen Persona und damit der Realität. Tanjas erste Reaktion lautet denn auch: *»Das ist aber nicht online?«* (AP, 86) In anderen Liebesgeschichten wäre vielleicht eine Schwangerschaft die Objektivierung der (zunächst ja immer irgendwie virtuellen) Liebesbeziehung und damit ihr ultimativer Prüfstein, hier ist es die Homepage.

Randts Pop-Qualität besteht unter anderem darin, dass er in *Schimmernder Dunst über Coby County* (2011) und *Allegro Pastell* Welten entwirft, die weder im Sinne eines mimetischen Realismus die unsere abbilden (und sei es als Dystopie) noch als Parallelwelt von ihr gelöst sind (wie in Fantasy), sondern die überhaupt nur als augmentierte, als gemischte Wirklichkeit aus medialem (Selbst-) Entwurf und sinnlicher Existenz im Hier und Jetzt denkbar sind. Das gilt auch für die Figuren; so berichtet Tanjas Schwester Sarah über ihr Filmprojekt: *»Ich verkrampfe sehr stark und finde keinen Zugang zur Hauptfigur.« / »Was macht die Hauptfigur?« / »Das bin mehr oder weniger ich selbst.«* (AP, 89) Diese Selbstentwürfe in und als Mischwirklichkeit erfolgen jeweils wesentlich im Modus des Ästhetischen; die entsprechenden Figuren sind Webdesigner (Jerome), Schriftstellerin (Tanja), Filmemacherin (Sarah) oder Literaturagent (Wim Endersson in *Coby County*).

Das alles kompliziert sich noch einmal, wenn man sich fragt, wie nun die Augmented Reality im alten Medienformat ›Roman‹ funktioniert, wie ja auch Tanja es bedient. Ein bloß diegetisches ›Erzählen von‹ bliebe dabei ebenso unterkomplex wie die bloße Imitation medialer Formate, wie man sie etwa in Daniel Glattauers ›E-Mail-Roman‹ *Gut gegen Nordwind* (2006) oder in den TV-Serienepisoden in Cemile

Sahins *Taxi* (2019) findet. Interessanter sind fortgesetzte Re-Entrys von Leben/Selbstentwurf und Text/Kunst/Medium, wie sie sowohl in Randts Post Pragmatic Joy (Federball, Mitchs etc.) als auch in der Miami-Bubble praktiziert werden. Das bewegt sich dann auch eng am Pop; etwa wenn in dem programmatischen Band *Mindstate Malibu* (2018) Ronja Zschoche alias Haiyti als Cloud-Rapperin (mit ubiquitärem Einsatz von Autotune) sowie Rafael Horzon figurieren, über den der ganze Komplex an die Pop-Literatur der 1990er Jahre (Christian Kracht, *Der Freund*) angebunden wird.

In *Miami Punk* dagegen falten sich die Re-Entrys sozusagen nach innen. Der titelgebenden klandestinen Gruppe eigne, so heißt es, »ein etwas fragwürdiger Geist des Widerstandes gegen den Zustand der Realität« (MP, 280), was sowohl politisch als auch medientechnisch zu verstehen ist. Folglich wird hier nicht nur die Produktion, sondern auch die Rezeption und Deutung augmentiert (Beispiele wären die Philologie der Schriften Levin Cops oder die Demokratisierung und Esoterisierung im Kongress). Webseiten (wie der *tanja-arnheim.space*) werden von Robotern gelesen mit der Einsicht,

> dassmanteilweisemehreretagealleinmitdersichtung einereinzigenwebsiteverbringenkannaufdiejaschliesslichmaleinmenschjahrelanginhalteausseinemleben hochgeladenhat&geradehierzeigtsichfuermichwarum eseineeigeneformderkunstwar&istweilhierform&inhaltnichtmehrvoneinanderloszuloesensinddenneinige derseitenwarensoumfangreich&vielschichtigmitwortwoertlichtausendenunterseitendassesmehroderweniger unmoeglichgewesenwaeredieeintraege&inhalteauf einmodernesdesignundeinegeordneterebackendstrukturzuuebertragensiewarengefangeninihremdasein& konntennuralsdasexistierenalsdassieexistierten
> (MP, 616)

Indem Guses Roman das nicht einfach erzählt, sondern gestaltet, also Romantext werden lässt, wird er Literatur-als-augmentierte-Realität. Das führt der *»Katalog letzter Gedanken der fliegenden Dinge ohne Bedeutung«* poetologisch vor, der in fünf Einträgen über *Miami Punk* verstreut ist. Analoge realweltliche Objekte wie eine Disney-Tasse werden aus den Fenstern eines Wohnkomplexes geworfen und erzählen dabei ihre Geschichte, das heißt sie verwandeln sich unmittelbar vor Impakt (also bevor sie aufhören zu sein) in Text, genauer gesagt: in die Geschichte Darias, der binnenfiktionalen Autorin des Katalogs. Während und indem das fallende Objekt seiner Zweckmäßigkeit verlustig geht und zu Müll wird, stellt es die Zweckmäßigkeit totaler Zweckmäßigkeit selbst in Frage, wie sie sich etwa in *Birnbaums Walt Disney World*-Guide manifestiert, der, so erinnert sich Daria, selbst den Besuch der virtuellen Comic-Welt noch zur disziplinären Übung zu machen droht. Gegenüber einer wuchernden, aber in Sachen Lustgewinn leerlaufenden Pragmatik des geschlossenen kapitalistischen Simulakrums (Disneyland bei Baudrillard) fordern die »fliegenden Dinge ohne Bedeutung« wieder eine ästhetische Dimension ein. Dabei wird Darias Existenz, reziprok zu der ihrer fliegenden Dinge, aus dem rein Digitalen – in dem sie, aufgrund der ihr von den Eltern fälschlich eingeredeten Glasknochenkrankheit an den PC gefesselt, lange Jahre zu Hause war – ins Augmentiert-Analoge erlöst. Das kann man u. a. an Robins verliebten Bemerkungen nachvollziehen, die an zwei Stellen Darias Katalog-Text *punk*tuieren (MP, 445, 447). Unter Stichworten wie ›Poetischer Staat‹ oder ›postpragmatische Gelassenheit‹ (Randt!) skizziert *Miami Punk* weitere ästhetisierte Alternativen zu einer Gesellschaft, die mit Hilfe digitaler und staatlicher Intelligence durchrationalisiert ist. Das gipfelt im fantastischen Ende des Romans.

Die augmentierte Realität, so die Definition,[28] sei stets auch »enhanced«, also eine ›erweiterte‹, ›verbesserte‹ oder vielleicht besser: ›angereicherte‹ Realität. Streng genommen muss ein Enhancement nicht zwingend Verbesserung bedeuten. Die Definition setzt im Grunde bereits die Warenform voraus: dass uns nämlich Formen der *enhanced reality* als Produkte angeboten werden, für die wir uns eben nur entscheiden, wenn unsere Lebenswirklichkeit dadurch verbessert wird. Waren sind ja per definitionem *für uns* (Ästhetik der Rückkopplung). Die Verbesserung aber geschieht im Modus der An- und Bereicherung, also metonymisch, was heißt: realiter, und eben nicht mehr, wie im Angebot paralleler Simulationswelten, paradigmatisch-virtuell. Hier schleicht sich eine Asymmetrie in das Verhältnis der oben noch als symmetrisch behandelten Welten ein: Die in Opposition zur realen Welt entstandenen (und von dieser aus als virtuelle bestimmten) virtuellen Welten erfahren einen Re-Entry ins Metonymisch-Reale. Dies bezeichnet den Moment, in dem die Fiktionswerte der kapitalistischen Waren selbst weltförmig werden, oder, mit Diederichsen gesprochen, den Moment, »als die Ware mehr zu versprechen begann als die Revolution.«[29]

Bei alledem bleibt die Aisthesis ein entscheidender Faktor: Die Objekte der gemischten Realität, die ja eine Realität-für-uns ist, sind per definitionem unserer Wahrnehmung als Phänomene zugänglich (wie das Evoli im Allgäu), sie konstituieren eine Meso-Ebene zwischen Mikrokosmos (Moleküle, Zellen, Pixel, Code) und Makrokosmos (Welt-als-Ganze, World Wide Web). Sie tun dies in jener auf unser Vorstellungsvermögen hin designten Weise, die Kant als »bloße Form der Zweckmäßigkeit in der Vorstel-

28 Vgl. oben Fußnote 12.

29 Diederichsen: *Musikzimmer*, S. 18.

lung« als »Bestimmungsgrund des Geschmacksurteils« bestimmt (KdU, § 11). Während sich Erkenntnis und Ethik selbstverständlich auch auf Mikro- und Makroebene richten müssen, man denke an Probleme wie das Mikroplastik oder die globale Erwärmung, kann sich Ästhetik immer nur auf die mittleren, unserer menschlichen Aisthesis fasslichen Erscheinungen beziehen, seien diese nun analog oder digital erzeugt oder beides. »Fänden auch wir ein reines, verhaltenes, schmales / Menschliches, einen unseren Streifen Fruchtlands / Zwischen Strom und Gestein« (Rilke, 2. *Duineser Elegie*) – dieser schmale Streifen ist das Gebiet des Ästhetischen. Die digitalen Phänomene sind dabei, wie gesagt, immer schon auf diese unsere Wahrnehmungs- und Fassungskraft hin programmiert, während die beglückende Erfahrung der aisthetischen Passung natürlicher Phänomene schon bei Kant geradezu das Schöne definiert.

Ein verwirrendes Erlebnis wie Avanessian beim Aufwachen in Miami hatte vermutlich jeder schon einmal, der noch in einer analogen Welt aufgewachsen ist. In Marius Goldhorns Roman *Park* (2020) kommt der Protagonist in Paris an:

> Arnold nahm sein iPhone. Es war 17.03 Uhr. […] Er öffnete Google Maps, blickte auf die Karte und den blauen GPS-Punkt. Arnold dachte: Eigentlich bin nicht ich das, sondern mein iPhone. In 1,4 Kilometer Entfernung steckte die rote Nadel im Place de la Bataille de Stalingrad.[30]

Die Unterscheidung zwischen ›eigentlicher‹ und augmentierter Realität, wie sie hier kurz versucht wird, wird sofort hinfällig, wenn sich Jetzt, Hier und Ich, also das, was Hegel die sinnliche Gewissheit nennt, erst über iPhone und GPS herstellen. In Teresa Präauers Text *Im Zug* (2021) ist es ein

30 Marius Goldhorn: *Park*. Berlin 2020, S. 14 f.

roter Apfel unter dem Nachbarsitz im Großraumabteil, der der Protagonistin über die Assoziation mit der roten GPS-Nadel allererst bewusstmacht, dass sie sich gerade mit rasender Geschwindigkeit über eine Map bzw. durch die Gegend bewegt. »Als würde wirklich eine Stecknadel mit kugelrundem, rotem Kopf mit der Spitze voran raketenschnell in ein Koordinatensystem eingeschlagen sein.«[31] Anders gesagt: Das Enhancement betrifft unmittelbar die Ich-Origo, von der aus sich Welt entfaltet. Google Maps begleitet und verortet Arnold in Paris wie die Map eines Computerspiels meinen Avatar in dessen fiktiver Diegese.

Und das lässt sich verallgemeinern: Die sinnliche Gewissheit der augmentierten Wirklichkeit ist immer *für uns* und damit eine partikulare, sie betrifft in der Regel eine Person, lässt sich allerdings auch ausweiten über die gemeinsame Teilhabe einer Stilgemeinschaft, die sich kollektiv in eine Form des Enhancements einkauft (etwa die Poké Go-Spieler:innen). Unklar bleibt allerdings, ob und wie es möglich ist, in Hinblick auf solche personalisierten Mixed Realities noch allgemeingültige Erkenntnisurteile zu fällen (Ist hier jetzt ein Bisasam in der Ferienwohnung?). Der Verdacht liegt nahe, dass die ästhetische Verfasstheit aller augmentierten Wirklichkeiten auch die entsprechenden partikularen, weil semi-subjektiven ästhetischen Urteile einfordert. Damit wären wir wieder bei den Problemen der Partikularität, die oben unter ›Demokratisierung‹ diskutiert werden, und in Bezug auf das ›Anthropozän‹ ließe sich fragen: Von welchem Anthropos ist hier eigentlich noch die Rede? Jenseits des geologischen Paradigmas erscheint auch das Anthropozän ja vor allem als Mixed Reality.

Gibt es eine Synthese aus den beiden Befunden, der chiastischen Verschränkung von realer und virtueller Umwelt einerseits und der aisthetischen Partikularisierung dieser gemischten Wirklichkeiten andererseits? Die Grundidee

31 Präauer: *Das Glück ist eine Bohne*, S. 175.

von Samantha Schweblins Roman *Hundert Augen* (2019) ist ein Gerät namens Kentuki in Gestalt eines cuten Haustier-Roboters, das gleich zweimal verkauft wird: Zum einen als das Plüschwesen selbst, das zu irgendjemandes Lebensgefährten wird, und zum andern als das Programm, das dieses Wesen steuert und irgendwo auf der Welt zufällig von jemand anderem erworben wird. Der navigiert dann z. B. einen kleinen Waschbär als Avatar durch die ihm fremde häusliche Welt anderer und wird damit zu deren intimem Mitbewohner. Schweblins erfolgreiche Romanidee ist innerhalb des Romans eine erfolgreiche Geschäftsidee – es entstehen unzählige sehr individuelle Beziehungen. Zum Scheitern verurteilt sind sie immer dann, wenn versucht wird, den virtuellen Anteil des Kentuki-Arrangements entweder auszuschalten (indem Kontakte zwischen Spieler und Wirt in real life angebahnt werden) oder zu verabsolutieren (indem das Ganze z. B. als Kunstprojekt ausgegeben wird).

Der Chiasmus ist ja eine Figur der Schließung. Indem zwei eigentlich getrennte Sphären so aufeinander bezogen werden, dass sie sich gegenseitig semantisieren und bereichern, entsteht ein Beziehungsgefüge, das gegenüber außerhalb von ihm liegenden Dingen autonom wird. Diese Autonomie ist selbstverständlich keine absolute, aber von innen, aus dem Beziehungsgefüge heraus, wird sie als befriedigende ästhetisch-semiotische Selbstbestätigung wahrgenommen, sozusagen als permanent stattfindende Schließung. Dies wiederum geht gut mit dem Befund der Partikularität zusammen; denn es sind ja der oder die Einzelne oder dann eben die Stilgemeinschaft, die sich mit Hilfe der digitalen Möglichkeiten in solchen chiastischen Selbstbestätigungszusammenhängen in ihrem Geschmack und ihrer Weltsicht ausbilden, beglaubigen und verstärken.

In den Wirtschaftswissenschaften spricht man hier auch von »ästhetischer Genuinität«. Ausgehend von der Tatsache, dass »das Individuum in der digitalen Welt mit einer unendlich scheinenden Vielzahl an Entscheidungsmöglichkeiten konfrontiert wird, die in unterschiedlichen, ästhetische Erfahrungen provozieren wollenden Aufmachungen nur einen Klick entfernt zu sein scheinen, [...] setzt ein Vergleichsmechanismus ein, welcher sich als Affirmation bzw. Konformität (›Ja, das entspricht mir‹) oder Negation bzw. Abgrenzung (›Nein, das entspricht mir nicht‹) vollzieht.«[32] Es handelt sich also um Vergleiche zwischen Selbstentwurf und digitalem bzw. augmentiertem Angebot, die sich in einem Prozess der ›Normalisierung‹ aufeinander abstimmen – einmal mehr eine Ästhetik der Rückkopplung, die im Ergebnis als Enhancement von Selbst und Welt erfahren wird. Auch innerhalb der Ökonomie wird ein solches Verhältnis als genuin ästhetisches angesprochen, und das mit Recht. Statt Sach- oder ethische Urteile zum Gebrauchswert zu fällen (›Das ist wahr‹, ›das ist gut‹, ›das ist nützlich‹), richtet sich das Urteil im digitalen Anbot tendenziell weltförmiger Möglichkeiten primär auf den Fiktionswert (›das entspricht mir‹).

Alina, eine (menschliche) Protagonistin in Schweblins *Hundert Augen*, fragt sich in einem hellen Moment: »Worum ging es eigentlich bei dieser blöden Idee mit den Kentukis? Was genau machten diese ganzen Leute, die durch fremde Wohnungen liefen und zusahen, wie die andere Hälfte der Menschheit sich die Zähne putzte? Warum ging es dabei nicht um mehr? [...] Warum waren diese Geschichten alle so klein, so ungeheuer privat, so armselig und vorhersehbar? So verzweifelt menschlich.«[33] Das ist auch eine poetologische Frage, denn die ›blöde Idee‹ ist ja die basale Romanidee, und die ›armseligen Geschichten‹ bilden den Text, aus dem *Hundert Augen* besteht. Aber vielleicht ist genau das die Pointe.

32 Hermann Knödler/Swantje Martach: Ästhetik, Digitalisierung und Konsum: mehr Umsatz durch Genuinität? In: *Die informatisierte Service-Ökonomie*. Hg. von C. Arnold und H. K. Wiesbaden 2018, S. 155–181; S. 160, 165.

33 Samantha Schweblin: *Hundert Augen* [*Kentukis*, 2019]. Aus dem Spanischen von Marianne Gareis. Berlin ³2020, S. 215.

Auch die Anderswelten der Fantasy, die Spielwelten des ludischen Dispositivs vom Mittelaltermarkt über die Pen & Paper-Spiele zu den Computer-Storyworlds werden uns ja verkauft, das heißt sie sind a priori auf unsere Nachfrage hin designt, folgen einer Ästhetik der Rückkopplung, und wir kaufen, bespielen und bewohnen sie nach Maßgabe unserer ästhetischen Urteile unter besonderer Berücksichtigung von Lust und Unlust. Und auch hier ließe sich ja schon die Kentuki-Gretchenfrage stellen: Warum geht es in diesen sehr frei konstruierbaren Welten nicht um mehr? Warum fragen wir vor allem bewohnbare Strukturen nach, die uns gewissermaßen in Ruhe lassen? Fantasywelten sehen vielleicht prima facie nicht wie private Wohlfühlwinkel aus, sind aber letztlich genau dies. Als radikale (wenngleich vorhersehbare) Parallelwelten konnte man sie aber immer noch unter Freizeitvergnügen oder, in kritischer Perspektive, unter Eskapismus verbuchen. Sie sind halt, so schien es, hinreichend deutlich von unserer Welt unterschieden. Sobald es sich bei den weltförmigen Angeboten jedoch um augmentierte Wirklichkeit handelt, geht diese Differenz verloren. Auch hier suchen wir aus warenförmigen Angeboten, deren ästhetische Qualität möglichst breiten Käuferschichten angemutet wird, das uns Gemäße aus. Die entsprechenden Stilgemeinschaften normalisierten Spektakels konstitutieren sich dabei durch laufende Selbstbestätigung vermittels ästhetischer Urteile (ästhetische Genuinität). Wo relevante Fragen, die unsere Lebenswirklichkeit betreffen, in solche chiastischen Strukturen mit eingebunden werden, bleibt das Ästhetische, das qualifizierte Wohlfühlen, das ›Spiel‹ trotzdem der dominante Modus.

Geht es uns denn so schlecht, hatten wir einleitend gefragt, dass wir die Freiheit des Spiels und der ästhetischen Distanz ethischen Regimes opfern? Nun stellt sich heraus, dass es sich möglicherweise genau anders herum verhält, als es die nostalgischen Verteidiger des autonomen ästhetischen Spiels befürchten: Die Dominanz ethisch relevanter

Überzeugungen, von politischen Vorlieben bis hin zu Fragen des richtigen Lebens (etwa beim Essen), ist womöglich nur eine scheinbare. Zwar werden sie mit großer Überzeugung vertreten, aber eben tendenziell meist nach Maßgabe der ästhetischen Genuinität, so also, dass wir uns mit ihnen wohlfühlen und unsere Stilgemeinschaft bestätigen. Entsprechend rezipiert man dann innerhalb des selbstbestätigenden Systems am liebsten Positionen, die dazu passen, was direkt dem Enhancement unserer Lebenswelt dient. Man goutiert sie wie der Donald-Fan das jeweils nächste LTB oder die HBO-Bingerin die nächste Staffel und sortiert alternative Angebote und Kritik nach dem Muster ›entspricht mir/entspricht mir nicht‹. Früher war das Private vielleicht mal politisch, heute ist das Politische privat. Dabei handelt es sich wohlgemerkt nicht um eine Ästhetisierung des Politischen zum Zwecke der Überwältigung und Beeinflussung, wie man sie bei den Nazis diagnostiziert hat – in deren System bleibt das Politische ja doch immer das Primäre und wird noch dazu top down vermittelt. Nein, es verhält sich umgekehrt.

In einem vielbeachteten Blog-Essay aus dem Jahre 2014 beobachtet Scott Alexander seine eigene (Netz-) Community, progressive, aufgeklärte Leute, in zwei historischen Situationen, die zunächst gar nichts mit Ästhetik und alles mit Politik und Ethik zu tun haben. Als er sich online verhalten positiv über den (2011 vom US-Militär herbeigeführten) Tod von Osama bin Laden äußert, erntet er aus seiner Bubble heftige Kritik: »es gab eine Menge Kommentare und E-Mails und Facebook-Messages in dem Sinne, wie ich denn dazu käme, glücklich über den Tod eines anderen Menschen zu sein, und sei er eine noch so schlechte Person gewesen.«[34] Ein Kommentar lautete: »Du bist echt der

34 Scott Alexander: I Can Tolerate Anything Except the Outgroup. Slate Star Codex (https://slatestarcodex.com/2014/09/30/i-can-tolerate-anything-except-the-outgroup/) (14. 6. 2021). Dort alle Zitate.

erste aus der Gruppe der ›Intelligenten, Vernünftigen und Nachdenklichen‹, der ohne Einschränkungen glücklich über diese Sache ist und nicht, sagen wir, angewidert von der Reaktion der restlichen 90% oder so.« Alexander sah das ein und »hastily backtracked«. Zwei Jahre später aber starb Margaret Thatcher, und jetzt war die Freude über den Tod der verhassten Politikerin in derselben Community groß, offen und allgemein (»the most common response was to quote some portion of the song *Ding Dong, The Witch Is Dead*«). Wie kommt es, fragt sich der Autor, dass es innerhalb der eigenen Netzcommunity völlig okay ist, öffentlich den Tod einer konservativen westlichen Politikerin zu feiern, nicht aber den Tod eines islamistischen Staatsfeindes, der für 9/11 verantwortlich zeichnet? Was wie ein politisch-ethisches Urteil aussieht, kann ein solches kaum sein, denn »die meisten von uns (wenn auch nicht alle) sind sich, wenn man sie direkt danach fragt, darüber einig, dass Osama eine schlechtere Person war als Thatcher«. Alexander nimmt das zum Anlass für Überlegungen nach der Verfasstheit von (Netz-) Tribes und deren Outgroups; seine Unterscheidung des Blue Tribes (aufgeklärte Demokraten) vom Red Tribe (heute würden wir sagen: Trump-Wähler) hat Schule gemacht. Wichtiger als eine Abgrenzung vom tatsächlich Fremden (Osama, islamistischer Terror), so seine Erklärung, ist seiner Ingroup an einem Urteil die Abgrenzung vom unmittelbar benachbarten, konkurrierenden Tribe – und damit die Bestätigung des eigenen. Das gelte sogar für unbewusste Vorurteile, die bei weißen Amerikanern gegenüber dem jeweils anderen Tribe ungefähr doppelt so hoch seien wie etwa rassistische Vorurteile gegenüber Schwarzen (Alexander ist Psychiater).

Was sich der Autor nicht fragt: wenn es keine rationalen ethischen Urteile sind, die hier greifen, was für Urteile dann? Man kann es im Grunde schon seiner lebhaften Charakteristik der beiden US-amerikanischen ›Stämme‹ ablesen: »The Red Tribe is most classically typified by conservative political beliefs, strong evangelical religious beliefs, creationism, opposing gay marriage, owning guns, eating steak, drinking Coca-Cola, driving SUVs, watching lots of TV, enjoying American football, getting conspicuously upset about terrorists and commies, marrying early, divorcing early, shouting ›USA IS NUMBER ONE!!!‹, and listening to country music. / The Blue Tribe is most classically typified by liberal political beliefs, vague agnosticism, supporting gay rights, thinking guns are barbaric, eating arugula, drinking fancy bottled water, driving Priuses, reading lots of books, being highly educated, mocking American football, feeling vaguely like they should like soccer but never really being able to get into it, getting conspicuously upset about sexists and bigots, marrying later, constantly pointing out how much more civilized European countries are than America, and listening to ›everything except country‹«. In der katalogischen Gleich- und Nebenordnung der Vorlieben (Waffen ablehnen und Rucola essen) wird deutlich: Es handelt sich wesentlich um Stilgemeinschaften. Die angemuteten Überzeugungen betreffen oft genug ethisch-politische Positionen, und doch verbleiben sie – wie bei der Osama/Thatcher-Frage – in einem ästhetischen Modus. Dieser kennt, wie wir wissen, durchaus auch rational-begriffliche Gründe, doch bleiben diese sekundär zum geschlossenen System der Stilgemeinschaft. Sie werden eher zur Unterfütterung dessen angebracht, was man ohnehin bereits meint, und können letztlich das Urteil über einzelne Faktoren (etwa über die Beschränkung von Waffenbesitz) nicht entscheidend beeinflussen. Das gilt sogar für vermeintlich reine Sachinformationen, die von der jeweils anderen Seite dann als Fake News deklariert werden.

Die simple Dichotomie von Red und Blue Tribe ist vielleicht nicht direkt auf europäische Verhältnisse übertragbar, doch zeigt sich auch in unserer Kultur die Tendenz, dass der geschlossene Modus nerdiger Stilgemeinschaften, die ästhetische Genuinität, inzwischen auch Zusammenhänge prägt, die zum Mainstream gehören (oben haben wir das anhand des Buchmarktes und der literarischen Wertung diskutiert). Pop 2 bedeutet, so gesehen, vielleicht gar nicht in erster Linie, dass Pop Mainstream wird, als vielmehr umgekehrt, dass Bereiche, die zuvor allenfalls lose mit ästhetischen Regimes verbunden waren – Wen soll ich wählen? Was soll ich essen? Ist eine gegenderte Sprache sinnvoll? Welchen Sport soll ich treiben? Laufe ich meinem Schatz am Bahnhof entgegen? Warum mag ich keinen Koriander? Glaube ich an Gott? – im Modus des Populären ästhetisiert werden. Entsprechende Entscheidungen werden nun – mehr oder weniger bewusst – zu Geschmacksfragen. »Jetzt entscheidet unser Geschmack gegen das Christentum, nicht mehr unsere Gründe,« heißt es schon bei Nietzsche,[35] und Florian Illies findet in *Generation Golf* (2000) mit Bezug auf Krachts *Faserland* »die Entscheidung zwischen einer grünen und einer blauen Barbour-Jacke schwieriger als die zwischen CDU und SPD.«[36] Die Konsumkritiker Frankfurter Schule hatten es geahnt; so wenn Haug in seiner *Kritik der Warenästhetik* beklagt, es sei für Werbeleute inzwischen ganz selbstverständlich, dass der Konkurrenzkampf »sich sowohl auf ein wirtschaftliches Unternehmen wie auf eine politische Partei, eine Filmdiva oder ein Stück Seife, kurzum auf jeden x-beliebigen Meinungsgegenstand beziehen kann«.[37]

Der Skandal liegt in allen Fällen in der Vergleichbarkeit von Gegenständen, die in traditioneller Auffassung nach sehr unterschiedlichen Urteilsformen verlangen würden. Die Vergleichbarkeit von allem (Dirk Baecker) führt zu

35 Friedrich Nietzsche: Die fröhliche Wissenschaft. In: F. N.: *Sämtliche Werke. Kritische Studienausgabe*, Bd. 3. Hg. von Giorgio Colli und Mazzino Montinari. München 1980, S. 485.

36 Florian Illies: *Generation Golf. Eine Inspektion*. Berlin 2000, S. 155.

37 Haug: *Kritik der Warenästhetik*, S. 51, mit Bezug auf Willi Bongard. Vgl. kritisch dazu: Baßler/Drügh: Einleitung: Konsumästhetik, l. c. Heinz Drügh: Ästhetisierung. In: *Der Kreativitätskomplex. Ein Vademecum der Gegenwartsgesellschaft*. Hg. von Timon Beyes und Jörg Metelmann. Bielefeld 2018, S. 38–43.

einer allgemeinen Kulturalität der Gegenstände (Fredric Jameson), und damit wird das Ästhetische zur Dominante. Historisch ist das offenbar schon früh in den paradigmatischen Nebenordnungsstrukturen des Historismus (Nietzsche), des Kapitalismus (Haug, Jameson) und des Pop (Diederichsen, Illies) angelegt. So richtig virulent wird diese Entwicklung aber erst im Zuge der Digitalisierung, mit der allgemeinen Präsenz und Zugänglichkeit von allem und jedem, der Möglichkeit allgemeinen öffentlichen Austauschs, der barrierefreien Konstitution von Stilgemeinschaften und dem Autoritätsverlust der Gatekeeper. So richtig virulent wird es mit anderen Worten erst in dem Moment, in dem die virtuelle Sphäre des Paradigmatischen in einer augmentierten Realität metonymisch-weltförmig wird. Dieser Moment bezeichnet die Gegenwart unserer Ästhetik und die Ästhetik unserer Gegenwart.

Dank

Die Arbeit an diesem Buch wurde ermöglicht durch ein Stipendium der VolkswagenStiftung im Rahmen eines Forschungsprojekts zur »Gegenwartsästhetik«. Frau Dr. Vera Szöllösi-Brenig danken wir für immer hilfreiche Hinweise und gute Betreuung. Dem wissenschaftlichen Beirat der Konstanz University Press danken wir für die Annahme unseres Manuskripts; Alexander Schmitz für die freundliche, kompetente und zielführende Unterstützung bei dessen Fertigstellung.

Mit Hinweisen, Korrekturen und Diskussionen geholfen haben uns vor allem folgende Kolleginnen, Kollegen und Studierende: Beer Albers, Henning Arnecke, Marvin Baudisch, Sebastian Behrlich, Holger Grevenbrock, Tarika Johar, Antje Heide, Daniel Hornuff, Leonie Licht, Jana Müller, Johannes Passmann, Till van Rahden, Niklas von Reischach, Fabian Rüther, Birgit Richard, Katharina Scheerer, Nathan Taylor, Stella Thiede, Wolfgang Ullrich, Jochen Venus (†), Natalie Wilke, Tanja Wischnewski und Hannah Zipfel. Ihnen gilt unser besonderer Dank – wie unseren Münsteraner und Frankfurter Studierenden überhaupt, denen dieses Buch gewidmet sei.

Verzeichnis der Abbildungen

Süd, https://www.sueddeutsche.de/image/sz.1.3154319/1200x675?v=1535122891

Abb. 29 Tara Donovan: *Untitled* (2014), https://www.pacegallery.com/media/images/58966.width-2000.jpg

Abb. 30 Glasfaser-Lampe (1970er Jahre), https://www.antikart-karlsruhe.de/wp-content/gallery/glasfaserlampe/ P3170884.jpg

Abb. 31 Tara Donovan: *Untitled* (2011), https://assets.simpleviewcms.com/simpleview/image/fetch/q_75/https:/res.cloudinary.com/simpleview/image/upload/crm/denver/MylarOrbs10_66f42c4d-a475-c8ae-58585c27523ef840.jpg

Abb. 32 Verner Panton: *Wohnlandschaft Visiona 0* (1968), https://i.pinimg.com/originals/42/96/6b/42966b2d9b10079a3f9dcbaa61d3dbc3.jpg

Abb. 33 Discokugeln, https://de.wikipedia.org/wiki/Spiegelkugel#/media/Datei:Rise_Up!_And_Dance_Premierenfeier_Wien_01_Disko-Kugeln.jpg

Abb. 34 Strand von Langeoog (Januar 2017), https://extra.globo.com/noticias/mundo/20760793-3d5-bbb/w640h360-PROP/kinder4.jpg

Abb. 35 Still aus Mika Rottenberg: *Spaghetti Blockchain* (2019), https://mcachicago.org/Exhibitions/2019/Mika-Rottenberg-Easypieces/Described-Media/Spaghetti-Blockchain

Abb. 36 Still aus: David Fincher: *Seven* (1995)

Abb. 37 Svetlana Kazina: *Jellyfish Cloud*, https://s23527.pcdn.co/wp-content/uploads/2020/01/iridescent-clouds-21.jpg.optimal.jpg

Abb. 38 Rimini Protokoll: *win < > win* (2017), https://www.newstatesman.com/sites/default/files/styles/cropped_article_ image/public/blogs_2019/12/gettyimages-1183588473.jpg?itok=QQVVAjgS&c=9b312b2fc509340029497ed4137fa5fc

Abb. 39–45 Stills aus Mika Rottenberg: *Spaghetti Blockchain* (2019), https://mcachicago.org/Exhibitions/2019/Mika-Rottenberg-Easypieces/Described-Media/Spaghetti-Blockchain

Abb. 46: William-Adolphe Bouguereau: *La jeunesse de Bacchus* (1884), https://upload.wikimedia.org/wikipedia/commons/d/d6/William-Adolphe_Bouguereau_%281825-1905%29_-_The_Youth_of_Bacchus_%281884%29.jpg

Abb. 47 Instagram Account Alksko (Alexey Kondakov) (Dezember 2020), https://creators-images.vice.com/content-images/contentimage/no-slug/9c821d0ed3ee81c42f7d56b3eea2a3be.jpg?resize=640:*

Abb. 48 Bob Ross: The Art of Painting, https://img.reelgood.com/content/movie/5085d947-8ebb-42d5-8d9c-703afa97a932/backdrop-1920.jpg

Abb. 49 eigene Aufnahme (Pauline Baßler)

Abb. 50 Grafik aus: Paul Milgram/Fumio Kishino: A Taxonomy of Mixed Reality Visual Displays. In: *IEICE Trans. Information Systems*. Vol. E77-D, no. 12. (1994), S. 1321–1329.

Abb. 51 eigene Aufnahme (Moritz Baßler)

Index